suhrkamp taschenbuch
wissenschaft 993

Seit die ›Neue Unübersichtlichkeit‹ und - mit ihr zusammengehend - ›eine forsch akzeptierte Ratlosigkeit‹ zu Kennzeichen unserer Zeit erklärt wurden, hat man sich daran gewöhnt, der Gegenwartsgesellschaft Orientierungslosigkeit und Handlungsunsicherheit zu attestieren sowie den Verlust sozialer Ordnung festzustellen und zu beklagen. Geschichtlich neu sind solche Klagen nicht. Sie treten erheblich häufiger auf als die Zeiten, in denen der Verlust an Ordnung tatsächlich Oberhand gewonnen hat. So stellt sich die Frage nach jenen eher unauffälligen Ordnungsfaktoren und Formen, die trotz der ›Individualisierung von Lebenslagen‹ und der Ratlosigkeit angesichts einer überhandnehmenden ›Komplexität‹ moderner Gesellschaften daran beteiligt sind, eben jene Gesellschaften zusammenzuhalten.
Der Autor beschreibt und analysiert anhand von Fallstudien symbolische Formen, Muster und Typen der (Selbst-)Inszenierung von Individuen und Gruppen. Dabei wird deutlich, daß jede Deutung sozialen Handelns dann zu kurz greift, wenn sie auf eine Analyse der (symbolischen) Formen verzichtet, in die Akteure ihr Handeln einkleiden: Nur zu oft prägen die Formen auf heimliche oder unheimliche Weise einen ›Inhalt‹, der den Handelnden selbst verborgen bleibt.
In der Beschreibung und materialen Analyse konkreter Phänomene veranschaulicht der Autor nun, was er theoretisch in dem Band *Auslegung des Alltags - Der Alltag der Auslegung* (stw 785) als Methodologie und Methode historisch-rekonstruktiver, sozialwissenschaftlicher Hermeneutik charakterisiert hatte.
Hans-Georg Soeffner ist Professor für Soziologie an der Fernuniversität Hagen.

Hans-Georg Soeffner
Die Ordnung der Rituale

Die Auslegung des Alltags 2

Unter redaktioneller Mitarbeit
von Ulrike Krämer

Suhrkamp

Die Deutsche Bibliothek – CIP-Einheitsaufnahme
Soeffner, Hans-Georg:
Die Auslegung des Alltags / Hans-Georg Soeffner. –
Frankfurt am Main : Suhrkamp.
2. Die Ordnung der Rituale / unter red. Mitarb. von Ulrike Krämer. –
1. Aufl. – 1992
(Suhrkamp-Taschenbuch Wissenschaft ; 993)
ISBN 3-518-28593-9
NE: GT

suhrkamp taschenbuch wissenschaft 993
Erste Auflage 1992

Satz und Druck: Wagner GmbH, Nördlingen
Printed in Germany
Umschlag nach Entwürfen von
Willy Fleckhaus und Rolf Staudt

1 2 3 4 5 6 – 97 96 95 94 93 92

Inhalt

Vorwort

1. Die Ordnung der Rituale und die Ordnung in Ritualen

In das Netz der begrifflich wie inhaltlich schillernden Themen gegenwärtiger Gesellschaftstheorien – System und Lebenswelt; Konstruktivismus und Dekonstruktion; Diskurs, Code und Differenz – ist als roter Faden, Generalthema und Leitmotiv zugleich die »Frage nach dem Subjekt« eingewebt. Die Frage nach dem Diesseits und Jenseits der Systeme, Codes und Diskurse: nach dem Namen der ›Autoren‹; nach dem konkreten, material inkarnierten ›Ort‹, an dem ›Es‹ denkt, schreibt, handelt und ›prozessiert‹; nach der Instanz, die eine Unterscheidung zwischen einem ›Ich‹ und einem ›Anderen‹ trifft und treffen muß.

Die implizite und explizite Allgegenwart dieser Frage führt dazu, daß sich auf dem Markt der Theorien und Entwürfe die ›Dekonstruktion des Subjekts‹ in unmittelbarer Nachbarschaft zu einem gleichzeitig behaupteten, inflatorischen Individualismus (Individualisierung der Lebensstile, Lebenslagen, Lebensläufe etc.) wiederfindet. Zudem folgt aus der Emphase für eine ›Entsubjektivierung der Theorie‹, daß das, was verschwinden soll, das Subjekt, so heftig theoretisiert wird wie schon lange nicht mehr. Schließlich erfreut sich der Beobachter der Märkte an der darstellerischen Perfektion, mit der sich die Theoretiker subjektloser Entwürfe als persönlich ausgestaltete Leerstelle ihrer Theorien inszenieren: als leibhaftig performatorische Existenz dessen, was nicht existieren soll.

Sich angesichts dieser Situation der ›Ordnung von Symbolen und Ritualen‹ zuzuwenden, könnte mißverstanden werden als Versuch, die ›Dekonstruktion des Subjekts‹ um eine weitere Variante oder um Analysen von ›Diskurscodierungen‹ zu bereichern. Nichts jedoch ist in den folgenden Kapiteln weniger beabsichtigt. Statt dessen geht es mir darum, zum einen ausgewählte Spuren auf dem Weg zu verfolgen, an dessen Ende der gegenwärtige Glaube oder die Hoffnung auf ein autonomes gesellschaftliches Subjekt auftritt. Zum anderen suche ich nach Teilantworten auf die Frage, durch welche Ordnungs- und Orientierungsleistungen individualistisch organisierte (angeblich atomisierte) Gesellschaften zusammengehalten werden. Dabei gehört meine Aufmerksamkeit jenen symbolischen (Selbst-) Darstellungsformen, die es uns zur Zeit erlauben, soviel Ordnung und Übersichtlichkeit in die ›zeitkritisch‹ konstatierte oder beschworene ›neue Unübersichtlichkeit‹ (Habermas) zu bringen, daß wir uns in dieser ganz gut einrichten können.

Als unübersichtlich wird sich unsere Gesellschaft all jenen darstellen, die es gewohnt waren (oder noch sind), gesellschaftliche Ordnung in Klassen, Schichten, ›zentralen‹ Gruppen oder Institutionen abgebildet zu sehen und die soziale(n) Welt(en) nach ›Zentren‹ und ›Rändern‹ zu vermessen und zu kartieren. Menschliche Gesellschaften geraten jedoch immer wieder in Situationen, in denen die tradierten Ordnungsgitter und Stratifizierungen an Wert verlieren und dem Einzelnen kaum mehr zur Orientierung taugen. Es sind Situationen, in denen – wie im 16. und am Ende des 18. Jahrhunderts in Mitteleuropa – alte Ordnungen durch neue abgelöst werden: die gesellschaftlichen Machtverhältnisse ändern sich; überkommene Hierarchien zerbröckeln und werden durch andere ersetzt oder zerstört.

Unsere Zeit unterscheidet sich in dieser Hinsicht *strukturell* nicht sehr von den entsprechenden vorausgegangenen. So läßt sich in den USA seit langem die Ausbildung eines gesellschaftlichen Strukturmusters beobachten, das auch für Westeuropa zunehmend an Bedeutung gewinnt: Der gesellschaftliche Auf- oder Abstieg von Individuen wird immer weniger durch feste, ›vererbbare‹ Schichten- oder Gruppenzugehörigkeit geregelt. Die Fahrstühle der ›vertikalen Mobilität‹ können nicht mehr im voraus und ausschließlich von bestimmten gesellschaftlichen Gruppen gemietet werden. Ein- und Aussteiger gehören nun auch anderen und sehr unterschiedlichen Gruppen an. Sie werden mehr nach ihrer Zukunft als nach ihrer Herkunft bewertet.

Zusätzlich erhält die ›hausgemachte Durchmischung‹ westlicher Gesellschaften durch die globalen Migrationsbewegungen eine weitere, nur vorläufig ›externe‹ Komponente: Beweglichkeit und Vielfalt, Interessengegensätze und Konflikte, Unähnlichkeit und Ungleichheit, Massenzusammenballungen und Vereinzelung, Zusammenschließungs- und Ausschließungsmechanismen prägen diese Gesellschaften. Der Einzelne muß in ihnen, da vorgegebene Zuordnungen an Wert verlieren, Selbstzuordnungen vornehmen.

Er muß sich in Handlungen und äußerer Darstellung als Mitglied ›von etwas‹ und als zugehörig ›zu etwas‹ so erkennbar machen, daß ihn tendenziell jedermann, ohne ihn persönlich zu kennen und ohne ihn je gesehen zu haben, ›einzuordnen‹ vermag.

Das Zusammenspiel von Fremd- und Selbstbeobachtung, von gesellschaftlicher Darstellung und Selbstinszenierung gewinnt in solchen Gesellschaften an Bedeutung: Sie sind – stärker als andere – Beobachtungs- und Inszenierungsgesellschaften. Die Darstellungsrepertoires und Darstellungsstile werden zu Insignien von Lebensstilen. Diese signalisieren ihrerseits nicht nur Konsumgewohnheiten, sondern auch die Zugehörigkeit zu kollektiven Lebens- und Werthaltungen. Darstellungsformen als Elemente und Instrumente der Orientierung drücken den ›durchmischten‹ Gesellschaften ihren besonderen Stempel auf.

Wie in historisch vorangegangenen Situationen gesellschaftlicher Neuformierung treten damit jene Garanten sozialer Orientierung in den Vordergrund, in denen gesellschaftliche Ordnung als ständig neu herzustellendes Sozialprodukt und als Darstellungsleistung *jedes* einzelnen Gesellschaftsmitgliedes *sichtbar* wird. So erlebten immer neue Magistratserlasse zu Kleiderordnungen in eben jenen Zeiten ihre Blüte, als die ständische Ordnung zusammenbrach: die gewollte (›neue‹) Selbstzuordnung löste die selbstverständliche, tradierte und in Routinen beheimatete Ordnung ab.

Embleme, Moden, Inszenierungsstile und die Suche nach ›neuen‹ Symbolen traten eine Zeitlang an die Stelle der ständischen Ordnung, so wie sie später – immer wieder einmal – an die der Klassen und Schichten treten sollten. Der Versuch, mit Hilfe ritualisierter oder ritualisierbarer Verhaltensregeln ständische, klassen- oder schichtenspezifische Habitusformationen zu ersetzen, entspringt von Castiglione über Knigge bis Pappritz und gegenwärtigen Rezeptsammlungen für ›stilvolles‹ Verhalten derselben Quelle.

Der Verdacht liegt daher nahe, daß ökonomisch, kulturell und ethnisch ›durchmischte‹ Gesellschaften durch ihren Rückgriff auf spezifische, sichtbare Darstellungsformen nicht lediglich eine alte Ordnung ersetzen, sondern daß sie sich und ihre Weltbilder in ihnen präsentieren: als eine öffentliche, tendenziell allen zugängliche Bühne der Lebensstile, Haltungen, Interessen und Weltanschauungen. Diese Bühne kennt kaum mehr durch Amt und Herkunft dauerhaft herausgehobene ›Darsteller‹. Sie ist zugleich

Medium, Markt und Arena: der Ort, an dem jede gesellschaftliche Formation, letztlich jeder, erscheinen und sich darstellen muß – sofern sie die Konkurrenz bestehen wollen. Erfolg auf der Bühne aber stellt sich am Ende nur für diejenigen ein, denen es gelingt, ihre Darstellung zu einem Element kollektiv anerkannter und übergreifender Ordnung werden zu lassen.

Mein Interesse gilt also gesellschaftlicher Ordnung als einer ständig zu erbringenden Leistung. Es gilt jenen Beigaben, die alles gesellschaftliche Handeln begleiten. Es zielt auf die elementaren Mittel, derer wir uns bedienen, wenn wir uns aneinander und damit auch an unseren Mutmaßungen über die Erwartungen (und Erwartungserwartungen) anderer uns gegenüber orientieren: Es geht um die unentwegte Arbeit an der gesellschaftlichen Form und um die Darstellungsmuster, Arrangements und Inszenierungspraktiken, denen sich gesellschaftliche Ausdrucksgestalten verdanken.

Diese Darstellungsformen müssen immer wieder neu im Handeln umgesetzt werden. Sie sind an ihre Realisierung im Handeln gebunden, binden aber ihrerseits das Handeln an vorgegebene, tradierte und erlernte Muster. Sie unterwerfen das Handeln ihrem ›Eigen-Sinn‹. Da dieser den Handelnden oft genug nicht bewußt ist, zwingt sich ihnen in den Darstellungsmustern ebenso oft ein fremder Wille auf: das ›eingefrorene‹, zu fester Form erstarrte Wissen und die häufig kaum mehr erahnbaren Intentionen vergangener Generationen.[1]

Unser Wissen um Herkunft, Ordnungsleistungen und ursprünglichen Handlungssinn der von uns im Handeln wieder aufgegriffenen Darstellungsformen ist nicht besonders stark ausgeprägt. Es ist kein Wissen *über* das Handeln, sondern ein Wissen *im* Handeln: Den im Handeln dargestellten Formen des Wissens entspricht kein explizites Wissen um die Form.

So neigen wir dazu, die ›Form‹ vom ›Inhalt‹ abzutrennen. Die Rede von den angeblich ›leeren‹ Ritualen oder von ›bloß totem‹,

1 Die häufig vorfindbare Bindung solcher Darstellungsmuster und ›Alltagsrituale‹ an Bräuche, Konventionen, Verhaltensnormen und Sitten ist alles andere als zufällig. Auch bei diesen Verhaltensschemata läßt sich der konkrete Ursprung nicht mehr festhalten. Ihre Entstehungsgründe verlieren sich im Dunkeln und/oder sind dem Bewußtsein der Handelnden nicht mehr zugänglich. Vgl. dazu Benedict, Ruth (1955), Urformen der Kultur, Hamburg.

ritualisiertem Handeln entspringt dieser Neigung. Damit ignorieren wir, daß wir in Bräuchen und Ritualen den Kultus des alltäglichen Lebens formen. Wir vergessen oder übersehen, daß die ›Wahl‹ einer Form – neben vielem anderen – soviel erkennen läßt: die Form *ist* selbst ein ›Inhalt‹, der die Handlungsäußerungen jeweils in einer spezifischen Komposition ausgestaltet und in die für sie typischen Tonarten und Harmonien oder Disharmonien einstimmt. So wenig, wie man die Odyssee für eine Novelle und ›Wanderers Nachtlied‹ für einen Kurzroman halten kann, so wenig lassen sich Begrüßungs- und Abschieds-, Beerdigungs- und Verliebtheitsrituale beliebig vertauschen. Das Handeln hat seine ›Gattungen‹ ebenso wie die Literatur die ihren.

Daher ist es mehr als mißverständlich, wenn in den sich gegenwärtig eigentümlich vermehrenden, forschungsfremden Handbüchern und Rezeptsammlungen zu ›qualitativen‹ Methoden in den Sozialwissenschaften von ›Musteranalysen‹ (o. ä.) gesprochen und der Sozialwissenschaftler – in falsch verstandener Anwendung sprechakttheoretischer oder ethnomethodologisch-konversationsanalytischer Annahmen – dazu angehalten wird, sich als Taxonom und Archivar von Formen und Mustern zu betätigen, ›mit deren Hilfe‹, wie suggeriert wird, soziale Ordnung hergestellt werde: Dem aufmerksamen Beobachter wird nicht entgehen, daß die jeweils von ihm untersuchten Muster und Darstellungsformen nicht zu einer bestimmten Ordnung führen, sondern daß sie diese bestimmte Ordnung *sind.*

Die Realisierung einer Darstellungsform ist konkrete und praktische Herstellung einer Ordnung. Mustersammlungen können dementsprechend nicht mehr sein als Anthologien exemplarisch dokumentierter und rekonstruierter Darstellungsformen, denen man begründet eine Gattungsbezeichnung zuweisen kann.[2] Folglich ist es unnütz, analog zum ›poetischen Trichter‹ einen Leitfaden für Rituale und Darstellungsformen des Handelns zu schreiben. Die Ordnung des Handelns wird weder im Labor noch am Schreibtisch entworfen. Sie wird in ihren Traditionen und Varia-

2 Zum Konzept der »kommunikativen Gattungen« vgl. Luckmann, Thomas (1989), Kultur und Kommunikation, in: Kultur und Gesellschaft, Verhandlungen des 24. Deutschen Soziologentages, des 11. Österreichischen Soziologentages und des 8. Kongresses der Schweizerischen Gesellschaft für Soziologie in Zürich 1989, hg. v. M. Haller, H.-J. Hoffmann-Nowotny und W. Zapf, S. 33-45.

tionen von Handelnden geschaffen und fortgeführt, die ihrerseits die einzelnen Handlungselemente zu immer neuen Mosaiken im Rahmen bekannter Genres gestalten – oder neue Genres hervorbringen.

So einzigartig einerseits die konkrete Realisierung eines Rituals oder einer Darstellungsform ist, so gleichförmig wirkt andererseits die Abfolge von Routinen, ›Verhaltensgewohnheiten‹ und Ritualen im Alltag der immer wiederkehrenden Verpflichtungen und Verrichtungen. Im Kreislauf der Routinen scheint die Zeit stillzustehen oder zähflüssig zu werden. Es entsteht der Eindruck, als geschehe nichts ›wirklich‹. Aber für eine Teilantwort auf die Frage nach dem Wesen sozialer Ordnung ist gerade das mitentscheidend, was geschieht, wenn (scheinbar) nichts geschieht: hier vollzieht sich die Tradierung und Einschleifung der Formen. Hier erhalten die großen und kleinen Rituale und ›Muster‹ ihre Unverwüstlichkeit. Hier liegt aber auch der Grund für ihre ›mangelnde‹ Explizitheit, für das nicht mehr artikulierte, buchstäbliche ›tacit knowledge‹: Was ständig und selbstverständlich immer wieder aufs Neue getan wird, bedarf im alltäglichen Handeln keiner weiteren Erläuterung.

In der Wiederholung verlieren sich die Hinweise auf Entstehungszeit und ›Gründe‹ der Formen. Die ›Alltagshandelnden‹ würden auf die Frage, warum sie bestimmte Routinen, Formen und Rituale ›benutzen‹, mit neuen, oft ad hoc erfundenen ›praktischen Erkärungen‹ (Scott/Lyman) antworten. Aber auch dem hartnäkkigeren Beobachter alltäglicher Rituale erschließen sich nicht mehr als einige wenige Verweisungsspuren, wenn er sich nicht auf eine detaillierte Einzelfallrekonstruktion einläßt. Diese allerdings gewährt ihm Einblicke in den Prozeß, der aus Ordnung und Wiederholung Wiederholungszwang und Zwang zu einer bestimmten Ordnung und Form werden läßt.

Er sieht, wie die Formen sich ihre eigenen Realitäten bilden, Neues als solches zerstören oder als ›Neues‹ der Wahrnehmbarkeit entziehen und nach ›alten‹ Mustern bearbeiten. Er erkennt die Konsequenzen des ›Eigensinns‹ der Formen und Rituale, entdeckt, daß sie als Artikulationsmuster für eine bestimmte Sichtweise von Realität und *zugleich* als Auslösungsmuster für eine weitgehend festgelegte Handlungsabfolge figurieren, in der sich diese Sichtweise als reales Handeln manifestiert. Er versteht schließlich, daß bestimmte, kontinuierlich tradierte Handlungs-

formen und Rituale als spezifische symbolische Formen über eine lange Zeit von einer Gesellschaft aufbewahrt werden können – gewissermaßen als Handlungsauslöser in Ruhestellung.
Solche – bis auf weiteres – entschärften Zündmechanismen stehen in unterschiedlichen Kollektionen jeder Gesellschaft und ihren Mitgliedern auf Abruf als eine Art Verhaltensrepertoire zur Bewältigung kommender Ereignisse zur Verfügung. Auf bestimmte, durch vorangegangene Erfahrungen geprägte, quasi für sie ›vorgesehene‹ gesellschaftliche Problemsituationen reagieren sie wie Kontaktzünder und diktieren uns ein bestimmtes, vorgeformtes Verhalten: Wer in solchen symbolischen Formen zu Hause ist (und wer wäre dies – zumindest partiell – nicht), entzündet sich in vorgegebener, übernommener Form an zwar neu wirkenden, aber bereits vorinterpretierten Ereignissen. Diese werden ihm zu Reizen, auf die er in einer Kette von Reaktionen antwortet, die ihrerseits in der Vergangenheit oft schon bis hin zur ›Zündabfolge‹ festgelegt und durch häufige Übung erworben: ›gelernt‹ wurden.

II. Die Rekonstruktion der gesellschaftlichen Konstruktion von Ordnung

Die Rekonstruktion der Struktur und Wirkungsweise von Ritualen, einem kleinen Teilbereich der symbolischen Formen, in die wir unsere gesellschaftliche Ordnung einbetten, ist nicht anders als durch Einzelfallanalysen zu leisten: nur so können Struktur und Wirkung an einer dokumentierten, konkreten Handlungsabfolge ›abgelesen‹ und sowohl als *Qualitäten des Handelns* selbst oder auch als Prozesse der Ordnungs- und Realitätskonstruktion dargestellt werden. Eine solche strukturanalytische Rekonstruktion und Darstellung von Einzelfällen erzielt ihren soziologischen Erklärungswert dann, wenn sie einmündet in die Konstruktion eines historisch-genetischen ›Idealtypus‹. Von seiner modellhaft und bewußt konstruierten Realitätsferne soll sich konkretes, historisches Handeln erkennbar abheben und dadurch als sinnhaft verstanden und in seinem Ablauf, seinen Wirkungen und Konsequenzen ursächlich erklärt werden.[3] Das Verfahren einer solchen

3 Vgl. Weber, Max [(5) 1972], Wirtschaft und Gesellschaft, Tübingen, S. 1-11.

konstruktiven Rekonstruktion ist das der historisch-rekonstruktiven Hermeneutik.[4]

Zwar ist ein Vorwort die falsche Stelle, um den periodisch wieder auflebenden Debatten über das bereits vollzogene oder kurz bevorstehende ›Ende der Hermeneutik‹ entgegenzutreten. Dennoch erlaube ich mir einige kurze Bemerkungen über die Rede von der ›Subjektgebundenheit‹ und ›Subjektzentriertheit‹ der Hermeneutik und über die Mißverständnisse, die mit dieser Rede verbunden sind.

Ebenso wie jedes Weltbild und auch jede ›Wahrheit‹, Theorie, Methodologie und Methode, so hat auch die Hermeneutik ihre Geschichte. Sie hat Veränderungen durchgemacht, Erweiterungen erfahren – und als selbstreflexiver Erkenntnisstil – durch Kritik maßgeblich zur eigenen Veränderung beigetragen. In historisch-systematischer Hinsicht ist sie gebunden an *das Prinzip* der Schriftlichkeit, zunächst an die Aufzeichnung von Sprache (an Texte), dann aber – folgerichtig – an die *Qualität des Aufgezeichnet-Seins von ›Daten‹ überhaupt*, an die Fixiertheit und damit tendenziell unendlich wiederholbare Abrufbarkeit (Diskursivität) von, nun sowohl sprachlichen als auch nicht-sprachlichen, Dokumenten: menschlichen Äußerungen, Handlungen und Produktionen, von Menschen hergestellten ›Gegenständen‹ jeder Art.

In der – überwiegend, aber nicht ausschließlich abendländischen – Geschichte der Hermeneutik drückte der besondere Typus theologischer Auslegungsarbeit vieler Deuter an der einen heiligen Schrift den Denk- und Interpretationsrichtungen unübersehbar ihren Stempel auf. Es war die Suche nach dem im Text repräsentierten einen (einzigen) Subjekt und nach dessen Willen. Gleichzeitig allerdings pflegten schon früh Philosophie und Juristerei – zwei ebenfalls sehr alte hermeneutische Disziplinen – auch mit ganz anderen als dem ›einen‹ Subjekt und ›Sinn‹ umzugehen. Durch diesen ganz anderen Umgang mit ihren Subjekten und Objekten stellten sie dem Singular der einen Wahrheit den Plural der vielen (möglichen) Wahrheiten und Wahrscheinlichkeiten an die Seite: Der Erschließung der ›einen‹ Bedeutung, des ›einen‹ Sinns, die Entfaltung des Bedeutungs- und Sinn*potentials*.

Die im hermeneutischen Erkenntnisstil angelegte Selbstreflexion

4 Vgl. hierzu Soeffner, Hans-Georg (1989), Auslegung des Alltags – Der Alltag der Auslegung, Frankfurt.

führte (von Spinoza über Schleiermacher, Dilthey und Gadamer bis hin zur gegenwärtigen Diskussion) zur Entdeckung und Problematisierung des Lesers und des Interpreten als des ›Koautors von Texten‹.[5] Dieser implizite Mitgestalter füllt durch seine Interpretation den interpretierten ›Text‹ (im oben genannten, allgemeinen Sinn von ›Dokument‹) mit eigenen Bedeutungen und Bedeutungshorizonten auf. Bediente sich in unseren Mythen und heiligen Schriften das ›eine‹, heilige Subjekt oft bereits selbst einer menschlichen Stimme (des Propheten oder gar in Ämterteilung eines Gesetzgebers *und* einer ihm zusätzlich an die Seite gestellten Stimme: Moses und Aaron), so erhält nun das interpretierte (im Text ›repräsentierte‹) Subjekt (oder auch das Dokument als Subjekt) ein Gegenüber: das interpretierende Subjekt. Beide geraten – schon für Schleiermacher – in ein ständig neu auszubalancierendes Spannungsverhältnis zueinander.

Mit dieser Verdoppelung der Subjekte ist *strukturell* die Auflösung der Subjektzentrierung (auch der theologischen!) angelegt und mit ihr die des Axioms von der ›einen Bedeutung‹ (Textwahrheit, Sinn etc.). Das Potential der Interpreten, ihrer Geschichten und Geschichte ›öffnet‹ systematisch und historisch das Bedeutungspotential des Interpretats. Dabei vollzieht sich sowohl auf der Seite der Interpreten als auch auf der des jeweiligen Dokumentes der Wandel von einer absoluten zu einer historischen Semantik. Das Kontext- und Verweisungspotential wächst auf beiden Seiten unübersehbar (im doppelten Wortsinne) an: Die Dekomposition des Subjektes (des interpretierten wie des interpretierenden) und der ›einen‹ Bedeutung hatte begonnen – lange bevor ›Dekomposition‹ und ›Dekonstruktion‹ als Schlagetotargumente ihre Konjunktur feierten.

Folgerichtig verlor die Suche nach der ›einen‹ Bedeutung an Bedeutung. Gleichzeitig wuchs die Einsicht in unsere unaufhebbare Gefangenschaft (›Verwobenheit‹) in Sinn und Bedeutung: die Einsicht in die Tatsache, daß wir immer schon deuten, deuten müssen, uns in einer immer schon gedeuteten Welt und in scheinbar kaum kontrollierbaren Bedeutungsüberschüssen bewegen.

Diese Einsicht ergänzte und veränderte die Fragestellung der Hermeneutik. Ging es früher ausschließlich um das ›Was‹ des Verste-

5 Vgl. Iser, Wolfgang (1972), Der implizite Leser, Kommunikationsformen des Romans von Bunyan bis Beckett, München.

hens, so ging es nun mehr und mehr um das ›Wie‹: um das Verstehen des Verstehens selbst, um Verfahren, ›Regeln‹, ›Muster‹, implizite Prämissen, sozialisatorisch vermittelte Aneignungs-, ›Schulungs‹- und Überlieferungsweisen des Deutens und Verstehens. Ohne ein Wissen über Struktur und Arbeitsweise des Verstehens, soviel war nun deutlich, waren und sind begründete Aussagen über die ›Adäquatheit‹ von Interpretationen kaum mehr zu treffen: Man versteht ein konkretes Verstandenes (eine Deutung oder Interpretation) nur dann annähernd, wenn man verstehend rekonstruieren kann, wie ein ›Verstandenes‹ im – und durch – Deuten und Verstehen konstruiert wird, und an welcher konkreten, historischen Stelle Subjekte schreibend, deutend und interpretierend ihre Deutungen und Konstruktionen zu Texten gerinnen lassen.

Da sind sie also wieder, die verloren geglaubten Subjekte. Sie treten an zwei strukturell entscheidenden Stellen aus den Welttheatern und Kulissen der Zeichenreihen, Zitatketten und Bedeutungsfiguren hervor: (1) als historisch-konkrete Akteure (Produzenten der Dokumente) an einem konkreten historischen Ort; (2) als historisch-konkrete Interpreten mit spezifischen, historischen Deutungshorizonten. Beide, die Produzenten der Dokumente und die Interpreten (die Produzenten von Dokumenten 2. Ordnung), *verkörpern* darüber hinaus die konkrete, lebendige Erfahrungs- und Entscheidungsinstanz, die über Adäquatheit, Stimmigkeit und Plausibilität des jeweiligen Produktes (Dokument oder Interpretation) entscheidet.

Diese Entscheidung fällt in ›innerer Konversation‹ des Subjektes mit sich selbst, im Vergleich der ›inneren‹ Bilder. Insofern bleiben sowohl das produzierende als auch das deutende Subjekt die nicht hintergehbare Erfahrungs-, Empfindungs- und Entscheidungsinstanz. Allerdings läßt sich von dieser internen Kommunikation als subjekt-interner Erfahrung nichts veräußern – bis auf die im Dokument sichtbare Entscheidung für eine bestimmte Handlung und ihr Produkt. Der Kreislauf des Deutens und Verstehens beginnt von neuem.

III. Soziologische Novellen

Der Liebhaber von soziologischen ›Makrotheorien‹, insbesondere von Systemtheorien, findet sein Wohlgefallen an der Arithmetik der Welt. Gelingt es ihm darüber hinaus, diese Arithmetik der Welt in eine Welt der Arithmetik zu überführen, so ist er am Ziel seiner Wünsche. Was immer ihm begegnet, wird von den Triebwerken der Theorie angesaugt, in die Begriffsmaschinerie eingespeist, übersetzt, prozessiert und seriell verarbeitet, bis es, unübersehbar gezeichnet mit dem Sprach- und Prüfstempel des Herstellers, vom Band rollt: die neue Seriennummer für eine vorgestanzte Enzyklopädie. Als Soziologe kennt der Makrotheoretiker nun keine Probleme mehr, er macht nur noch anderen Kollegen welche: vornehmlich jenen, denen es darum geht, konkrete gesellschaftliche Phänomene als solche verstehend zu beschreiben und sowohl in ihrer Besonderheit als auch in ihrer gesellschaftlichen Verallgemeinerbarkeit historisch ursächlich zu erklären.

Materiale Soziologie als Wirklichkeitswissenschaft hat es ungleich schwerer als die Systemtheorien: Sie muß das Phänomen erst genau kennenlernen, bevor sie darüber spricht. Ihre Fragen und Antworten sind insofern ›offen‹, als sie sich der Eigenart der Phänomene anzupassen haben. Und schließlich vollzieht sich die Fortschreibung einer solchen soziologischen Theoriebildung in der Analyse von Einzelfällen: wo sie die Bodenhaftung zur Empirie verliert und sich an letzterer etwas weder falsifizieren noch verifizieren läßt, büßt eine solche Theoriebildung ihren Anspruch ein, Soziologie zu sein. Folglich ist der Königsweg theoriegeleiteter und Theorie fortschreibender Soziologie die Fallstudie.

Gegenstand der Fallstudie kann alles werden, was sich der Beobachtung aufdrängt, was den bisherigen theoretischen Einsichten zu widersprechen scheint – oder woran sich ganz einfach die Neugierde entzündet. Eingegrenzt wird der ›Fall‹ durch das – explizit offenzulegende – Interesse des Beobachters und durch die darauf folgende theoretische Definition dessen, was der ›Fall‹ und welches seine Grenzen sein sollen; schließlich durch Aussagen darüber, worin die Hoffnungen in verallgemeinerungsfähige Einsichten aus der Fallanalyse gründen.

Die Fallstudie teilt, leider, nicht ihre Sprache, wohl aber ihre Nähe zum einzelnen, eingrenzbaren und dennoch exemplarischen Phänomen mit einem literarischen Genre, dem der Novelle. Allerdings gilt bei der Fallstudie das – oder zumindest mein soziologisches – Interesse nicht dem, was Goethe »eine sich ereignete unerhörte Begebenheit« nannte.[6] Es zielt statt dessen auf die Begründung der Notwendigkeit jedes Details für die Sinnkonstruktion einer Handlung. Das Unerhörte ist das Detail und dessen besonderer Ort, das einzelne Element, das an *seiner* spezifischen Stelle dazu beiträgt, einem Ganzen im Handeln Sinn (ein Sinnpotential) zu verleihen, und das später dieses Sinnpotential für Interpreten erschließbar macht.

Aus der einzigartigen Gestalt und Stellung jedes einzelnen Elements sozialer Ordnung erklärt sich die Faszination des Fallanalytikers am Detail, seine Liebe für das scheinbar Nebensächliche, seine Aufmerksamkeit für das Netzwerk der Motive und Symbole. Sie alle sind Ausdruck einer gewissen Verzauberung des Interpreten durch jenes Zusammenspiel von Zufall und Folgerichtigkeit, indem sich aus der Abfolge und Verknüpfung von Einzelelementen Gestalten des Handelns *und* des Deutens bilden. Zwar verliert dieser Zauber etwas von seinem Glanz, wenn die Interpretation entschlüsselt, wie sich ein Allgemeines im Besonderen, dem konkreten, historischen Phänomen artikuliert und darstellt. Dennoch geht auch dann die Faszination am Singulären nicht verloren: Es ist der konkrete Ort, an dem Gesellschaft lebt und am Leben gehalten wird.

Bevor Boccaccio beginnt, seine Helden ›Novellen‹ erzählen zu lassen, teilt er in der Rahmenerzählung mit, wo sich seine Erzähler befinden und warum sie erzählen: Sie haben sich auf ein Schloß zurückgezogen – auf der Flucht vor der Pest. Deren Ansteckungskraft war so groß, »daß nicht bloß der Mensch den Menschen ansteckte, sondern, was noch weit mehr ist und sehr häufig vorkam, daß wenn ein Gegenstand, der einem Menschen angehörte, welcher krank gewesen oder an der Krankheit gestorben war, von einem Tier berührt wurde, dieses nicht bloß von der Krankheit angesteckt wurde, sondern in kürzester Zeit daran starb«.[7] Kurz, alles in der Außenwelt ist verseucht. Die Erzähler dagegen sind in Sicherheit oder fühlen sich zumindest so.

6 Goethe zu Eckermann, 25. 1. 1827.

7 Boccaccio, Giovanni ([1492] 1957), Der Decamerone, Zürich. Erster Band, S. 15.

Der soziologische ›Novellist‹ als Fallanalytiker braucht sein Feld. Er liebt vielleicht Schlösser, aber er lebt nicht in ihnen. Anders als es bei manchen seiner ausschließlich Theorien bewegenden Kollegen der Fall zu sein scheint, fürchtet er ›sein‹ Feld in der ›Außenwelt‹ nicht wie die Pest. Er liebt es aber auch nicht unbedingt, wenngleich er es nicht mit Pestkranken zu tun hat, sondern weitgehend mit ›seinesgleichen‹. Wenn überhaupt, herrscht wechselseitige Ansteckungsgefahr. Distanz herzustellen und zu halten, ist für beide Seiten wichtig, für jene, die etwas beobachten und erklären und für die anderen, die in ihrem Handeln autonom bleiben wollen. Der Beobachter ist nicht primär verantwortlich für das, was er sieht, sondern für das, was er nicht sieht und was er dadurch sich und anderen an Möglichkeiten nicht zugänglich macht. Mit Flucht hat diese Distanz nichts zu tun, mit dem Eintauchen ›ins Feld‹ ohne Wiederauftauchen ebensowenig.
Krankheit oder Gesundheit, Pathologie oder Normalität – hier endet die Reichweite des von Boccaccio übernommenen Bildes – sind einem solchen Beobachter weder Gradmesser für das Verhalten anderer noch Kategorien einer Gesellschaftstheorie. Er sieht sich von diesen Klassifikationen ebenso gern verschont wie seine Mitmenschen. Ihm geht es um die verstehende Rekonstruktion dessen, was er vorfindet, um die Erklärung der Ursachen für das, was er sieht und um die Entfaltung des Reiches der Möglichkeiten vor dem Hintergrund historisch gewachsener ›Faktizität‹.
Als Hermeneut überantwortet er den Schluß auf und die Verantwortung für das, was sein könnte und sollte, zunächst und vor allem – aber nicht nur – sich, sondern auch seinen Lesern.

Luther – Der Weg von der Kollektivität des Glaubens zu einem lutherisch-protestantischen Individualitätstypus

»Kommen Sie doch gelegentlich vorbei und erzählen Sie mir Ihre Geschichte.«
Citizen Kane

Daß heute nahezu jedermann seine Geschichte erzählen kann, daß von nahezu jedermann zu jeder Zeit und Gelegenheit offene oder als »Beziehungsproblematisierung« verkleidete Selbstthematisierungen virtuos dargeboten werden, daß von Rechtfertigungen vor Gericht über die Legitimation politischen Handelns bis zur Begründung »privater« Entscheidungen nahezu jede Art sozialen Handelns nicht nur autobiographisch eingefärbt, sondern auch für erklärbar durch die jeweilige Autobiographie gehalten wird, hat eine lange – mitteleuropäische – Vorgeschichte. Es ist die Geschichte einer Wissens- und Darstellungsform, durch die Wirklichkeits-, Welt- und Selbstdeutung in der Moderne und in der Gegenwart entscheidend geprägt wurden und werden: es ist die Geschichte des sozialen Darstellungstypus »akzentuierter Subjektivität«.

Zu den Voraussetzungen gelungener, kollektiv akzeptierter Selbstthematisierung gehören: 1) die Beherrschung von Techniken der Selbstbeobachtung; 2) kollektiv bekannte und sozialisatorisch eingeübte »Leit- (und auch Leid-)Fäden«, die der Selbstwahrnehmung Orientierungspunkte liefern (vgl. Hahn, 1982: 407 ff.; ders., 1984: 229 ff.); 3) die *strukturelle* Isolierung eines sich selbst wahrnehmenden ›Ichs‹ (Hildebrandt, 1985) und die Absicherung der Bedeutsamkeit der Selbstwahrnehmung; 4) die historische Einbettung *und* Vorbereitung der ›neu‹ entstehenden Darstellungs- und Wissensformen durch bereits existierende, institutionell abgesicherte und kollektiv anerkannte Darstellungsformen; 5) sozialstrukturelle und ökonomische Veränderungen, die sich durch die ›neue‹ Wissensform im alltäglichen Bewußtsein präsentieren bzw. repräsentieren[1] und die durch sie ›ideologisch‹ legitimiert werden (vgl. Luckmann, 1980).

Voraussetzungen dieser Art werden weder von einem einzelnen geschaffen noch entstehen sie ›plötzlich‹, unvermittelt und – wie es sich mancher zu wünschen scheint – historisch exakt datierbar. Sie sind vielmehr in aller Regel Resultate einer langen Entwicklung, kündigen sich in ›Spuren‹ und ›Einzeltendenzen‹ oft schon lange Zeit vor ihrer kollektiven Durchsetzung an, und sie verweisen den – historisch späteren – Interpreten auf objektiv bereits früh wirksame Sozialstrukturen, die sich erst später erkennbar ausprägen. Dem Bewußtsein derer, die darin leben, enthüllen sich diese Strukturen nur selten. Und häufig sind die Qualität dieser Strukturen und mehr noch die auf ihnen beruhenden sozialen Folgen und Wirkungen den Intentionen und Interessen derer geradezu entgegengesetzt, die eben jene Strukturen objektiv mitschufen. Im folgenden soll dies am Beispiel Luthers gezeigt werden.

Wenn auch jene ›großen Einzelgestalten‹, mit deren Geschichten letztlich bis heute das alltäglich-lebendige Bewußtsein von ›Geschichte‹ illustriert und konstituiert wird, weder die Erfinder neuer Strukturen sind noch die kollektive Durchsetzung der bereits bestehenden oder gar der neuen tatsächlich bewirken können, so kommt einigen von ihnen durch die implizite, manchmal auch explizite Nutzung jener Strukturen für das politische, wissenschaftliche oder künstlerische Handeln eine exemplarische Bedeutung zu. Anderen – und zu diesen gehört Luther – gelingt es, für das sozial bereits Wirksame, aber bis dahin noch nicht Artikulierte oder Artikulierbare eine kollektive Sprache zu finden, den Intentionen, Handlungen, Planungen einen repräsentativen Ausdruck, ein eigenes sprachliches Symbolsystem zur Verfügung zu stellen: das – ebenfalls – kollektiv bereits existierende, dem ›Volk vom Maul abgeschaute‹ Symbolrepertoire *durch* einen und

1 Vgl. hierzu als eine Art ›Fallstudie‹: H. Wenzel (1985): Exemplarisches Rittertum und Individualitätsgeschichte. Zur Doppelstruktur der ›Geschichten und Taten Wilwoldts von Schaumburg‹ (1446-1519), S. 162ff., in: C. Gerhard et al. (Hg.): Geschichtsbewußtsein in der deutschen Literatur des Mittelalters, Tübinger Colloquium 1983, Tübingen, H. Wenzel (Hg.) (1983): Typus und Individualität im Mittelalter, München; darin auch: S. 11ff.: H.-G. Soeffner: ›Typus und Individualität‹ oder ›Typen der Individualität‹?

zu einem großen ›identifikatorischen Text‹ zusammenzufassen, für den alle anderen Texte, alles andere überhaupt, bis hin zum eigenen Leben, zu Begleittexten werden.
Neben der historischen liegt damit die zentrale Bedeutung der ›großen Artikulatoren‹ darin, daß sie dem späteren Interpreten in exemplarischer Weise jene ›Daten‹ aufbereiten, die er benötigt, um Bruchstücke und Ausschnitte der geschichtlichen Entwicklung durch die Analyse ihrer historischen Voraussetzungen zu verstehen. Der Ausschnitt, um den es im folgenden gehen soll, ist der von Luther nicht intentional, wohl aber strukturell eröffnete, von ihm selbst zum Teil beschrittene Weg von der Kollektivität des Glaubens und der Lebensführung hin zur Vereinzelung in Glaubens- und Lebensführung, vom kollektiven Lebenslauf zur (Auto-)Biographie, von der Fremdbetrachtung zur Selbstbetrachtung, vom Menschen in der Welt zur Welt im Einzelmenschen.

1. Das Alte im Neuen und das Neue im Alten – Luthers Umgang mit dem eigenen Namen[2]

Ursprünglich hieß die Familie Luthers ›Luder‹ (Loewenich, 1983: 36). Als »Martinus Ludher Mansfeldt‹ wird er in Erfurt immatrikuliert. 1517 änderte Luther den Namen ›Luder‹ in Luther. Dabei bezog er seine Eltern in diese Namensänderung gleich mit ein. All dies ist seit langem bekannt. Man stritt lediglich darüber, welches die Gründe für die Namensänderung waren. Es gibt hierzu zwei Deutungsvarianten, die sich auf Sprachgebrauch und Polemik im Umgang mit dem Namen Luthers während der Reformationszeit bezogen: Die Gegner Luthers verbanden den Namen »Luder« – wie sie das als Gegner, die sich an die Spielregeln ordentlicher Gegnerschaft halten, auch mußten – mit »lotter«, »Luderleben« oder »Lockerspeise«, »Aas« und dem damit verbundenen üblen Geruch. Sie zitierten damit einen damals möglichen Sprachgebrauch, den man noch heute in den Ausdrücken »Luder« und

2 Für Anregungen, Diskussionen und beharrlichen, hilfreichen Widerspruch zu meinen Thesen in den folgenden Kapiteln danke ich meinen skilaufenden Freunden, vor allem aber Dieter Gutzen und Horst Wenzel.

auch »Lude« – Zuhälter – gut erhalten wiederfindet. Die andere, die Freundesseite, hat, weil sie – philologisch gebildet, wie sie war –, um die Gesetze von Laut- und Bedeutungswandel wußte, entgegengesetzt argumentiert: »Luder« – so ihre Interpretation – hänge zusammen mit dem Ausdruck »lauter« = ehrlich. Was an diesen einander entgegengesetzten Deutungen abgelesen werden kann, ist der ärgerliche Sachverhalt, daß wie oft und so auch hier, quasi-wissenschaftliche – hier philologische – Argumente in den Dienst eines rhetorischen Turniers um die richtige Weltanschauung gestellt werden. Im Gegensatz hierzu wurde kürzlich philologisch sehr exakt gezeigt (Moeller/Stackmann, 1981), daß die Änderung des Namens von »Luder« zu »Luther« sich weder auf die Ausdrücke »lotter« noch auf »lauter« bezog, sondern daß sie in einem engen Zusammenhang damit stand, daß Luther in der Zeit, in der er seinen Namen änderte, Briefe an Freunde, z. B. an Spalatin, Melanchton und Lang mit »Eleutherius«, d. h. »Der Freigewordene«, »der sich Freifühlende«, unterschrieb. An dieser ›Ableitung‹ des Namens aus dem Griechischen zeigt sich die für den Kreis der Humanisten übliche Verknüpfung von Andeutung und Deutung mit Hilfe von Etymologien. Luther nutzte dieses Stilmittel, verband jedoch die Spielerei mit einer schwerwiegenden Selbst-Interpretation.

Die Unterschrift ›Eleutherius‹ benutzte Luther nur in den Jahren zwischen 1517 und 1519: Griechischer Beiname und Umwandlung des deutschen Namens 1517 haben eine zeitliche Korrespondenz. Der Beiname erscheint kurz vor den Thesen, zumindest vor deren Veröffentlichung. 1519 verliert er sich abrupt. Moeller und Stackmann belegen ihre Vermutung, daß der Zusammenhang der Namensänderung mit dem Beinamen Eleutherius 1517 bereits latent ausdrückt, was sich später als Idee manifestiert: Die neue Überzeugung Luthers, freigeworden zu sein gegenüber anderen Menschen durch die Knechtschaft gegenüber Gott. Dieser neue Selbstentwurf Luthers – die ›Freiheit durch Knechtschaft‹ – wurde zunächst im griechischen Beinamen symbolisiert und schließlich in der symbolisch-programmatischen Namensänderung bestätigt. Die Schriften Luthers entfalten und explizieren theoretisch im nachhinein, was im symbolischen Akt der Repräsentation einer Überzeugung bereits vollzogen war.

Interpretiert man dieses Detail der Biographie des Übersetzers, Theologen und Wahrheitssuchers genauer, so zeigt sich in dem symbolischen Akt der Namensänderung eine bezeichnende Sinnfigur: der neue Name »Luther« – das ›Alte‹, Familien- *und* Glaubenstradition, bis auf einen Buchstaben beibehaltend, den er durch zwei neue ersetzt – zieht symbolisch Vergangenheit und neue Überzeugung, die sich in einer ›alten‹ Sprache ausdrückt, zusammen. Der Name wird im symbolischen Akt der Neufassung also eher *re*-formiert als neu formuliert.

Die symbolisch mit der Namensänderung anklingende widersprüchliche Einheit von ›Freiheit und Knechtschaft‹ verweist durch den magisch anmutenden Umgang Luthers mit der Sprachsymbolik auf ein umfassendes symbolisches Welt- und Selbstdeutungsmuster, auf die Andeutung oder Neubewertung sowohl des eigenen Lebens als auch der Welt durch symbolische Akte. Dabei verleihen der zeichenhaft-symbolische Akt oder der symbolische Kontext allen Einzelelementen und Einzelerfahrungen einen durchgehenden einheitlichen Sinn. Am Vorstellungshorizont der Geist-Fleisch- oder der Leib-Seele-Problematik läßt sich dies exemplarisch zeigen: Fleisch, Leib oder Körper – materiale und in unserer Kultur zumeist übel beleumundete Behausungen der Seele und/oder des Geistes – erhalten, wenn überhaupt, Sinn und Wert durch ihre sichtbare oder vermutete symbolische Verknüpfung mit ihren höheren Bewohnern: eben Seele und Geist, die ihrerseits einen Höheren oder das Höchste repräsentieren, an dem sie teilhaben. Sind Seele und Geist frei, so ist es auch der ganze Mensch. Kurz: Mit der Namensänderung streifte Luther seinem alten Adam nicht nur ein neues geistliches Kleid über. Der alte Adam wird zu einem neuen Menschen. Die symbolische wird zur realen Konversion.

Für diese Konversionsfigur kennt die christliche Tradition viele Vorgänger. Luther wählte daraus für sich einen der prominentesten, aber nicht als exemplum vitae, sondern als Existenzform: jenen inquisitorischen Wüterich Saulus, den auf dem Weg nach Damaskus (Apostelgeschichte 9) plötzlich ›ein Licht vom Himmel‹ umleuchtete, der eine Stimme hörte, die sprach: »Saul, Saul, was verfolgestu mich?«[3]; der als einziger – anders als seine Ge-

3 Alle Bibelzitate des vorliegenden Aufsatzes werden zitiert nach: D. Martin Luther, Die gantze Heilige Schrift, Deudsch 1545, Auffs neu zugericht, unter Mitarbeit von H. Blanke, herausgegeben von Hans Volz.

fährten – die Stimme verstand, der blind wurde und schließlich aus der Blindheit heraus sehend – aus einem Saulus zum Paulus.

Beinahe 1500 Jahre später erzählt sich diese Geschichte neu. Sie erhält einen anderen Kontext und ein anderes Milieu, bleibt aber dennoch gut erkennbar. Aus dem Weg des Saulus nach Damaskus wird Luthers Rückweg von Gotha nach Erfurt. Der angehende Jurastudent – der Vater Luther setzt auf dieses Karrierestudium seines Sohnes – hat sich in Gotha für sein Studium juristische Fachliteratur gekauft. Auf dem Rückweg kommt zu ihm eine »erschreckliche Erscheinung vom Himmel«.[4] Er verkauft – heimlich – alle juristischen Bücher, gibt in Erfurt für seine Freunde ein Abschiedsmahl und geht »alsbald ins Augustinerkloster zu Erfurt in der Nacht. Denn das hatte er so bestellt, und ward ein Mönch«. Im Erfurter Kloster der Augustiner-Eremiten erhält er zunächst den Namen seines Ordensheiligen Augustinus[5], eines anderen Exemplums einer Konversion. Schon nach kurzer Zeit wird er jedoch wieder ›Martinus‹ genannt. Dann aber setzen sich endgültig die wiederbelebte Apostelgeschichte und Luthers gelebte Selbstinterpretation durch: Professor Nathin, einer der theologischen Vorgesetzten Luthers, empfiehlt ihn den Nonnen im Kloster zu Mühlhausen als einen »zweiten Paulus«, der »wie jener wunderbar bekehrt worden sei« (Friedenthal, 1983: 59f.).

Saulus/Paulus ist mehr als ein mythisches Pendant Martin Luthers. Paulus wird ihm nicht nur zur ›Identifikationsfigur‹, sondern auch zum zentralen Kronzeugen der ›Heiligen Schrift‹ – ein Kronzeuge allerdings, der Jesus nicht gesehen hat, ihn nur durch Geschichten und Predigten der Anhänger kennt: ein Kronzeuge, der sich seine Autorität nicht durch Anwesenheit oder Teilnahme beim Geschehen, sondern durch seine überzeugende *Interpreta-*

4 Vgl. den Bericht von Justus Jonas, einem Erfurter Mitstudenten Luthers, zitiert nach: Richard Friedenthal (1983: 37): Luther, sein Leben und seine Zeit, Frankfurt; W. v. Loewenich (1983: 52), v. Loewenich verweist auf Melanchton und Mathesius, die den Gang ins Kloster auch mit dem Tode eines nahen Freundes Luthers in Zusammenhang bringen.

5 W. v. Loewenich (1983: 57). – Nebenbei: Als Schutzpatron der Buchdrucker – so müßte man beinahe interpretieren – hat sich Augustinus immerhin um seinen Ordensbruder und um die Verbreitung der Bibelübersetzung und der Flugschriften dieses Bruders verdient gemacht.

tion des Gehörten erwirbt. Und umgekehrt erhält das Berichtete seine Bedeutung und Autorisierung nicht durch die Augenzeugen, sondern durch den *Interpreten.* Konsequent heißt es in Luthers Vorrede zu seiner Römerbrief-Theologie: »Diese Epistel ist das rechte Hauptstück des Neuen Testaments und das allerlauterst Evangelium« (Luther, 1983b). Hier, Römer 3.28, findet sich entsprechend das Kernstück für den Durchbruch zur Lutherschen Theologie: »So halten wir nun dafür, daß der Mensch gerecht werde ohne des Gesetzes Werke allein durch den Glauben«. Dieses »allein« – sola fide – fügt Luther dem ›alten‹ Glauben, dem ›alten‹ Text, hinzu wie das »th« in seinem Namen: auch hier seinem Vorbild Paulus folgend, der seine Konversion durch die Änderung eines Buchstaben im Namen, allerdings des Anfangsbuchstaben, anzeigt: Er verändert interpretierend das Alte – nur scheinbar minimal – indem er es auf *eine* bestimmte Bedeutung hin zentriert.

Aber Geschichten und Mythen würden nicht leben bzw. weiterleben, wenn sie es nicht schafften – ihre Struktur beibehaltend – sich zu erneuern: Vorgänger und Nachfolger aneinanderzuschließen, die Wiederholung sichtbar zu machen und zugleich das Material zu variieren, zu aktualisieren, zu beleben.[6] – So hat der ›zweite Paulus‹ aus Erfurt Saulus/Paulus zum Vorbild. Der Saulus des Neuen Testaments seinerseits verweist auf einen Saul des Alten Testaments, der ebenfalls ausdauernd einen Gerechten verfolgt. Dem neutestamentlichen Saulus und seinem Nachfolger war die Konversion ›zum Heil‹ möglich, der alttestamentliche dagegen vollzog – ungewollt – eine negative Konversion ›vom Heil weg‹, das er trotz seines Bemühens nicht wiedergewann. Saulus/Paulus sind hier – vor dem Wirken Jesu, des ›Sohnes Davids‹ – noch in zwei Akteure aufgespalten: Saul und David.

Der erste wird seinem Gott ungehorsam. Gott verliert ›die Lust‹ an ihm (1. Samuel 15). Der zweite, David, wird ausgewählt, den ersten zu ersetzen. Saul versucht, durch sichtbare Taten, Opfer, seinen Herrn zu versöhnen. Sein Versuch bleibt erfolglos. David,

6 Daß ›Luther‹ – jener durch Geschichten und Geschichte hervorgebrachte Typus des ›Reformators‹ – selbst zum Vorbild und Traditor des von ihm übernommenen und variierten Musters wird, zeigt erneut die Wirksamkeit mentalitätsgeschichtlicher Strukturen: Martin Luther King und Bischof Tutu, der »Luther Südafrikas«, setzen als prominenteste Vertreter dieses Musters die Nachfolge fort.

der neu Erwählte, hat an Werken – noch – nichts vorzuweisen, wird aber dennoch vorgezogen: »denn es gehet nicht wie ein Mensch sihet: ein Mensch sihet, was fur augen ist; der HERR aber sihet das hertz an« (1. Samuel 16.7). – Unüberhörbar klingt hier das Leitmotiv der Lutherschen Theologie an: Nicht die Werke, sondern – allein – der Glaube; nicht das äußerlich Sichtbare, sondern das für – andere – Menschen unsichtbare ›Innere‹, das Herz entscheidet über den Weg, ›Gerechtigkeit vor Gott‹ zu erreichen. – Luthertum und Calvinismus werden bereits hier in ihrem strukturellen Gegensatz erkennbar.

Aber auch in Luthers realer Existenz vollzieht sich – die nicht nur für Soziologen – interessante Angleichung des Lebens an die Theologie und vice versa: Der alttestamentliche Saul wird nicht nur von seinem Gott ›verworfen‹, sondern zusätzlich mit dem »bösen Geist« (1. Samuel 16.16) – oder nach heutigem Sprachgebrauch – mit Melancholie, Trübsinn, Verzweiflung bestraft. Wenn ihn jener ›böse Geist‹ überkommt, hilft ihm nur das Saitenspiel. Harfenvirtuose und damit Therapeut Sauls ist David: »Wenn nu der geist Gottes über Saul kam, so nahm David die Harffen und spielet mit seiner hand; so erquickt sich Sauln und ward besser mit im, und der böse Geist weich von im« (1. Samuel 16.23).

Für Luther, der von Jugend an zeit seines Lebens unter schweren Anfällen tiefer Depression zu leiden hatte, war vor allem die Musik ein Hilfsmittel gegen Traurigkeit und Verzweiflung – genauer: gegen ›Satan, den Geist des Trübsinns‹. Litt er unter solchen Trübsinnsanfällen, so brachten ihm Freunde die Laute. Und Luther – wie berichtet wird: ein Meister dieses schwierigen Instruments – greift in die Saiten. Luther selbst formuliert seine Musikauffassung, das alte Muster zitierend, in der »Vorrede auf alle guten Gesangbücher« (1538).[7]

7 Das mystische Muster, dem Luther hier folgt, liegt auch der ›Musiktheorie‹ des Mittelalters zugrunde: Den Musikklängen und Dissonanzen ›Satans‹, des Geistes des Trübsinns, der Melancholie, der üblen Affekte, stehen die himmlischen Harmonien und der göttliche Wohlklang – die Musik als Symbol der Harmonie und der göttlichen Ordnung gegenüber: Der Harfe, dem Instrument Davids des Psalmisten, kommt dabei eine besondere Bedeutung zu, die sich in die ›Kultsymbolik des Protestantismus‹ hinein erhält. So wird in der alten evangelisch-lutherischen Schloßkapelle zu Dresden auf den Bilderflügeln der Orgel der Kurfürst als neuer David vor dem Altar mit der Harfe dargestellt. Vgl.

Es wird besser mit ihm. Der böse Geist weicht von ihm.[8] David – Martinus – Paulus II, um in der mythisch-legendenhaften Sprache zu bleiben, setzen sich gegen Saul-Saulus und deren bösen Geist durch, einen Geist, der die Menschen ganz in Besitz nehmen, vergewaltigen und zum Selbstmord treiben kann.[9]
Was im Alten Testament auf zwei Personen verteilt wird, auf den Verworfenen und den Erwählten (Kain/Abel, Saul/David), auf jeweils antipodische Doppelgänger, wird mit dem Neuen Testament, insbesondere durch die Schriften des Paulus, in die Einzelperson verlegt. Die Doppelstruktur wird zum Wesen des Einzelnen, zu seinen essentiellen und zugleich antipodischen Möglichkeiten: *Die Konversion ist die handelnd vollzogene sichtbare Realisierung dieser Doppelstruktur in einer Person.* Sie ist eine spezifische Darstellungs- und Selbstdeutungsform, die wir aus der jüdisch-christlichen Tradition geerbt haben und die – mit neuen Inhalten – ungebrochen weiterzuleben scheint.
Der Umgang Luthers mit dem eigenen Namen und die damit verknüpfte Übernahme und ›gelebte Aneignung‹ der durch einen ›heiligen Text‹ tradierten Vorbilder, so marginal sie zunächst erscheinen mochten, verweisen auf ein durchgehendes symbolisches Selbstverständnis, unter dessen Akzent Luther sein Leben sah: auf

F. Herrmann (Hg. 1967): Symbolik der Religionen, Band XV, Kultsymbolik des Protestantismus, Tafelband von K. Goldamer zu Band VII des Textwerkes, Stuttgart, S. 74/75.

8 Die – mythisch-legendenhaften – Parallelen ließen sich weiterführen durch den Hinweis auf Sauls Versuch, vom bösen Geist getrieben, seinen Widersacher »mit dem Spieß an die Wand zu spiessen« – Der Spieß »fuhr« lediglich »in die Wand« – (1. Samuel 19.10) und Luthers legendären Wurf gegen den bösen Geist mit dem Tintenfaß bzw. Tintenhörnchen an die Wand seines Studierzimmers. Vom Spieß zum Tintenhörnchen, vom Feldherrn zum Interpreten ändern sich die Bilder – die Struktur bleibt gleich. Außerdem: in der »ältesten Form der Legende (1591) hat nicht Luther gegen den Teufel, sondern der Teufel gegen Luther das Tintenfaß geworfen«. W. v. Loewenich (1983: 191). Das Muster Saul/David ist damit viel besser repräsentiert.

9 Entsprechend dieser Auffassung verteidigt Luther Selbstmörder als die Opfer Satans, die nicht aus freien Stücken, sondern vergewaltigt vom ›Geist des Trübsinns‹, d. h. durch die Macht des Teufels in den Tod gingen. Auch hier klingt die Auffassung von der prinzipiellen Unfreiheit des Menschen an (s. u.): Ohne Gott ist der Mensch unfrei, den Mächten der Finsternis ausgeliefert. Vgl. R. Friedenthal (1983: 358).

die widersprüchliche Einheit von ›frei sein gegenüber anderen und gegenüber der Welt‹ einerseits und ›Knechtschaft gegenüber Gott‹ andererseits. Dabei verdeckt der Ausdruck ›Knechtschaft gegenüber Gott‹, daß Luther, was den Begriff der ›Freiheit‹ überhaupt angeht, viel weiter geht: für ihn gilt die Überzeugung, daß der Mensch – ohne Gott – prinzipiell unfrei ist. Frei ist und einen freien Willen hat nur Gott, das einzige Subjekt, dem die Qualität der Freiheit im allgemeinen und damit auch in bezug auf seinen Willen zukommt. »Der menschliche Wille« dagegen – so Luther – ist »in der Mitte hineingestellt wie ein Lasttier; wenn Gott darauf sitzt, will er und geht, wohin Gott will, wie der Psalm sagt: ›Ich bin wie ein Lasttier geworden und ich bin immer bei Dir‹. Wenn der Satan darauf sitzt, will er und geht, wohin Satan will. Und es liegt nicht in seiner freien Wahl, zu einem von beiden Reitern zu laufen, und ihn zu suchen, sondern die Reiter selbst kämpfen darum, ihn festzuhalten und in Besitz zu nehmen.«[10]

An diesem oft zitierten Gleichnis vom menschlichen Willen als Lasttier wird bei genauem Hinsehen – man sollte, ganz allgemein, weniger rituell zitieren, dafür aber genauer interpretieren – wiederum Luthers spezifischer Umgang mit der Tradition, ihre Aufnahme und Reformierung deutlich: – Zunächst fiel mir bei der Überprüfung des von Luther zitierten Psalms (Ps 73, 22-24) auf, daß er, der Bibelübersetzer, das Bild vom Last- als Reittier wohl kaum aus diesem Psalm bzw. aus *seiner* Übersetzung des Psalms entliehen haben kann. Dort wird mit einem anderen Bild gearbeitet: »Das ich mus ein Narr sein und nichts wissen und mus wie ein Thier sein für dir. Dennoch bleibe ich stets an dir; Denn du haltest mich bey meiner rechten Hand, Du leitest mich nach deinem Rat und nimpst mich endlich mit ehren an«. Luthers Interpretation des (unfreien) Willens – der, nimmt man das Bild vom Tier ernst, nicht ein durch ratio begründeter Wille, sondern eher Trieb und Affekt ist – wird durch diese Textstelle gedeckt: ohne Gott, der ihn bei der Hand nimmt und nach seinem Rat leitet, ist der Mensch ein Narr oder ein Tier, d.h. nicht Herr seiner Ent-

10 M. Luther, das der freie Wille nichts sei. Antwort D. Martin Luthers an Erasmus von Rotterdam, übers. v. Bruno Cordahn, München 1983, S. 46/47, dazu: M. Luther: De servo arbitrio, in: Martin Luther: Studienausgabe, hg. von Hans-Ulrich Delius, Band 3, Berlin Ost, 1983, S. 20.

schlüsse. Woher aber stammt das Bild vom Reittier und den beiden um es kämpfenden Reitern? – Die Textkritik gibt darüber Auskunft (Adam, 1962): Der Text des Psalms wird vom jetzigen ›Reformator‹ und Bibelübersetzer, dem ehemaligen Angehörigen des Ordens der Augustiner-Eremiten, kombiniert mit einem Bild aus dem pseudo-augustinischen Hypomnesticon.[11]

Diese Kombination legt den Vergleich der Argumentation und der zentralen Themen Augustins und Luthers nahe. Dabei wird eine – für Luther spezifische – Themenverengung und Themenzentrierung sichtbar. Augustins an Platon geschulte Denkweise und sein Menschenbild, für die ein vernunftbegabter, ursprünglich – d. h. bei Adam – freier Wille den Kern der Persönlichkeit ausmachen, so die Argumentation in Augustins Schrift ›De libero arbitrio‹ von 395, wird von Luther antithetisch noch einmal aufgegriffen, dann jedoch von jeder antiken Philosophietradition und Vernunftgläubigkeit ›gereinigt‹ und auf ein jüdisch-christliches Menschenbild zentriert.

Zugleich – und das ist entscheidend – wird bei Luther die Welt enger: Die civitates Augustins, die göttlichen oder teuflischen, mit Menschen angefüllten Gemeinwesen, werden reduziert auf den einzelnen Menschen. Nicht mehr die civitas ist das Schlachtfeld, auf dem die Heere Gottes und Satans aufeinandertreffen. Kriegsschauplatz ist nun der einzelne Mensch. Dementsprechend ist die Auseinandersetzung mit ›Satan‹ auch nicht mehr von der Polis oder einem Gemeinwesen zu führen, sondern sie ›tobt‹ im Individuum: Der Kampf um den Menschen findet *im* Menschen statt. Und dieser ist zugleich – zumeist einziger – Zeuge dieses erbarmungslosen Geschehens. Zwei Subjekte: Gott und Satan, kämpfen um ein Drittes, dem der freie Wille und der Status des Subjekts abgesprochen wird. – Wo bleibt nun dieses Dritte? Welchen Status hat es? Wie ist es bestimmt? Luthers Antwort: es existiert und handelt »ex alterius arbitrio«, ›modern‹ gesprochen: fremdbestimmt. Nebenbei: ›alterius‹ könnte grammatikalisch gesehen – auch ein Neutrum sein, ein determinierendes ›Es‹, wie es später erfunden wird. – Fremdbestimmung zum einen, strikte Indivi-

11 Pseudo-Augustin (1632): Hypomnesticon contra Pelagianos et Caelestianos 3, 11, 20. MPL 45. Bezeichnenderweise zitiert der Häretiker in einer Streitschrift gegen einen Vertreter der theologischen Tradition aus einer Streitschrift gegen Häretiker.

dualisierung des Kampfgeschehens zum anderen kennzeichnen nun das Menschenbild.

Dies hat viele Folgen, und eine meiner Thesen ist aus der Lutherschen Kopplung von Individualisierung des Kriegsschauplatzes einerseits und der Lehre vom vernunftlosen Willen = Trieb und Affekt andererseits abgeleitet: Luthers und Freuds christlich-jüdische und jüdisch-christliche Denkweisen, Sinnfiguren, Wirklichkeitsentwürfe sind einander in vielem verwandt. Wichtiger aber ist, Freud verdankt Luther nicht nur die Vorbereitung bestimmter Welt-, Menschen-, Realitätsanschauungen sowie wesentliche Vorarbeiten bei der Konstruktion einer bestimmten Form von Subjektivität: die Psychoanalyse verdankt Luther auch ihre Wirkung sowohl auf die Individuen der ›Moderne‹ als auch auf den deutschen Protestantismus und auf dessen um psychologische Therapieformen angereichertes Seel- und Menschensorgekonzept. – Die entscheidenden Jahre seines Lebens verbringt Luther im Kloster. Mit 21 Jahren tritt er ins ›Schwarze Kloster‹ zu Erfurt ein, im Wittenberger Kloster hat er bis zum Ende seines Lebens gewohnt. Er beginnt sein Klosterleben als Augustiner-Eremit – und stirbt als Familienvater und Ehemann, noch immer im Kloster lebend. Er ist und bleibt während dieser Zeit Textgelehrter und Interpret. Nicht die Reise nach Rom, nicht sein Auftritt auf dem Reichstag zu Worms, nicht sein ›Ausflug‹ auf die Wartburg prägen sein Weltbild. Sein Weltausschnitt ist das Studierzimmer, eine Zelle. Seine Welt entsteht aus dem Text, und er beeinflußt die Welt durch Texte.

Noch einmal läßt er durch seine Lebensführung die ›Sinnfigur‹ veranschaulichen, die er lebend ausarbeitet und darstellt: Die Doppelstruktur aus Rückwendung zum ›Alten‹, dem ›ursprünglich‹ Gegebenen, und Variation des ›Alten‹ durch Interpretation; aus Konversion im Leben und in der Textdeutung; aus kollektiv gegebener Tradition und Vereinzelung der Erfahrung: aus Übernahme und zugleich Zerstörung der Tradition, der er die kollektive ›äußere‹ Absicherung dadurch nimmt, daß sie sich auf einem ›inneren‹ Kriegsschauplatz – in der Einzelerfahrung und in der Vereinzelung des Individuums – bewähren soll.

II. Vom ›kollektiven‹ Lebenslauf zur (Auto-)Biographie

Wir vermögen uns zwar nicht mit »jenen beiden Männern« (Sokrates und Platon) und deren »vollendeter Menschlichkeit« zu messen – aber wir versuchen trotzdem, »ihre vorbildhaften Handlungen, soweit wir können, nachzuahmen und ihrer Spur zu folgen« (Plutarch, 1947: 51). Mit dieser Kurzcharakteristik der Ziele seines pädagogischen Programms formuliert Plutarch eine Grundüberzeugung der griechischen Antike und eine Prämisse ihres Menschenbildes: Menschliches Leben gewinnt die Qualität ›vollendeter Menschlichkeit‹ durch die Teilhabe an der Vernunft und durch die Einsicht in das ›Wesen des Geistes‹ bzw. der ›Ideen‹. Nicht der Individualität oder der individuellen Entwicklungsgeschichte des Einzelnen gilt die Aufmerksamkeit, sondern der Ausbildung der vollendeten Menschlichkeit, des Allgemeinen, Universalen – der Vernunft und des Geistes –, durch die das Wesen des Menschen bestimmt ist. Dementsprechend tritt das Leben »unter den Gesichtspunkt des Paideia, der Erziehung im Sinne der Bildung (...), unter den Gedanken der vom Eros getragenen Selbstvervollkommnung« (Bultmann, 1956: 110). Erziehung im Sinne von ›Bildung‹ aber ist »ein der biblischen Welt fremder Begriff« (ebd.). An der Stelle der Herausbildung des Menschen zu einem ›harmonischen‹, ›wohlgegliederten‹ und ›in sich ruhenden‹ Leben steht für den biblischen Menschen die Begegnung mit Gott und dessen Eingriff ins menschliche Leben im Zentrum sowohl des Menschenbildes als auch der Lebensorientierung. ›Berufen‹-, ›Erwählt‹- oder ›Verstoßen-sein‹ sind die Kategorien, an denen sich die biblisch-christliche Lebensführung orientiert. Die Begegnung mit Gott, in der erkennbar wird, unter welchem Akzent das Leben steht, findet im »konkreten, geschichtlichen Geschehen« statt: dort nämlich »begegnet Gott als der Fordernde, der Richtende oder der Begnadigende« (ebd.).
Orientiert sich also – *strukturell* – die griechische Antike an idealen Lebensläufen, so entspringt – ebenfalls *strukturell* – im Christentum die sich historisch erst allmählich realisierende »Autobiographie als die Schilderung der individuellen, durch Gott geleiteten Lebensführung« (ebd.). Erziehung als – und zur – Bildung, zur Vollkommenheit, das Ideal der griechischen Antike, erhielt dagegen aus der Sicht des Christentums schnell den Beigeschmack

der superbia, des Hochmuts: sie ist daher nicht nur verzichtbar, sondern im Prinzip sogar gefährlich.

Bultmanns historisch-struktureller Vergleich des Menschenbildes der griechischen Antike und des ›biblischen Menschen‹ macht es möglich, die im Christentum – in den christlichen Kirchen ebenso wie in den ›Typen‹ der christlichen Lebensführung – zusammenfließenden Tendenzen der Orientierung des Lebens an idealen Lebensläufen einerseits und an der individualisierten Autobiographie andererseits zu unterscheiden. Der historische Wechsel von der einen Tendenz zur anderen ist dadurch genauer zu beobachten. – Auffällig ist dabei, daß die mittelalterliche Kirche mit ihrer gelebten Empfehlung an die Gläubigen, das Leben an den Exempeln der Heiligen und den überlieferten Heiligenviten zu orientieren, zwar nicht den Inhalten[12], wohl aber der Struktur nach das Erziehungs- und Bildungsmuster der antiken Vorbild-Pädagogik wieder aufnimmt. Wie ist es dazu gekommen?

Die Vorstellung von einem durchschaubaren, willkürlich eingreifenden, dem Menschen unmittelbar gegenüberstehenden Gott, dem dieser in der ›konkret geschichtlichen Begegnung‹ schutzlos ausgeliefert ist, macht aufgrund der ungeheuren Bedrohung, die von ihr ausgeht, das menschliche Leben nahezu unerträglich. Sie enthält in sich strukturell die Aufforderung zur Flucht aus dieser Situation: historisch realisiert sowohl in der schützenden, rituellen Durchgliederung des Tages- und des Lebenslaufes im orthodoxen Judentum als auch in dem Wunsch nach schützenden Orientierungsvorgaben und jenen exemplarischen Mittlern, die sich zwischen den unmittelbar eingreifenden Gott und den durch ihn so stark bedrohten Menschen stellen – als sichtbar erfolgreiche Gnaden*empfänger,* die um ihres Erfolges willen von der Kirche zu Gnaden*helfern* werden.

Luther wächst auf in dieser Situation des realisierten Wunsches – in einer von der Kirche errichteten rituellen und durch exemplarische

12 Die für viele, bei den ›historisch-frühen‹ Heiligen nahezu für alle Exempla im Zentrum stehende Märtyrerlaufbahn spielt für die antiken Vorbilder keine Rolle. Daß der ›Frei‹-Tod des Sokrates trotz der völlig anderen Motivlage und Konstellation gern in die Nähe des Märtyrertums gebracht wird, liegt an der kollektiven Wirkung des im Märtyrermuster angelegten Lebenslaufs- und eben auch und vor allem Lebensschemas: in der Verkürzung des typischen Märtyrerlebenslaufes auf die Schilderung des Lebensendes.

Mittler abgesicherten Distanz zu Gott. Außerhalb seines Elternhauses, in dem Vater und Mutter dem für sie geltenden, damals weithin so verstandenen – christlichen – Erziehungsmuster durch eine Art Wettstreit im Verprügeln ihrer Kinder gerecht zu werden suchten[13], tritt die Religion ›als ganze‹ dem 5jährigen Luther erstmals auf der Lateinschule entgegen: nicht als Offenbarungsreligion, sondern als ein System von Überzeugungen und Lebensregeln. Beides wird ihm und seinen Mitschülern – wie damals üblich (vgl. Paulsen, 3/1919 ff.) – anhand des Heiligenkalenders buchstäblich eingebleut. Latein- und Religionsunterricht wachsen so zu einer ›einprägsamen‹ didaktischen Einheit zusammen.
Die Jahres- und Tagesabfolgen des Heiligenkalenders wiederholen die zeitlos gültigen Heiligennamen und Exempla: die Zeitabfolge des ›Kalenders‹ wird in der Wiederholung des ›ewig Gültigen‹ aufgehoben. Gleichzeitig verknüpfen Eltern ihre Kinder, deren Namen und Lebensorientierung durch den ›Namenstag‹ tendenziell mit einem zeitlos gültigen Handlungsvorbild und Lebenslauftypus.[14] Das Leben der einzelnen rückt in eine bestimmte Position innerhalb eines vorgegebenen Ordnungszusammenhanges.
Dieses – ohnehin schon kaum überwindbare – Ordnungsgitter für Lebensführung und Lebenslauf wird noch weiter befestigt durch ein rituell abgesichertes System heiliger Handlungen: durch die Sakramente. – Über ›Wirkung‹, ›Funktion‹, ›Symbolgestalt‹ und Symbolgehalte der Sakramente ist viel nachgedacht und geschrie-

13 Vgl. hierzu R. Friedenthal (1983), aber auch E. H. Erikson (1958), bei dem Luthers Gottesproblem zum Vaterproblem – und umgekehrt – wird. Dazu auch W. v. Loewenich (1983: 37 f.); v. Loewenich zitiert hier Luthers Tischreden (M. Luther; Kritische Gesamtausgabe [Weimarana], Weimar 1883 ff., 2. Abteilung Tischreden); Tischrede 2, Nr. 1559: »Mein Vater stäupte mich einmal so sehr, daß ich ihn floh und daß ihm bange war, bis er mich wieder an sich gewöhnte«; Tischreden 3, Nr. 3566 A: »Meine Mutter stäubte mich um einer einzigen Nuß willen, bis Blut floß. Und durch diese harte Zucht trieben sie mich schließlich ins Kloster.«

14 Vgl. hierzu etwa die große Arbeit von F. v. Sales Doyé (1929): Heilige und Selige der römisch-katholischen Kirche. Deren Erkennungszeichen, Patronate und lebensgeschichtliche Bemerkungen, zwei Bände mit einem Anhang »Deutsche Heilige« und »Die alten Trachten der männlichen und weiblichen Orden sowie der geistlichen Mitglieder der ritterlichen Orden«, Leipzig. – Bezeichnendes Motto des Werkes: Nihil obstat.

ben worden. Kaum beachtet wurden dabei die *Durchgliederung und Durchformung eines christlichen Lebenslaufes in Lebensstationen,* wie dies durch die Sakramente geleistet wird. – Läßt man sich mit mir einmal darauf ein, die erst im 12. Jahrhundert festgeschriebene Siebenzahl der Sakramente[15] unter einem veränderten Blickwinkel zu sehen, so wird deutlich, wie auch sie – unter anderem – einer festen Strukturierung des Lebenslaufes in Lebensstationen dienen.

Geburt, Ende der Kindheit, Heirat und Tod werden in den *Passagensakramenten* von Taufe, Firmung, Ehe[16] und letzter Ölung nicht nur abgebildet, sondern als ewige, generationsübergreifende Lebensstationen sakralisiert. Mehr noch: sie binden in Familien und überschaubaren Gemeinschaften die Generationen aneinander. Eltern und Paten begleiten mit Taufe und Firmung – symbolisch an ihre eigene Kindheit erinnert – das Aufwachsen und die ersten Lebensphasen ihrer Kinder. Sie erleben – in einer symbolischen Vorbereitung des eigenen Endes – zusammen mit der ihnen folgenden Generation die ›letzte Ölung‹, die letzte Passage der ihnen vorangehenden Generation. Alle Generationen stehen in einem – vorwärts und rückwärts orientierenden – gemeinsamen, geordneten, überdauernden, durch die Sakramente geheiligten Lebenszyklus.

Die kontinuierliche Erinnerung der Gläubigen an diesen Lebenszyklus wird durch die, nennen wir sie: *Bestätigungssakramente,* Eucharistie und Buße gewährleistet. Sie durchgliedern – an den größeren Zusammenhang mahnend – die Wochen und Jahre, schließen das alltägliche Leben mit der Ordnung des Lebenszyklus zusammen. Für individuelle Autobiographien bleibt hier kein oder kaum Raum. Lebenszyklus und alltägliche Lebensfüh-

15 Michael Schmaus et al. (Hg.) (1980): Handbuch der Dogmengeschichte, Band IV Sakramente – Eschatologie, Faszikel 1a: Die Lehre von den Sakramenten im allgemeinen von der Schrift bis zur Scholastik, von Josef Finkenzeller, Freiburg/Basel/Wien, insbesondere S. 119 ff. – Die ›heilige‹ bzw. ›mythische‹ Siebenzahl selbst verweist auf die Wiederholung einer zeitlos gültigen Ordnung *auch* in den Sakramenten.

16 Zu Luthers Haltung gegenüber dem Sakrament der Ehe vgl. E. Bornkamm (1979: 104 ff.): Martin Luther in der Mitte seines Lebens, aus dem Nachlaß herausgegeben von Karin Bornkamm, Göttingen 1979.

rung unterliegen – von den ›gewichtigen‹ Lebensstationen bis hin in die Verästelung des alltäglichen Handelns – dem gleichen Ordnungsgitter.
Der institutionelle Garant für die dauerhafte Realisierung und Wiederholung dieses symbolischen Ordnungsmusters, der religiöse Spezialist, Experte und Verwalter des Ritus (vgl. Douglas, 1974) schließlich, wird selbst durch ein Sakrament sichtbar in die Ordnung einbezogen: er sichert diese Ordnung ab und wird seinerseits durch sie abgesichert im Sakrament des ›ordo‹ – der Priesterweihe, in einem die Institution selbst sakralisierenden *Garantiesakrament*. Aus der institutionellen Wiederholung des Ritus im christlichen Mythos wird so – wie bei anderen Mythen auch – der Glaube an den magischen Charakter der Wiederholung: aus der Wiederholung des Mythos wird der Mythos der Wiederholung (vgl. Lévi-Strauss, 1967). Schon der Augustiner-Eremit Luther zerstört – zunächst für sich selbst – diese rituellen Ordnungsgitter und damit die schützende Distanz, die es zwischen den Gläubigen und die Unmittelbarkeit des ›Heiligen‹ legt. Nicht der Tradition der Bibelauslegung durch die Kirchenväter, die für ihn zwischen dem Gläubigen und der ›hellen, nackten Wahrheit‹ – der Unmittelbarkeit des Wortes Gottes – steht, gilt Luthers gesamte Aufmerksamkeit, sondern dem ›im Wort geoffenbarten Gott‹ – dem ›heiligen Text‹ selbst. – Als einer der gelehrten Patres und zukünftiger Theologiedozent erhält er eine in rotes Leder gebundene vollständige Bibel (vgl. Friedenthal, 1983: 65): die vorgeschriebene lateinische Übersetzung des Hieronymus. Er kommt damit in den ›Genuß‹ eines Vorrechtes, das minderen Brüdern nicht gewährt wurde. Diese bekamen die Heilige Schrift nicht zu sehen, sondern nur in sorgfältig ausgewählten Auszügen zu hören. Luther konzentriert sich so auffällig auf die Bibellektüre, daß – wie es heißt – sein Präzeptor Usingen ihn warnen zu müssen glaubt: »Ei, Bruder Martin, was ist die Bibel? Man soll die alten Lehrer lesen, die haben den Saft der Wahrheit aus der Bibel gesogen, die Bibel richtet allen Aufruhr an.« (Zit. nach Friedenthal, 1983: 67)
Das Gegenteil ist Luthers Überzeugung: Die Tradition ist wenig oder nichts, die Unmittelbarkeit des ›geoffenbarten Wortes‹ bzw. die Unmittelbarkeit Gottes alles. So wie er – zunächst für sich – mit seiner Bibellektüre und später – für andere – mit seiner Bibelübersetzung das distanzierende Element der Tradition beiseite schiebt und den ›unverfälschten‹ Zugang zum ›einzig wahren

Wort‹, zum unmittelbar gegebenen ›Wort Gottes‹ herstellt, so zerstört er mit der Reduzierung der Sakramente auf Taufe und Abendmahl den Zyklus der rituell geordneten und sakralisierten Lebensstationen. Die Aufmerksamkeit der Gläubigen wird zentriert auf Glauben, Buße und Gnade: auf die Unmittelbarkeit des einzelnen zu Gott: *Die zyklisch und rituell geordnete Zeit wird in der Konzentration auf die unmittelbare Begegnung mit Gott aufgelöst in eine Kette von Augenblicken der Entscheidung und Bewährung, die zyklisch geordnete Abfolge der Generationen in die Vereinzelung des Individuums vor Gott. Die kleinste Einheit der Sozialität – das Individuum – wird durch das Unmittelbarkeitspostulat tendenziell zur einzigen und damit höchsten Instanz.*
Mit Luther wendet sich der Protestantismus zurück zu dem, was Bultmann später als den ›biblischen Menschen‹ bezeichnet hat, zu jenem Menschen, der im ›konkreten geschichtlichen Geschehen‹ seinem Gott als dem ›Fordernden, Richtenden und Begnadigenden‹ begegnet, der weniger die Welt als vielmehr sich selbst als den Schauplatz der Bewährung ansieht, dem in der Unmittelbarkeit zu Gott die Um- und Außenwelt nebensächlich werden kann. Luthers radikal an der Reichsunmittelbarkeit des einzelnen zu Gott ausgerichteter und Bultmanns biblischer Mensch gehören ›zur Welt‹, als gehörten sie nicht zu ihr. Sie gehören zu denen, »die da Weiber haben, das sie seien, als hetten sie keine, die da weinen, als weineten sie nicht, und die sich frewen, als freweten sie sich nicht und die da keuffen als besessen sie es nicht und die dieser Welt brauchen, das sie derselbigen nicht missbrauchen.[17] Denn das Wesen in dieser Welt vergehet«. (1. Korinther 7, 30 f.)[18]
Luthers Auftritt auf dem Reichstag in Worms ist daher exemplarisch für die Realisierung dieses Menschenbildes. Dieser Auftritt ist nicht Symbol einer neuen kollektiven, lediglich ›reformierten‹ Religionsausübung. Er veranschaulicht vielmehr in hervorragender Weise die *Vereinzelung* als zentrale Qualität dieses religiösen Typus, der *sich selbst, sein* Gewissen den kollektiven Autoritäten gegenüberstellt: »Ich kann und will daher nichts widerrufen, weil gegen *das Gewissen* (Hervorh. H.-G. S.) etwas zu tun, weder si-

17 Neue Übersetzung »Die diese Welt nutzen, als hätten sie nichts davon«, vgl. R. Bultmann (1956: 116).
18 Paulus formuliert hier ›in der Sprache des Falles‹ vorweg prägnant »Webers Protestantismusthese«, vgl. auch R. Bultmann (1956: 116).

cher noch heilsam ist. Gott helfe mir«. (Zit. nach Friedenthal, 1983: 338; Loewenich, 1983: 185) Hier in den letzten Sätzen seiner Verteidigungsrede (am 2. Tag seiner Vernehmung) klingt jedoch nicht nur das Thema der Vereinzelung eines Menschen an, der über sein Gewissen nur Gott verpflichtet ist, sondern es artikuliert sich – der Struktur nach – mit dem Rekurs auf das Gewissen auch jenes historisch viel spätere Legitimations- und Beurteilungskonstrukt, das »Über-ich«, das als kaum mehr befragtes Erklärungsmuster zum ›festen‹ Wissensbestand moderner ›westlicher‹ Kulturen zählt: Hier wird das Individuum reichsunmittelbar zu sich selbst bzw. zu dem Teil seiner selbst, das – als ›Sozialisationsergebnis‹ – nicht ›Gott‹, sondern ›die Gesellschaft‹ repräsentiert. Konkret bezieht es sich jedoch reflektierend auf *sein* ›Über-ich‹ und nicht auf die Gesellschaft, den Verbund seiner Mitmenschen: Es bleibt in der ›Kommunikation‹ mit seinem ›Über-ich‹ bei sich selbst und – wird es dem ›höheren‹ oder ›oberen‹ Teil seiner selbst gerecht – so hat es seinen Frieden mit sich selbst. Ganz gleich, was ihm an Gefahren von außen drohen mag, es kann wie Luther am Ende des Reichstages ausrufen: »Ich bin hindurch, ich bin hindurch«. (Zit. nach Friedenthal, 1983: 338; vgl. Loewenich, 1983: 185.)

Zu den strukturellen Folgen dieser (Rück-)Wendung von der Teilhabe am – auch sozial – Allgemeinen zur Vereinzelung und zu den Konsequenzen des Aus- und Aufbruchs aus der zyklisch geordneten Zeit exemplarischer Stationen und Geschichten in geschichtliche Augenblicks- und Ereignisketten gehört auch die Ausbildung einer Autobiographie als *Schilderung der individuellen* Begegnung – der Geschichte des Individuums mit Gott: die erzählbare Rekapitulation einer von Gott geleiteten Lebensführung.[19]

Wer schildern will, muß jedoch wissen, was für ihn und andere wichtig ist. Er braucht Orientierungspunkte für Beobachtung und Erinnerung. Er kommt ohne Kriterien, die es ihm ermöglichen, das ›Relevante‹ vom ›Irrelevanten‹ zu unterscheiden, nicht aus. Kurz: wer etwas zu erzählen hat, hat nicht nur die ›Inhalte‹ der Geschichte, sondern auch schon ein Wissen um Struktur und Dar-

19 Pietistische (Auto-)Biographien erfüllen dieses Muster exemplarisch. Auch in K. Ph. Moritz' Anton Reiser ist diese Struktur unverkennbar, vgl. E. Jung-Stilling: Heinrich Stillings Jugend.

stellungsform des zu Erzählenden. Zur Struktur der Autobiographie gehören dementsprechend ein spezifisches Beobachtungsmuster und Relevanzsystem, in die der Autobiograph eingeübt sein, die er ›trainiert‹ haben muß.

III. Von der Fremdbeobachtung zur Selbstbeobachtung

Die Klöster in Deutschland – und nicht nur dort – waren im allgemeinen zu Zeiten Luthers nicht das, was sie sein sollten. Die nach den Ordensregeln Lebenden – die ›Regulierten‹ – standen, wie zeitgenössische Dokumente belegen, zu Recht nicht gerade im besten Ruf (vgl. Bohler, 1921; Lohse, 1962). Mit einer Mischung aus Vergnügen, Sarkasmus, Spott – auch Bitterkeit – behandelt die europäische Literatur des Mittelalters, vor allem des Spätmittelalters und der Renaissance, in Schwänken und Novellen das Typenarsenal der degenerierten ›Heiligen‹: vom lüsternen und dem trunken-verfressenen Mönch bis hin zum korrupt-intriganten, finanziell unersättlichen und galanten ›Kirchenfürsten‹, von der buhlenden Nonne bis zur amourösen Äbtissin. Wer in Luthers Zeit aus religiöser Überzeugung in ein Kloster eintrat, mußte sich an einer radikalen klösterlichen Minderheit orientieren, die Glauben und Ordensregeln noch ernstnahm.
Luthers Wahl fällt, wie schon erwähnt, auf die Erfurter Augustiner-Eremiten.[20] Das ›Schwarze Kloster‹, in das er eintritt, gehört zur Kongregation der Augustiner-Observanten[21], einer auch innerhalb des Augustiner-Ordens ungewöhnlich strengen Minorität. Hier erlernt er anhand des sogenannten ›Schuldkapitels‹, das an jedem Freitag abgehalten wird, Regeln und inhaltliche Leitlinien einer kollektiven Fremd- und auch Selbstbeobachtung. Mit der Einleitungsformel des Priors: Wir wollen von der Schuld handeln!, der Frage: ›Was sagt Ihr?‹ und der gemeinsamen Antwort

20 Zum Eintritt Luthers in das ›Schwarze Kloster‹ vgl. auch W. v. Loewenich (1983: 53 ff.).

21 Vgl. Th. Kolde: Die deutsche Augustiner-Kongregation und J. von Staupitz, 1978. – Die Augustiner-Observanten stehen ihrerseits in der Tradition der Franziskaner-Observanten, der radikalsten Verfechter der Ordensregeln des Hl. Franziskus. Über nahezu zwei Jahrhunderte bis zu ihrer Ausmerzung kämpfte diese Gruppierung gegen die ›Verweltlichung‹ der Kirche.

der Brüder: ›Unsere Schuld!‹ wird allwöchentlich vor einem kollektiven Revisor nicht nur die Buchführung der Verfehlungen offengelegt, sondern auch ein Verhaltenstypus eingeübt, der die Voraussetzung für eine solche Buchführung ist: die regelgeleitete Fremd- und Selbstbeobachtung.
Die Brüder erheben sich einzeln und bekennen diejenige Schuld, die sich auf Verstöße gegen die Ordensregel und Satzung bezieht (vgl. Baltasar, 1961: 135 ff.). Das Bekenntnis aller sonstigen Sünden war Gegenstand der Beichte. Entscheidend an der regelmäßigen Ausübung des ›Schuldkapitels‹ ist so nicht nur die »Übung im Gemeinschaftswesen« (Friedenthal, 1983: 56), sondern auch das damit verbundene Beobachtungstraining anhand eines vorgegebenen Leitfadens: Vorform und Muster bestimmter Techniken der empirischen Sozialforschung. Das ›Schuldkapitel‹ beruhte auf der Pflicht und Schulung jeden Bruders, den anderen zu beobachten, zu kontrollieren und seine Verfehlungen – allerdings anonym – anzuklagen. – Der Name des Angeklagten wurde nicht genannt: man erwartete von dem Betroffenen, daß er selbst seine Verfehlungen bekannte.
Das Observieren eines anderen, dessen Verfehlungen man so vorzutragen hatte, daß dieser sich in der Schilderung seiner Vergehen wiedererkannte, verlangt in extremer Weise die Kopplung von ›externer‹ Beobachtung und internalisierter ›Übernahme der Perspektive‹ des anderen. Die klösterliche Gemeinschaft wird so zu einer Selbstbeobachtungsgemeinschaft, das kontemplative oder ›tätige‹ Zusammenleben wird durch die Beobachtung gebrochen. Aus einer Handlungs- oder Meditationsgemeinschaft wird ein Verband observierter Observanten. Das Interesse gilt nicht mehr dem Handelnden allein, sondern der Beobachtung des Handelns – nicht mehr dem Handlungserfolg, sondern der Verfehlung. – Wer die Regeln der Orden liest und sie im Verbund mit der strikten Einhaltung der »göttlichen« Gebote sieht, weiß, daß, mißt man mit dieser Richtschnur, kein Tag, kaum eine Stunde des menschlichen Lebens ohne Verfehlungen denkbar ist: Das Leben wird unter diesem Aspekt und durch die daran orientierte, geschulte Beobachtung zu einer Kette von Verfehlungen. Das Gewicht dieser Kette nimmt ständig zu. Alles andere verliert an Bedeutung, tritt zurück.
Luther stellt sein Leben unter diesen neuen Akzent und hat folglich unendlich viel zu berichten und zu bekennen. Die Vergleichs-

maßstäbe gehen ihm verloren. Details und Kleinigkeiten bekommen ein Übergewicht. Auf Luthers Klage über seine übergroße Sündhaftigkeit soll Staupitz ihm geantwortet haben, all das, was er an sich anklage, sei überhaupt keine »rechtschaffene Sünde (...)«, er, Luther solle nicht mit »solchem Humpelwerk und Puppensünden umgehen und aus jeglichem Furz eine Sünde machen« (Friedenthal, 1983: 57f.). Theologisch deutlicher ist sein Novizenmeister, der Luthers Bekenntnis von Lappalien verbunden mit der Furcht vor dem Zorn Gottes entgegenhält: »Du bist ein Tor, Gott zürnt nicht mit dir, sondern du zürnst mit Gott« (Loewenich, 1983: 77).

Was Staupitz und Luthers Novizenmeister in ihren Reaktionen erkennen lassen, ist, daß jener ›neue Paulus‹ einen Weg eingeschlagen hat, der sich von den Zielen der klösterlichen Gemeinschaft und den Zielsetzungen der Ordensregeln entfernt. Nicht die strikte methodische, zeitlos kollektive Kontrolle der Lebensführung innerhalb einer Gemeinschaft steht im Mittelpunkt der lutherischen Beobachtung, sondern einzig und allein sein eigenes Verhältnis zu Gott – das sich zunächst in einem negativen Verhältnis Luthers zu sich selbst und den eigenen Verfehlungen ausdrückt. Inmitten einer regelgeleiteten Gemeinschaftstradition hat Luther – orientiert an der für ihn einzigen Schrift – eben jene Gemeinschaftstradition durchbrochen: Die Fremdbeobachtungsregeln werden ihm ausschließlich zu Selbstbeobachtungsregeln. Die klösterliche Gemeinschaft tritt zurück: aus dem äußerlichen ›Eremitentum‹ der äußerlichen Isolierung wird ein innerliches Eremitentum. Die Verfehlungen anderer werden zu nichts, die eigenen bedeuten alles. Kurz: das soziale Gegenüber verschwindet – das einzige Gegenüber ist Gott. Die Vereinzelung des Individuums vor ›seinem Gott‹ ist hier – wieder einmal – exemplarisch vollzogen.

Der Umgang mit dem eigenen Namen, die neue Variation des mythischen Saulus-Paulus-Musters, die ›Reformation‹ des ›biblischen Menschen‹ und seine ›Reinigung‹ von antikem Gedankengut, die Einsetzung des einsamen Lesers und Interpreten *der* Schrift und schließlich die Vereinzelung des Individuums vor seinem Gott – sie alle bilden die gleiche Sinnfigur aus, unter der Luther sein Leben lebt und interpretiert bzw. interpretierend lebt: *Vereinzelung vor der Totalität – aus der historisch später Vereinzelung als Totalität wird – modern gesprochen ›Authentizität‹*, ›erfüllte Subjektivität‹ etc.

Diese, wie viele andere ähnliche ›Vereinzelungen‹ wären jedoch folgenlos geblieben, wenn jener ›zweite Paulus‹ und Reformator nicht gleichzeitig die *institutionellen* Voraussetzungen dafür geschaffen hätte, daß sein Vereinzelungserlebnis nicht singulär blieb, sondern zu einem kollektiven Muster werden konnte. Auch hier blieb er der bisher herausgearbeiteten Sinnfigur treu: Er variierte – an der entscheidenden Stelle – ein Muster, das bereits eine für diese Änderung ›empfängliche‹ Struktur enthält: Er, der zeit seines Lebens die Beichte beibehält und verteidigt, radikalisiert sie zugleich und schafft sie in ihrer ritualisierten, distanziert-schützenden Qualität für den späteren protestantischen Einflußbereich ganz ab. Auch die ›katholische‹ Beichte bleibt von dieser Veränderung nicht verschont.[22]

Schon als auf dem IV. Lateranischen Konzil (1215) die Beichte zur Pflicht für Christen beiderlei Geschlechts wird (vgl. Foreville, 1970: 265 ff.), beruft man sich nicht so sehr auf die Schrift, die dazu auch keine eindeutigen Hinweise gegeben hätte, als vielmehr auf die Notwendigkeit, die ›Einheit des Glaubens‹ gegen Häresien zu verteidigen. Die Beichtpflicht steht hier ebenso wie die Vereinheitlichung der Sakramentenlehre (s. o.) im Dienst der institutionellen Absicherung der kirchlichen Seelsorge und der Kirche als ganzer.[23] Es geht nicht nur um die Rechtfertigung der Werke, sondern auch um die Kontrolle des ›richtigen‹ Glaubens.[24]

22 Vgl. A. Hahn (1982). Hahn verweist hier überzeugend auf die ›Protestantisierung‹ der Beichte in der Gegenreformation, auf die Verschiebung des Akzents von ›den Werken‹ zu den Institutionen.

23 Auf historische ›Vorläufer‹ solcher in ähnlichem Zusammenhang stehenden Absicherungsversuche verweist Hahn (1982: 410). Vgl. auch C. v. Schätzler (1860): Die Lehre von der Wirksamkeit der Sakramente – Ex opere operato – in ihrer Entwicklung innerhalb der Scholastik und ihrer Bedeutung für die christliche Heilslehre, München. Und W. Knoch (1983).

24 Ob der Einfluß der Abälardschen Philosophie auf die Entwicklung von Beichte und »Sündenanalyse« (Hahn, 1982: 408) auch beim IV. Lateranischen Konzil entscheidend war, scheint mir zweifelhaft. Für das Konzil – wie auch für Abälard – ist zwar zweifellos eine rein ›äußere Schuldauffassung‹ nicht mehr allein hinreichend. Die eher ›innere‹, nicht allein an äußeren Werken orientierte Schuldauffassung jedoch generell mit den sehr modernen Konnotationen von ›Motiv‹ und ›Intention‹ zu verbinden, erscheint mir übereilt. So ist auch die »Zustimmung zur Sünde« (S. 408) durch den Sünder für die Kirche weni-

Daß bereits das (aus-)gesprochene Wort oder Bekenntnis, verbunden mit ebenfalls verbal geäußerter Reue, von Sünde oder Verfehlung reinigen könne, ist eine magische Vorstellung, die von vielen – aber nicht allen – Religionen geteilt wird. Der Vorstellung von einem allwissenden, alles planenden Gott widerspricht diese magische Einstellung – selbst im Alten Testament, wie das ›Verhör‹ Adams und Evas durch jenen Allwissenden deutlich zeigt: jener Gott läßt sich weder durch das Wort noch durch Reue zwingen, und einen Mittler zwischen sich und dem (den) Menschen hat er ebensowenig nötig. Er straft oder vergibt unmittelbar, ohne daß erkennbar wäre, wie er zu beeinflussen sei. Unübersehbar ist jedoch, daß die Chance des ›biblischen‹ Menschen in der unmittelbaren – und nicht in der ›vermittelten‹ – Hinwendung zu Gott liegt, ebenso wie dessen Hinwendung zu dem (den) Menschen sich unmittelbar äußert. Luther und mit ihm die gesamte protestantische Theologie heben diese ›Grundanschauung der Bibel‹ – wieder – hervor. Luther – was die Beichte betrifft – zunächst in einer eigenartig zweideutigen Weise.
Auch hier der Struktur der für ihn spezifischen Sinnfigur folgend, behält er selbst die Tradition der Beichte bei – ändert diese jedoch an zentraler Stelle. – Daß Luther bis an das Ende seines Lebens der Beichte treu bleibt, ist bekannt, ebenso das für ihn bezeichnende Verhalten, selbst auf dem Reichstag zu Worms die Beichte abzulegen. Beichtvater war der Erzbischof von Trier: Noch einmal nimmt er, Luther, für die Beichte eine Instanz in Anspruch, die ihn anklagt und an der Rechtmäßigkeit seines Glaubens zweifelt. Beide jedoch, Beichtkind und Beichtvater, halten sich an ihre Pflichten: die Beichte wird den Regeln entsprechend abgelegt und das Beichtgeheimnis gewahrt, obwohl mehrfach Versuche unternommen werden, den Beichtvater zum Bruch der Schweigepflicht zu bringen (vgl. Friedenthal, 1983: 56).

ger ein Indiz für einen intentionalen Akt als vielmehr Ausdruck einer sündhaften Grundhaltung – eines Irrglaubens. Ebenso ist die »Zerknirschung« weit eher als Ausdruck der Reue im Sinne einer nun richtigen, korrigierten Erkenntnis zu verstehen denn als ›individuelle‹ Reue: Der Sündenkatalog ebenso wie der standardisierte Frageablauf, Bußtarife und Strafen sind und bleiben zunächst so kollektiv institutionell, daß es schwerfällt, bereits zu Beginn des 13. Jhs. an die »Subjektivierung der Sünde« (Hahn, 1982: 408) oder der Reue (contritio und attritio) zu glauben.

Dennoch hat sich wohl schon zu dieser Zeit – nachweisbar jedoch wenig später auf der Wartburg – für den ›einsamen Bibelleser‹ Luther der ›Ansprechpartner‹ der Beichte geändert: Obwohl er im Kloster die Beichte *vor* einem Priester, einem Vertreter der Kirche ablegt, wendet er sich in seinem Schuldbekenntnis unmittelbar an Christus. Für ihn ist es Christus, der zuhört, von dem er Antwort erwartet und der Vergebung gewähren kann – nicht der Mensch. Der Priester, oder wer immer der Beichte zuhört – später zieht Luther Freunde als ›Beteiligte‹ hinzu – ist nicht *Adressat,* sondern *Zeuge* der Beichte. Er ist Repräsentant der Gemeinschaft, nicht aber der Instanz, vor der allein Rechenschaft abgelegt und von der allein Antwort erwartet werden kann.

Tritt in der Lehre der katholischen Kirche diese Kirche selbst als geheiligte Institution und ›Sakrament‹[25] bei der Beichte in der Person des Priesters konkret und unmittelbar an den einzelnen Gläubigen heran, der sich ihr offenbart und anvertraut, der sich durch sie schützen und vertreten läßt, so tritt in Luthers Glauben und Beichtpraxis der einzelne Gläubige vor Gott. In der Lehre der katholischen Kirche ist der Gläubige nicht nur ein Kind Gottes, sondern auch ein Kind der Kirche. Diese Verwandtschaftsbande zur ›Mutter Kirche‹ werden von Luther aufgelöst: Der einzelne Gläubige wird in seinem Glauben, in seiner Beicht- bzw. Gebetspraxis ›reichsunmittelbar‹ zu Gott.

Der ›äußeren‹ Kirche als sakraler Institution sind damit aus protestantischer Sicht nicht nur Legitimation und Macht entzogen, sondern auch – was entscheidender ist: ihr Einfluß auf die alltägliche Lebenspraxis, in die sie vorher seelsorgerisch, schützend und beratend einbezogen war. Die protestantische Gemeinde, in der einerseits jeder einzelne sein einzigartiges Verhältnis zu Gott ausbildet und in der andererseits die Gemeinschaft als ganze die Tendenz zur wechselseitigen Kontrolle der einzelnen Gemeindemit-

25 Vgl. hierzu L. Boff (1972): Die Kirche als Sakrament im Horizont der Welterfahrung. Versuch einer Legitimation und einer struktur-funktionalistischen Grundlegung der Kirche im Anschluß an das II. Vatikanische Konzil, Paderborn. Es ist insbesondere die ausschließlich auf den Katholizismus bezogene Aufarbeitung der historischen Tradition der Vorstellung von der ›Kirche als Sakrament‹, an der die grundlegende Differenz von Protestantismus und Katholizismus im Hinblick auf Begriff und Funktion der ›Kirche‹ deutlich wird.

glieder aufweist[26], ist etwas ganz anderes als der rituelle und ritualisierte, institutionell durchorganisierte, traditionale Gemeinschaftsverband der katholischen Kirche und ihrer im Grunde »rational-systematischen Form« (Weber, 1972: 283) der Seelsorge.

Die systematisierte und ritualisierte Seelsorge – »das eigentliche Machtmittel der Priester gerade gegenüber dem Alltagsleben«[27] – beeinflußt nicht nur die Lebensführung der Gläubigen durch kollektive Systematisierung und Vermessung der Lebensläufe und Seelenlandschaften, sie schützt auch den Gläubigen vor dem – mit dem Anspruch der Unmittelbarkeit des einzelnen zu Gott verbundenen – Abgrund der Vereinzelung. Sie orientiert kollektiv, wo bei Luther der einzelne in der Auseinandersetzung mit ›seinem‹ Gott seinen Weg suchen muß. Sie ›vertritt‹ den Gläubigen, wo er ›versagt‹, während der reichsunmittelbare Gläubige Luthers – und Calvins – sein ›Versagen‹ unmittelbar mit Gott zu verhandeln hat. – Luther zerstört nicht nur den Cordon sanitaire, den die Kirche zwischen den Gläubigen und Gott eingerichtet hat, er löst auch ein bisher gültiges kollektives Orientierungssystem auf: wo bisher die Kirche ihre Gläubigen beobachtet und beraten hat, muß nun der einzelne sich selbst beobachten und Rat bei ›seinem‹ Gott suchen.

Die für die Beichte konstitutive – widersprüchliche – Einheit, bestehend aus Selbstoffenbarung des Gläubigen und der Geheimhaltung des Geoffenbarten durch die Schweigepflicht des Priesters, ein weiterer rituell abgesicherter Schutzraum für den einzelnen, wird ebenfalls zerstört: Bei der Beichte vor ›Laienzeugen‹ wird aus der rituell schützenden, gegenseitigen Bindung von Gläubigen und Institution – d. h. aus einer eher distanzierten

26 Besonders ausgeprägt ist diese Tendenz in pietistischen Gruppierungen und auch – ganz allgemein – in protestantischen Sekten. Vgl. dazu auch M. Weber (1972a): Gesammelte Aufsätze zur Religionssoziologie 1, Tübingen, insbesondere S. 207-238 (Die protestantischen Sekten und der Geist des Kapitalismus).

27 Ebenda; hinzu kommt, daß Luther, anders als Zwingli, keine Anstrengungen machte, das Gemeindeleben oder die Gemeinde als Verband in eine feste Organisationsform zu überführen. Sein Interesse galt vorrangig Glaubensfragen. Vgl. hierzu H. Bornkamm (1979), S. 125 ff., 425 ff., und auch Luthers Rolle bei der Beratung des Deutschen Ritterordens, S. 282 ff.

Kontrolle – die öffentliche Kontrolle. Bleibt dagegen der Gläubige bei seiner Beichte und Selbstoffenbarung allein mit seinem Gott, so offenbart er einerseits dem Allwissenden, was dieser schon weiß – andererseits ist er, in der Selbstbeobachtung und im Gespräch mit sich und seinem Gott – gerade jenem Allwissenden gegenüber – gezwungen, das eigene Wissen über Schuld und Verfehlung zu verfeinern, zu vervollkommnen und sich dem Allwissenden darin anzunähern: er darf ja nichts verschweigen – denn auch das wäre schuldhaft. Kurz: Er hat sich selbst bis ›in den letzten Winkel‹ seiner Seele zu erforschen. – *Die Beichte vor Laienzeugen zerstört die Distanz nach ›außen‹, d.h. zwischen dem Individuum und einer Öffentlichkeit – die ›einsame‹ Selbstoffenbarung zerstört die Distanz nach ›innen‹, d.h. zwischen Selbstbeobachtung, Selbstbeurteilung und Rechtfertigung.* – Letztere wachsen zu einem infiniten Prozeß zusammen. Die ›Außenwelt‹ löst sich tendenziell auf. Das Subjekt ist nun so extensiv bei sich, daß es sich in sich selbst verlöre – wenn es nicht *in* sich noch ein absolutes *›Außen‹* fände: Gott.[28]

Allerdings läßt auch Luther den einzelnen nicht ganz ohne Orientierungshilfe: Zum einen weist er auf jene eine – einzige – Richtschnur hin, die ›Gott selbst‹ gegeben hat, auf das ›Buch der Bücher‹. Zum anderen versäumt er es nicht, diesem einen kleinen Nachtrag zur Orientierung anzufügen: den ›Großen‹ und den ›Kleinen Katechismus‹.[29] Auch dieser ist Handlungs- und Beobachtungsanleitung zugleich, wobei durch die von Luther manifest eingesetzte ›Innenperspektive‹ in der alltäglichen Lebensführung

28 Kierkegaard hat diese Sinnfigur nicht nur gedacht, sondern – konsequent in der ›Nachfolge‹ Luthers – als ›biblischer Mensch‹ auch gelebt: er lebt, sich selbst beobachtend, reflektierend und schildernd ein – entsprechend gut dokumentiertes – exemplarisch protestantisches Leben. Vgl. S. Kierkegaard u.a. (1960): Werke 1. Der Begriff Angst, übers. v. Liselotte Richter, Hamburg; (1959): Die Krankheit zum Tode, übers. v. G. Jungbluth, Hamburg; (1959a): Gesammelte Werke. Die Tagebücher, ausgewählt, neugeordnet und übersetzt von H. Gerdes, Düsseldorf/Köln.

29 Der ›Deutsch-Katechismus‹ – später ›Der große Katechismus‹ genannt – erschien 1529, ebenso der ›Kleine Katechismus‹, der auf Tafeln in Plakatform herausgegeben wurde. Beide wurden unterstützt vom ›Traubüchlein für die einfältigen Pfarrer‹, das an den ›Kleinen Katechismus‹ angefügt wurde.

allabendlich aus der Handlungsanleitung im Resümee des Tages eine Beobachtungsanleitung wird. Hier hält der einzelne das ›Schuldkapitel‹ mit sich selbst ab.
In dem Maße, in dem Luthers Lehre gelebt wird und seine Anleitungen zu einem christlichen Leben im Alltag wahrgenommen und umgesetzt werden, entsteht ein neuer Typus der Lebensführung (vgl. Weber, 1972a) und ein neuer Typus der Sozialität: *die Vereinzelung in der Gemeinschaft.*
Diese Vereinzelung setzt sich auch da durch, wo sonst Schutz vor ihr gesucht wird, in den ›primären‹ menschlichen ›Beziehungen‹ – in der Familie. Was Luther, seine Katharina von Bora und die gemeinsamen Kinder selbst noch nicht lebten – sie führten ein umtriebiges, oft übergeselliges (für ihre Zeit), insgesamt ›normales‹ Leben – wurde von denen, deren Lehrer Luther durch seine Schriften wurde, in einen neuen Typus von Familienleben umgeformt. Die protestantische Ehe und Familie, die sich besonders gern dadurch charakterisierte, daß sie auf die in ihr geübte ›Strenge‹ hinwies, wurde der Tendenz nach zu einer Selbstbeobachtungs-, Beicht- und Geständnisgemeinschaft – mehr noch: zu einer Kontroll- und Disziplinierungsinstitution, bei der die ebenfalls protestantische Forderung nach einem ›fröhlichen Christ-sein‹ nur mehr als schmales, tiefgefrorenes Lächeln in den asketischen Gesichtern der Gatten erscheint (vgl. Douglas, 1974, 167 ff.).
Die Verfeinerung der Selbstbeobachtung und die extensive Erweiterung des Wissens eines reflektierenden Ichs über sich selbst bringen andere, neue Beobachtungsgegenstände hervor. Überspitzt formuliert: wer in Selbstbeobachtung und Selbstreflexion mit sich selbst dauerbeschäftigt ist, ist unfähig, noch irgendwelche ›Werke‹ zu produzieren, mit denen es sich zu beschäftigen lohnt. Zumindest verlieren diese ›Werke‹, soweit sie noch zustandekommen, an Interesse. Wichtiger sind die Intentionen und Motive, aus denen heraus sie entstehen bzw. die mit ihnen – oft genug im nachhinein – verbunden werden. Die Konsequenz: Werke und Produkte werden neutralisiert und entwertet, Motive und Gesinnungen dagegen, die ›hinter‹ ihnen vermutet werden, gewinnen an Gewicht. Es entsteht die Tendenz, im ›privaten‹ wie im ›öffentlich-politischen‹ Leben weniger auf die Handlungen zu sehen als vielmehr über die ›hinter‹ diesen stehenden Gesinnungen zu spekulieren. Schließlich kann im Gemeinschaftsleben wie in der Politik ein Zustand erreicht werden,

in dem es für den Gewinn sozialer Anerkennung, der Wählbarkeit und der politischen Zustimmung reicht, eine allgemein bewunderte oder commode Gesinnung erfolgreich zu demonstrieren, auf politisches Handeln dagegen zu verzichten bzw. die Gesinnungsdemonstration bereits für politisches Handeln zu halten (vgl. Sennett, 1983). – In der biblischen Gleichnissprache: ein guter Baum braucht nun keine guten Früchte mehr zu tragen; es reicht aus, wenn er sonst ganz gut aussieht.[30] Ein Baum dagegen, der gute Früchte trägt, muß sich prinzipiell ›hinterfragen‹ lassen, warum er dies tut.[31]

Die thematische Verschiebung der Beobachtung und auch der Beobachtungsleitfäden auf die Kontrolle der Motive und Intentionen führt – entsprechend der Beobachtungsrichtung – zur Wiederentdeckung eines alten Gegners des Menschen, eines Gegners, der in ihm selbst wohnt, der ihn zuweilen beherrscht und der ihm unter dieser Perspektive so erscheint, als sei er zugleich in ihm und dennoch ein Fremder: der Affekt, jenes Etwas, das ihn dazu zwingt, daß er ›mus wie ein Thier sein‹ (Ps. 73, 22), auf dem Satan reitet und das man später einfach ›Es‹ nennen wird, ein ›Es‹, das allerdings dringend ›Ich‹ werden soll. Ganz gleich, wer oder was dieser Gegner sei, er muß überwunden, mindestens aber diszipliniert werden.

Nicht nur die Symbolfigur vom ›inneren Feind‹, sondern auch die des Kampfes gegen diesen Widersacher hat eine lange Tradition, in der sich zwei sehr unterschiedliche Kampfestechniken und Sieges-

30 Angelegt ist diese Gedankenfigur bereits bei Luther: »Das ist die christliche Freiheit, der bloße Glaube, der da macht, nicht daß wir müßig gehen oder Übel tun können, sondern daß wir keines Werkes bedürfen, um Frommsein und Seligkeit zu erlangen«. – Martin Luther (1983a: 131): Von der Freiheit eines Christenmenschen, hg. v. E. Kähler, Stuttgart, vgl. auch S. 142 f. Zwar zeigen die Werke »äußerlich« an, »wer fromm oder böse sei (...) Matth. 7.20: ›Aus ihren Früchten sollt ihr sie erkennen‹. Aber das ist alles im Schein und äußerlich« (S. 143).

31 Auf philosophisch gehobener, aber vergleichbarer Basis findet auch die Auseinandersetzung zwischen Kant und Schiller – ›Pflicht oder Neigung?‹ als Handlungsantrieb – statt. Wie immer die Antwort ausfällt: entscheidend für die Bewertung des Handelns ist nicht das beobachtbare Handeln selbst, sondern das, was hinter ihm steht; sind nicht Gefahren, Risiken oder Erfolg und Nutzen, sondern die Motive des Handelns.

hoffnungen herausbilden. Während die eine – und hier ähneln sich an einer zentralen Stelle die klösterliche Zucht der ›tätigen‹ Orden und calvinistische Tüchtigkeitsdisziplin – das Handeln und die ›äußere‹ Lebensführung bis hin in die kleinsten Verrichtungen reguliert und kontrolliert, zielt die andere auf die Kontrolle der ›Innenwelt‹, der Gedanken, der Gesinnung, der Intention, der Wünsche, der Vorstellungswelt, der Phantasien, der Träume. Während die eine durch eine sich in der ›Außenwelt‹ bewährende Handlungskontrolle und ›innerweltliche Askese‹ auch die Innenwelt zu disziplinieren sucht und dem Individuum die ›Muße‹ zur Selbstbeobachtung kaum zuläßt, zielt die andere auf die Kontrolle des Handelns durch die Motivkontrolle, d.h. sie setzt auf die Hoffnung, die ›Außenwelt‹ werde sich ändern, wenn es gelänge, die Innenwelten in Ordnung zu bringen (und sollte diese Hoffnung trügen, so reicht es schon, ›mit sich selbst in Frieden zu leben‹). Während für die eine sich die Rechtfertigung des Menschen in der *Tat* (den Taten) offenbart, rechtfertigt sich der Mensch in der anderen durch die Selbstoffenbarung im *Wort.*

Diese zweite Tradition greift Luther wieder auf durch die von ihm wiedererweckten und radikalisierten Darstellungs- und Selbstdarstellungsformen des ›biblischen Menschen‹. Die Umformung und Neugestaltung, besser: prinzipielle Veränderung der Beichte sowie die Einübung und Schulung seiner Anhänger in die neue ›Form‹ schaffen nicht nur neue Beobachtungs- und Beurteilungsrichtlinien und Beobachtungs- und Beurteilungsfähigkeiten – sie bringen auch einen neuen *Artikulationstypus* hervor, der sich in der Folgezeit immer stärker ausdifferenziert. Ohne ihn und die durch ihn verursachte Beobachtungsverfeinerung und Themenerweiterung wären weder die therapeutischen Selbstoffenbarungsgespräche der Gegenwart noch die von der Talkshow bis zum Kneipengespräch reichende Selbstthematisierungsregel und die durch sie geschaffene Geschwätzkultur der neuen Empfindsamkeit bzw. ›Sensibilität‹ möglich. Daß – nicht nur in den Medien, sondern auch in den alltäglichen Kontakten der ›Mittelschicht‹ bzw. der ›New Class‹ – das Gespräch die Qualität einer ›Show‹, einer Selbstpräsentation und Selbstdemonstration erhält, ergibt sich nahezu zwangsläufig aus der nun aus dem sakralen Horizont entlassenen und damit selbstreferentiellen Selbstthematisierungs- und Selbstoffenbarungsregel. Sozialkontakte, die unter diesem Akzent stehen, werden zu Märkten von Autobiographien, zu

Börsen besonders ›authentischer‹ Musteridentitäten. Die in der öffentlichen Preisgabe der Autobiographien angelegte Selbstentäußerung wird zur Selbstveräußerung, mit deren Hilfe soziale Anerkennung eingetauscht werden kann.
Dem Reformator selbst, so fein er bereits seine ›Puppensünden‹ (s. o.) zu beobachten verstand, war diese der Tendenz nach universale Selbstartikulationsfähigkeit noch fremd. Er beherrschte sie lediglich in der regelgeleiteten religiösen Tradition, in der er selbst aufwuchs. Dennoch schuf er – wie ich hoffe, gezeigt zu haben – die strukturellen Voraussetzungen für jenen neuen Artikulationstypus und die mit diesem sich entwickelnden Artikulationsfähigkeiten. Mehr noch: indem sich durch seinen Einfluß das thematische Interesse der Beobachtung und der Artikulation von den ›Werken‹ zu den Intentionen, von den Taten zu den Motiven verschob, entstand eine neue biographische Sinnstiftungsfigur: Den Einzelereignissen wurde ein sie begründender Hintergrund gegeben. Göttliche und eigene Motive oder Intentionen konstituieren den sinnstiftenden Zusammenhang zwischen den Einzelereignissen.
Ein Kausalitätsmuster eigener Art entsteht, das jedem Ereignis sein ›weil‹ und ›um zu‹ zuweist, das den Zufall eliminiert und aus jeder Autobiographie eine individuelle Heils- und Versagensgeschichte macht: die Autobiographie wird erzählbar. Sie legitimiert sich durch ein ›kausal‹ und ›final‹ organisiertes Erzähl- und Begründungsschema. Sie garantiert eine formale Hülle, in die jedes Detail und jede individuelle Geschichte eingekleidet werden kann. Diese Hülle wird dem Einzelnen, der in seine Vereinzelung eingeübt wurde, angeboten – sie wartet auf ihre Ausfüllung, auf eine erzählbare ›individuelle‹ Geschichte.

IV. Die zwei Reiche

»Damit wir gründlich können erkennen, was ein Christenmensch sei und was es sei um die Freiheit, die ihm Christus erworben und gegeben hat, davon Sankt Paulus viel schreibt, will ich diese zwei Sätze aufstellen: Ein Christenmensch ist ein freier Herrn über alle Ding und niemand untertan. Ein Christenmensch ist ein dienstbarer Knecht aller Ding und jedermann untertan« (Luther, 1983a: 125).

Die folgenden Überlegungen gelten dem Versuch, das einheitsbildende Element bzw. die Struktur und den Sinn der Verknüpfung des Widersprüchlichen herauszufinden und auf diese Weise einen Beitrag zu leisten zur Rekonstruktion einer Sinnfigur, die von Luther reform(ul)iert und tradiert wurde: einer Sinnfigur, die als zwar implizite, jedoch gleichzeitig als sowohl formal-strukturell als auch material-symbolisch ausdifferenzierte Wissens- und Darstellungsform bis heute ihre Wirksamkeit nicht verloren, sondern diese insbesondere im Artikulationstypus selbstreferentieller Subjektivität erhalten hat. – Selbstverständlich hat die kollektive Übernahme der von Luther ausformulierten und von ihm bereits gelebten Sinnfigur mehr beeinflußt als nur die hier zu behandelnden (auto-)biographischen Symbolisierungs- und Artikulationsmuster: sie umfaßte die gesamte alltägliche Lebensführung vom Familienleben bis zum politischen Verhalten, vom ›individuellen‹ Glauben bis zur Staatsauffassung, vom Erwerbsleben bis zu den Erziehungsinstanzen.

Wenn im Zusammenhang mit der Theologie und der Lebensführung Luthers von der Symbolfigur der »zwei Reiche« die Rede ist, so wird in der Regel insbesondere Bezug genommen auf seine ›politischen Schriften‹.[32] Dabei wird – mit Recht, weil die historischen Konsequenzen hier besonders gut greifbar sind – Luthers Gegensatz zur eschatologisch ausgerichteten, mittelalterlichen Lehre vom Reich Gottes auf Erden betont. Anders als die mittelalterliche Theologie unterscheidet Luther strikt »zwischen einem geistlichen und einem weltlichen Regiment Christi (...). Nur im geistlichen Reich regiert Christus unmittelbar durch das Wort

32 Vgl. hier vor allem M. Luther: Von weltlicher Obrigkeit, wie weit man ihr Gehorsam schuldig sei (1523), Martin Luther (1983b, Bd. 3: 27ff.). Ebenso Martin Luther (1983b, Bd. 3: 85ff.): Ein Brief an die Fürsten zu Sachsen von dem aufrührerischen Geist (1524), sowie die 1525 erschienenen Schriften zur Rebellion der Bauern: Martin Luther (1983b, Bd. 3: 105): Ermahnung zum Frieden auf die zwölf Artikel der Bauernschaft in Schwaben. Luthers Vorrede und Vermahnung zum Vertrag zwischen dem biblischen Bund zu Schwaben und den zwei Haufen und Versammlung der Bauern vom Bodensee und Allgäu. Martin Luther (1983b, Bd. 3: 134): Auch wider die räuberischen und mörderischen Rotten der anderen Bauern; Martin Luther (1983b, Bd. 3: 140 f.): Ein Sendbrief von dem harten Büchlein wider die Bauern; Martin Luther (1983b, Bd. 3: 148ff.).

Gottes, das weltliche Schwert hat er aus der Hand gelegt«.[33] – Die hier zum Ausdruck kommende Unterscheidung, so folgenschwer sie politisch ist[34], zeigt jedoch nur *eine* Konsequenz und nur *eine* Erscheinungsform des umfassenderen, symbolisch ausgestalteten Welt- und Menschenbildes Luthers, eines Welt- und Menschenbildes, das in der Tradition des Entwurfs vom ›biblischen Menschen‹ (s. o.) steht und bis heute weiterwirkt.

Grundlage des Glaubens und der Lehre Luthers ist seine Überzeugung, daß »ein jeglicher Christenmensch (...) von zweierlei Natur ist, geistlicher und leiblicher. Nach der Seele wird er ein geistlicher, neuer, innerer Mensch genannt, nach dem Fleisch und Blut wird er ein leiblicher, alter und äußerer Mensch genannt« (Luther, 1983a: 105). Auch bei dem von Christus zum Glauben geführten, ›befreiten‹ Menschen – und nur diesen meint Luther hier, wenn er vom ›Christenmenschen‹ spricht – bleibt, Befreiung hin, Befreiung her, die befreite Seele im unfreien Körper des ›alten Adam‹. Denn die Befreiung in Christo ist »eine geistliche Herrschaft, die da regiert in der leiblichen Unterdrückung« (Ebd.: 135). Wenn auch der »innere Mensch« des Christen »mit Gott eins, fröhlich und lustig« (Ebd.: 139) sein kann, findet er, manchmal sogar gerade dann, »in seinem Fleisch einen widerspenstigen Willen, der will der Welt dienen und suchen, was ihn gelüstet« (Ebd.: 139). Das wiederum kann natürlich »der Glaube nicht leiden und hängt sich mit Lust an seinen Hals, ihn zu dämpfen und ihm zu wehren« (Ebd.: 139).

So findet auf jenem Kampfschauplatz, den jeder einzelne Mensch in sich selbst findet, sowohl diese prinzipielle, nicht aufzuhebende Auseinandersetzung als auch ein tägliches, aufreibendes Gerangel zwischen dem frei gewordenen Christenmenschen und seinem alten Adam, zwischen der befreiten Seele und dem Körper statt. Aus der jeweiligen Stärke der Auseinandersetzung kann so »ein jeglicher (...) selbst entnehmen das vernünftige Maß für die Kasteiung des Leibes; denn er fastet, wachet, arbeitet, soviel er sieht, daß dem Leib not ist, seinen Mutwillen zu dämpfen« (Ebd.: 125).

33 Kommentar zu Luthers Schrift »Von weltlicher Obrigkeit...«, (1983b, Bd. 3: 27 ff.).

34 Bezeichnend für eine solche ›einsinnige‹ Interpretation der ›Zwei-Reiche-Lehre‹ ausschließlich auf die politische Dimension hin ist Loewenichs Zusammenfassung der Diskussion zu diesem Thema (1983: 218 ff. und S. 224 ff.). Vgl. hierzu auch H. Bornkamm (1979: 106 ff.).

Schon hier, fünf Jahre vor der Schrift über den »unfreien Glauben« (1525) (vgl. 1., s. o.) und bezeichnenderweise in der Schrift über die *Freiheit* des Christenmenschen, ist Luthers Grundhaltung deutlich ausgearbeitet. Die Lehre von den »zwei Reichen« durchzieht seine gesamte Welt- und Menschenanschauung. Präziser: Die Welt als Schauplatz des Kampfes zwischen geistlicher und weltlicher Herrschaft spiegelt jene grundsätzliche Auseinandersetzung zwischen ›innerer Freiheit‹ und ›äußerer Knechtschaft‹ wider, die im einzelnen Menschen stattfindet.

Dieser einzelne Mensch lebt nun aber »nicht allein in seinem Leibe, sondern *auch* unter anderen Menschen auf Erden. Darum *kann* er nicht ohne Werke sein gegen dieselben, er *muß* immer mit ihnen reden und zu schaffen haben, wiewohl ihm derselben Werke keines not ist zum Frommsein und zur Zeeligkeit« (Ebd.: 145) (Hervorh. H.-G. S.). Aus diesem Zusammenhang der – schon fast als ›aufgebürdet‹ erscheinenden – Sozialität einerseits und der Unabhängigkeit von einer ›Werkgerechtigkeit‹ andererseits leitet Luther die Freiheit zu einem nicht nach Lohn schielenden Dienst am Nächsten ab – nach dem Vorbild des Dienstes Christi an den Menschen: »Dieweil ein jeglicher für sich selbst genug hat an seinem Glauben«, sind ihm so, »alles ander Werk und Leben übrig (...), seinem Nächsten damit aus freier Lieb zu dienen« (Ebd.: 146).

Je schlüssiger und überzeugender – vor allem für Angehörige einer christlichen Kultur und für Absolventen eines christlichen Sozialisationssystems – diese Gedankenfigur beim ersten Hinsehen ist, desto fremder und ferner wirkt sie bei genauerer Betrachtung. Zunächst einmal muß es dem einzelnen Menschen um die eigene Befreiung und den eigenen Glauben gehen; ist er sich dieses Glaubens sicher und innerlich frei geworden, so »hat er für sich selbst genug in seinem Glauben« (s. o.); nun ist er frei geworden, seinen Nächsten zu lieben – dies tut er, indem er diesem dient, wie Christus den Menschen – insgesamt – gedient hat.

Unverkennbar ist in dieser Argumentation jeder sich selbst der Nächste. Die Liebe zum anderen Menschen dagegen wird abstrakt, generalisiert, ausgerichtet an einem unerreichbaren Vorbild. Es ist eine verallgemeinerte Liebe, ein verallgemeinerter Dienst an jedem Menschen. Nächstenliebe und Fernstenliebe wachsen zusammen, werden ununterscheidbar, äußern sich als ›Dienst‹ und entspringen der ›Freiheit‹ eines – hier noch im Glauben – selbstversorgten Ich. Der persönliche Ton, die persönliche Zuwendung zum ›nahestehenden‹ Menschen, jener Ton, den man aus Luthers Briefen an seine Frau (Unterschrift: »Martinus Luther – Dein Herzliebchen«) oder aus den Berichten über seinen Umgang mit den eigenen Kindern kennt, gelingt hier genausowenig wie die *unmittelbare* Verknüpfung von Nächsten- und Selbstliebe in der Bergpredigt. Wer den Lutherschen Texten *als solchen* folgt und an ihrer Abstraktheit sein Leben ausrichtet, wie dies von vielen in der Folgezeit in ›protestantischer Lebensführung‹ realisiert wurde, trägt eine neue Egozentrik und strukturell zur Asozialität tendierende Grundhaltung an seine Mitmenschen heran.

Was die Lehre und Überzeugung von den ›zwei Reichen‹ angeht, so zeigt sich nun, daß die Grenzziehung zwischen den beiden Reichen weit umfassender, daß die Kluft zwischen den beiden Reichen viel tiefer und die Konsequenz der Grenzziehung für ein darauf ausgerichtetes menschliches Zusammenleben ernster ist, als dies zunächst scheinen mochte. – Die Grenze verläuft nicht nur zwischen geistlicher und weltlicher Herrschaft, sie verläuft – Dr. Jekyll and Mr. Hyde – in jedem einzelnen Menschen, und schirmt den einzelnen – in Freiheit, in seinem Freiraum – vom Nächsten ab. Entscheidend für die Lehre von den »zwei Reichen« ist jedoch auch, aus welcher Perspektive die Grenze gesehen wird: Es ist die Perspektive des *einzelnen* ›Christenmenschen‹. Er ist nicht nur das Paradigma für die Teilung der Menschen und der Welt in ein ›Innen‹ und ein ›Außen‹, in ein ›Seele-sein‹ und ›Körper-haben‹, in ›Freiheit‹ und ›Unfreiheit‹ – er ist auch derjenige, der diese Zweiteilung am intensivsten an sich selbst erlebt. Er ist das Lasttier, um das die beiden Reiter, Gott und Satan kämpfen, um »ihn festzuhalten und in Besitz zu nehmen« (Luther, 1983c: 47). Und er zentriert dementsprechend seine Perspektive auf jenen Kriegsschauplatz, auf dem der Kampf entschieden wird: auf sich selbst.

Es ist durchaus nicht erstaunlich, daß jemand, der so auf das innere Geschehen in ihm selbst konzentriert ist, nach ›außen‹ eine gewisse Freiheit gewinnt. Es ist – tendenziell – die Freiheit des Desinteresses an anderen Gegenständen als an der Sicherheit des eigenen Glaubens. Es ist der Ausdruck der Stärke eines Menschen, der im Prinzip keinen anderen Gegner außer sich selbst zu fürchten hat, weil er jenen anderen Gegner kaum mehr wahrnimmt. Dementsprechend setzt er die Akzente seines Kampfes demonstrativ bei sich selbst, in seiner eigenen Lebensführung, in seinem eigenen – selbstbezogenen – Risiko. Exemplarisch hierfür ist nicht nur der Auftritt des einzelnen, ›kleinen Mönchs‹ auf dem Reichstag in Worms, sondern auch das Wagnis Luthers, eine entlaufene Nonne zu heiraten, d. h. alle bereits bestehenden Vorurteile der Gegner über ihn zu bestätigen und sich so zum Gespött zu machen. Luthers ›eigener‹ Weg hebt sich denn auch besonders gut heraus, wenn man ihn mit dem Thomas Müntzers, einer anderen exemplarischen Gestalt der Zeit, vergleicht. Überspitzt formuliert: Müntzer kämpft – Luther heiratet. Beide sehen ihre ›Taten‹ als Demonstration einer konsequenten Haltung an.

Bezeichnend für Luther ist dabei, daß die ›private‹ Lebensführung als öffentliche Demonstration und als öffentliches Argument genutzt wird: Er bekämpft nicht in einer öffentlichen Arena als Repräsentant einer neu entstehenden eine alte Institution, sondern als Vertreter einer Glaubens- und Lebenshaltung einen ›verfälschten‹ Glauben und eine ›unchristliche‹ Lebensführung. Die ›eigentliche‹ Kirche Gottes auf Erden ist für ihn letztlich keine öffentliche, sichtbare Institution. Sie kann es nicht sein: Gott wirkt auf der Erde im Verborgenen. Seine Kirche ist eine geistliche Instanz und daher ebenfalls verborgen – wohlgemerkt: *verborgen (abscondita)*, nicht unsichtbar (invisiblis); ihre Heiligen sind unbekannt, aber nicht unerkannt: »abscondita est Ecclesia, latent sancti« (Luther, 1983c: 221). Die Schrift dagegen ist völlig klar: »Satis sit (...) praemisisse, Scripturas esse clarissimas« (Ebd.: 227). – Für den Gläubigen folgt daraus, der Klarheit der Schrift erkennbar in der eigenen Lebensführung zu folgen.

Luther selbst ist diesen Weg mit großem persönlichen Mut gegangen. Die Angst vor seinem Gott und der Dank für dessen Gnade waren für ihn entscheidender als der Druck ›weltlicher‹ Gewalt. Duckmäuserei war seine Sache nicht. Dennoch: *strukturell* schuf er mit seiner – Welt, Sozialität und Individuum aufspaltenden – Lehre von den ›zwei Reichen‹ die geistige Voraussetzung für die obrigkeitsergebene Haltung, zumal des deutschen, von ihm beeinflußten Protestantismus. Nicht nur der politische Druck, sondern auch das aus der geistigen Haltung folgende Desinteresse an der Kirche als öffentlicher Institution war dementsprechend ausschlaggebend dafür, daß in den protestantischen Fürstentümern der Landesherr zugleich zum Oberhaupt seiner Landeskirche wurde. Man folgte hier nicht nur der Not, sondern auch den Grundzügen der eigenen Anschauung: So wichtig die Kirche als ›äußere‹, sichtbare Institution politisch auch sein mochte – ihre Bedeutung war fast nichts gegenüber der ›eigentlichen‹, verborgenen Kirche und gegenüber der persönlichen Erfahrung von Buße und Gnade, Wiedergeburt und geistlicher Befreiung bzw. Heiligung. – Ganz allgemein gilt: So wichtig die ›äußere‹, politische, wirtschaftliche Welt auch erscheinen mag, der Friede des Menschen mit Gott und mit sich selbst ist entscheidender.

Der Augustiner-Eremit bleibt sich so in gewisser Weise auch als Familienvater noch treu – während er, zwar immer noch im Kloster lebend, die räumliche Eremitage durchlöchert, befestigt er die geistige und geistliche Abtrennung des einzelnen von der sozialen Welt durch die neue, d. h. radikalisierte alte Lehre. Ihm selbst und seiner Sprache ist das Gemütschristentum, das ihm später – vor allem im 19. Jahrhundert – folgen wird (vgl. Müller-Salget, 1984: 20), fremd. Seine Lehre aber hat die Grundlage dafür mitgeschaffen, daß dem mit sich selbst und seinem geistlichen Heil beschäftigten Individuum der gesellschaftliche und politische Horizont verloren ging, daß diesem Individuum alle ›Wirren‹, Unruhen, Armut und Gewalttätigkeiten darauf zurückführbar werden, daß die Menschen ›die Ruhe in Gott‹ und ›Gehorsam gegen Gott‹ verloren haben.[35] Am Ende werden diesem Individuum es selbst, die eigene Geschichte, die eigenen großen und kleinen Erlebnisse so bedeutsam, daß es ihm unvorstellbar ist anzunehmen, es könne jemanden geben, der an diesen bedeutsamen Geschichten nicht interessiert ist: Der als Gespräch getarnte autobiographische Monolog beginnt.

35 Vgl. R. Müller-Salget (1984: 29). Dieses Deutungsmuster muß z. B. zur Erklärung der ›Erhebung‹ von 1848 herhalten. – Es hat sich jedoch auch weiterhin ›bewährt‹.

v. Vom Subjekt der Offenbarung zur Offenbarung des Subjekts

Die Lehre von den ›zwei Reichen‹, vom Riß im Vorhang der Erscheinungen, von der Kluft zwischen Leib und Seele, zwischen dem alten und neuen Menschen, zwischen dem Einzelmenschen und seinem Gegenüber – dem fernen Nächsten, zwischen der Kirche als öffentlicher Institution und der verborgenen Kirche beruht auf einer – wie ich glaube – für Luther zentralen theologischen Auffassung, in der diese Kluft angelegt ist, durch die sie erzeugt und sowohl auf die Welt als auch auf das gesamte menschliche Leben übertragbar wird: Gott selbst – davon ist Luther überzeugt – ist dem Menschen nur als widersprüchliche Einheit erfahrbar – als geoffenbarter Gott (Deus praedicatus) und als verborgener, im Verborgenen wirkender Gott (Deus absconditus).[36]

Diese ambivalente Gottesauffassung scheint mir das ›strukturierende‹ Element der Lutherschen Glaubenshaltung und Theologie zu sein. Nicht nur die Zweiteilung der Welt, des sozialen Lebens und des einzelnen Menschen geht hieraus hervor, sondern auch das Kernstück der Lutherschen Theologie: seine Glaubenslehre. Denn jener Glaube, der an die Stelle der Rechtfertigung des Menschen durch Werke tritt, der als ›Glaubensgewißheit‹ gesucht und durch ›Gottes Gnade‹ gewonnen werden kann, wird gerade durch den ›verborgenen Gott‹ auf eine harte Probe gestellt. Mehr noch: die Qualität des Glaubens selbst geht darauf zurück, daß Gott als widersprüchliche Einheit erfahren wird. Der Glaube nämlich ist für Luther dadurch bestimmt, daß er »sich auf Tatsachen richtet, die man nicht sieht. Damit aber der Glaube Raum habe, muß alles, was geglaubt wird, verborgen sein«. Es kann aber nicht tiefer verborgen sein »als unter dem Gegensatz zum Gegenständlichen, zur Wahrnehmung, zur Erfahrung« (Zit. nach Luther, 1983a: 44; 1983b: 206).

Die Basis des Glaubens ist die Unsicherheit und Fallibilität der Erfahrung: nichts ist das, als was es erscheint. Oft verbirgt sich die ›eigentliche‹ Wahrheit hinter einer gegensätzlichen Erscheinung.

36 Vgl. hierzu insbesondere: M. Luther, De servo arbitrio, a.a.O., S. 251 ff. Vgl. ebenso die Unterscheidung zwischen dem »Deus intrinsece« und dem »Deus extrinsece« in Luthers Kommentar zum Römerbrief.

So »verbirgt« Gott »seine ewige Güte und Barmherzigkeit unter dem ewigen Zorn, seine Gerechtigkeit unter Ungerechtigkeit. Das ist die höchste Stufe des Glaubens, zu glauben, jener sei gütig, der so wenige selig macht, so viele verdammt; zu glauben, er sei gerecht, der durch seinen Willen uns so, daß es nicht anders sein kann, verdammenswert macht« (Luther, 1983a: 44; 1983b: 206). Dieser in »seiner Majestät verborgene Gott beklagt weder den Tod, noch hebt er ihn auf, sondern wirkt Leben, Tod und alles in allem. Denn *da* hat er sich nicht durch *sein Wort* (Hervorh. H.-G. S.) in Grenzen eingeschlossen, sondern hat die Freiheit seiner selbst über alles behalten« (Luther 1983a: 108; 1983b: 253).
Der in allen und allem wirkende, hinter allen und allem stehende ›verborgene Gott in seiner Majestät‹ stellt nicht nur hohe Anforderungen an die Bewährung des Glaubens, er fordert auch fraglose Unterwerfung unter seinen Willen – was immer geschieht. Denn: »Vieles tut Gott, was er uns nicht durch sein Wort offenbart, daß er es will (...). Nun aber müssen wir das Wort anschauen und jenen unerforschlichen Willen stehen lassen; wir müssen uns nämlich nach dem Wort und nicht nach jenem unerforschlichen Willen richten. Oder wer könnte sich gar nach einem ganz und gar unerforschlichen und unerkennbaren Willen richten« (Luther 1983b: 253f.). Was übrig bleibt, ist: »fürchten und anbeten«.[37]
Angesichts der Allmacht, Freiheit und Unerforschbarkeit des verborgenen Gottes, in dessen Pläne auch die Selbstentäußerung als ein Teil seines prinzipiell undurchschaubaren Willens eingeht, wird deutlich, daß im Hinblick auf das gesamte Wirken Gottes die Offenbarung – als freiwilliges Sich-Zeigen Gottes – die Ausnahme darstellt (vgl. Luther 1983a: 293). Die Erscheinungsweisen des ›Deus praedicatus‹ sind eingebettet in das ›verhüllte‹ Wirken des ›Deus absconditus‹.
Natürlich kann es im vorliegenden Zusammenhang nicht darauf ankommen, in eine theologische Debatte über die Theologie Luthers einzutreten. Mir kommt es darauf an, aus der, wenn auch kurzen, so doch – wie ich glaube – zutreffenden Auslegung der

37 Ebd., S. 254, »Timere (et) adorare«. Zur Fortsetzung dieser Lutherschen Position in der protestantischen Theologie vgl. H. Bornkamm (1979: 393 ff.); insbesondere S. 334, und auch W. v. Loewenich (1983: 264).

Struktur des Lutherischen Gottes, d.h. auch: Welt- und Menschenbildes, die Konsequenzen dieser Symbolfigur für die lutherisch-protestantische Welt- und Selbstauslegung herauszuarbeiten.

Die Auffassung vom Zusammenwirken des ›verborgenen‹ und des ›geoffenbarten‹ Gottes wäre – für sich allein genommen – für die Welt- und Selbstauslegung der lutherisch-protestantischen Gläubigen vermutlich nicht sehr folgenschwer gewesen. Sie wurde es erst dadurch, daß die Zweiteilung der Welt in eine sichtbare, jedoch scheinhafte und der Täuschung unterworfene einerseits und eine verborgene, jedoch wahre, befreite und ›eigentliche‹ andererseits hineinreicht bis in den einzelnen Menschen. Dieser erfährt die Zweiteilung noch einmal in sich, in dem Kampf zwischen dem alten, leiblichen Adam und dem befreiten neuen ›Christenmenschen‹ – auch noch *nach* der Konversion. Schlimmer noch: der befreite Christenmensch erfährt die Einheit und Majestät seines Gottes in dessen Widersprüchlichkeit. Der Gläubige ist aufgefordert, sich an den in seiner Klarheit in der Schrift geoffenbarten Gott zu halten – wohl wissend, daß der ›unerforschliche‹ freie Wille Gottes daneben weiterbesteht: der Wille eines verborgenen, majestätischen Gottes, der durch seine ebenfalls unerforschliche Gnade wirkt, sich durch keinerlei Gotteszwang verpflichten läßt und seine Pläne jeder menschlichen Einsicht verschließt: der den Glauben an das Verborgene verlangt und die Bewährung des Glaubens an der Fähigkeit des Menschen ›mißt‹, nicht nur an das zu glauben, *was* verborgen ist, sondern an etwas zu glauben, *weil* es verborgen ist.

Das Verhüllt- und Verborgensein Gottes bezieht sich damit nicht nur auf die Welt und auf die Kirche, sondern auch auf das Wirken Gottes in dem von ihm befreiten Menschen. Der ›befreite Christenmensch‹ findet in sich und zugleich gegenüber seiner selbst nicht nur den alten Adam, er glaubt auch an das verborgene Wirken Gottes in ihm selbst. Jener ›Christenmensch‹ Luthers gehört damit nicht nur zur Welt so, als gehöre er nicht zu ihr (s. o., II., 1. Korinther 7.30f.), *er gehört auch sich selbst so, als gehöre er nicht sich selbst.* Er weiß um etwas in sich, das er nicht selbst ist, das verborgen ist, an das er daher glauben muß und durch das er letztlich legitimiert ist.

Wenn der Gläubige in seiner Vereinzelung – oder wie er es sieht – in seiner Reichsunmittelbarkeit zu Gott, mit diesem sprechen will, so trifft er zunächst auf den in der Schrift geoffenbarten Gott, der bereits gesprochen hat und weiterhin durch die Schrift zu jedem einzelnen spricht. Hier erfährt er nicht nur die Gnade, sondern auch die Forderung Gottes. Diese wiederum geben ihm die Kriterien, Maßstäbe und Beobachtungsrichtlinien zur Entdekkung der eigenen Sündhaftigkeit und zu einer peniblen Buchführung über seine Sünden. Die nicht erfüllten und letztlich nie völlig erfüllbaren Forderungen und Gebote Gottes ihrerseits verweisen auf die Gnade – ohne sie und den Glauben an sie gibt es keine Rettung und keine Befreiung: Selbstbeobachtung ist letztlich immer Beobachtung der Sünde, Feststellung der eigenen Sündhaftigkeit, des eigenen Versagens. Durch die geschulte Selbstbeobachtung wird die Notwendigkeit der Gnade Gottes sichtbar. Paradox formuliert: An der Erkenntnis der eigenen Sündhaftigkeit durch den Gläubigen erfährt er Gott in Gestalt einer *negativen Offenbarung*. – Die eigene Sündhaftigkeit, sofern diese erkannt wird, verweist auf das Wirken des verborgenen Gottes, in dessen Pläne auch der in der Schrift geoffenbarte Gott mit dem dort ›verbrieften‹ Angebot der Gnade einbezogen ist.

Diese negative Offenbarung Gottes – die Erkenntnis der eigenen Sünde durch den Gläubigen –, die ihrerseits auf die positive Offenbarung Gottes in der Schrift und auf einen verborgenen Heilsplan verweist, ist im wesentlichen eine *Beobachtungs-* und *Interpretationsleistung*. Solange der Gläubige davon überzeugt ist, daß nicht nur für die Schrift, sondern auch für ihn selbst, insofern Gott in ihm wirkt, gilt, daß der eigentliche Interpret Gott selbst ist – als Subjekt und Objekt der Auslegung (s. o.) – solange wird er im Glauben an das sichtbare und verborgene Wirken Gottes in seinem Leben einen Halt finden. Dennoch verlangt die Konstruktion dieser Gedankenfigur, wenn es darum geht, sie mit Leben zu erfüllen und im Leben umzusetzen, beinahe Unmögliches vom einzelnen Gläubigen. Sie hat die Struktur einer symmetrischen Eskalation von zunehmender Erkenntnis der eigenen Sündhaftigkeit einerseits und – darauf bezogen – immer dringlicher werdender Sehnsucht nach Gnade. An diese Gnade soll und muß geglaubt werden, auch und gerade dann, weil sie zwar in der Schrift verheißen, aber im eigenen Leben möglicherweise nicht sichtbar ist. – Kierkegaards ›Sprung in den Glauben‹ (s. o.), fundiert durch ein ›credo quia absurdum‹, ist – so gesehen – letztlich doch etwas anderes als die in der Theologie Luthers angelegte, mit der immer genaueren Beobachtung wachsende Verzweiflung des Gläubigen an der eigenen Sündhaftigkeit und dem immer verzweifelteren, durch keine ›Erfahrungstatsachen‹ (s. o.) gestützten Glauben an die Gnade. Paracelsus, dem Zeitgenossen Luthers, war deutlich, was hier dem einzelnen abverlangt wurde, was es hieß, mit Luther den rituellen Schutz der ›Mutter‹ Kirche zu verlassen und keinen schützenden Stellvertreter mehr zwischen dem einzelnen Menschen und seinem Gott zu plazieren: »Wer seinen Glauben auf das Papsttum setzt, ruht auf Samt; wer an Luther glaubt, auf einem Vulkan« (Zit. nach Friedenthal, 1983: 555).

Dieser Vulkan bricht aus, wenn der Glaube nach einem irgendwie im eigenen Leben erfahrbaren Halt sucht, wenn die Verzweiflung sich nicht mehr durch die in der Schrift geoffenbarte, allgemeine Verheißung der Gnade trösten lassen, sondern der einzelne Mensch in seinem Leben Hinweise auf das ›ihn zum Heil‹ führende Wirken des ›verborgenen Gottes‹ finden will. Denn gerade die absolute Majestät und Souveränität des ›verborgenen Gottes‹ – und hierin sind Luthertum und Calvinismus strukturell gleich – zwingt die Menschen in ihrem Interesse, diesem verborgenen Gott »wenigstens im Einzelfall dennoch in die Karten sehen zu wollen, und speziell das eigene Jenseitsschicksal zu wissen, ist ein elementares Bedürfnis des einzelnen« (Weber, 1972: 317).

Allerdings – und hierin sind Calvinismus und Luthertum verschieden – der Blick gilt im Luthertum einem anderen Kartenspiel als im Calvinismus. Während sich im Sinne des ›praktischen Interesses‹ (Weber, 1972: 317) der Blick des Calvinisten auf den öffentlich sichtbaren Erfolg als Symptom des ›Erwähltseins‹ richtet, geht der Blick des Lutheraners nach innen. ›Außen‹, in der sichtbaren Welt, ist für ihn keine verläßliche Antwort zu finden. Gewißheit gibt es, wenn überhaupt, nur im Glauben des Einzelnen, der das Wirken Gottes in sich selbst spüren und erleben muß. Die nach ›innen‹ gewandte Beobachtungsrichtung kann nur dort eine Antwort finden. Selbst die Frage, ob der einzelne Gläubige – als einzelner Leser – die Schrift richtig verstanden und tatsächlich in ihrer ›Klarheit‹ gesehen hat, wird im Einzelnen selbst entschieden. Vor allem das Gebet des einzelnen – unmittelbar – zu seinem Gott verweist auf jene einzige Instanz, die Antwort erhalten kann: auf den einzelnen – vereinzelten – Gläubigen selbst. Dazu gezwungen, in sich selbst nach Anzeichen für das Wirken des ›verborgenen Gottes‹ zu suchen, wird der lutherisch-protestantische

Gläubige zum Virtuosen der Selbstbeobachtung und Selbstauslegung.

Die Beobachtung des eigenen Lebens, die Geschichte der Verfehlungen – oder der plötzlichen ›Erhellungen‹, alles Erinnerte und Erinnerbare, jedes Erlebnis wird bei der Suche nach Spuren vom Wirken des ›verborgenen Gottes‹ eingearbeitet in eine Kette von Symptomen. Jedes Einzelerlebnis, jedes Detail, erhält eine Verweisstruktur. – Hier wird ein, in nahezu jeder Auslegungsarbeit wirksames hermeneutisches Paradox sichtbar, das – wenn es nicht kontrolliert wird – zu zwar elegant-geschlossenen, aber eben doch Kurzschlüssen führt und das in eben jener kurzschlüssigen Form insbesondere die einheitliche Sinnschließung in Biographien leistet: Ich meine die Entdeckung, genaue Beobachtung, Herauslösung und extensive Interpretation jedes einzelnen Details – sei es ein Wahrnehmungs-, Erfahrungs- oder Textelement – mit dem Ziel, es eben als Detail zu vernichten, d. h.: es als Symptom oder Indiz für einen größeren einheitlichen Sinnzusammenhang aufzufassen.

Für die biographische Selbstbeobachtung und Selbstauslegung hat dies sowohl im Umgang des einzelnen Individuums mit sich selbst als auch in seinem Umgang mit anderen zwei bedeutsame Vorteile. Zum einen werden alle Einzelerlebnisse und Ereignisse einem – zwar im Zeit- und Lebensverlauf sich immer wieder verändernden, aber der Struktur nach geordneten – Sinnzusammenhang zugeordnet: Die Zufälle verschwinden, alles wird motiviert, steht in einem Motiv- bzw. Kausalzusammenhang. Zum anderen entsteht ein kommunizierbares Repertoire von relativ geschlossenen Geschichten – ein mittelbares Medium der Selbstdarstellung. *Es entstehen – konzis aufeinander bezogen – die Modi eines selbstreflexiven, autobiographischen Subjekts: ein sich selbst beobachtendes, sich selbst auslegendes, ein erzähltes und ein erzählendes Subjekt.*

Der protestantisch-lutherische Gläubige hat dieses Subjekt zunächst noch geliehen und in dem geliehenen Subjekt seine Sicherheit. Denn Subjekt des Handelns, Subjekt und Objekt der Auslegung ist der einzige, dem die Qualität eines Subjektes, die Qualität der Freiheit, Autonomie und Selbstversorgtheit zukommt: Gott. – Was aber geschieht, wenn der Einzelne in seiner Beobachtung, seiner Selbstauslegung, im Gebet, im Hineinhorchen in sich selbst keine Antwort findet, wenn die Offenbarung Gottes, die ja sowohl in der Heilsgeschichte als auch für das Leben der einzelnen Menschen die Ausnahme darstellt (s. o.), ausbleibt, wenn auf die Fragen des einzelnen nur das Echo des Fragers antwortet?[38] Was bleibt, wenn der Einzelne in sich nach diesem Subjekt sucht und es nicht findet? Wo sucht er, wenn er in sich die Gewißheit der Erlösung nicht findet, der Erlösungswunsch aber bleibt?

Das Erlebnis des ›Gottverlustes‹ führt in der protestantisch-lutherischen Traditionslinie und Mentalitätsgeschichte zu unterschiedlichen Lösungsversuchen für dieses innerweltliche Drama: entweder zu einer unauflösbaren Verzweiflung, der »Krankheit zum Tode« (vgl. Kierkegaard, 1959) oder zu einem letzten, verzweifelten Versuch zurückzufinden: zum ›Sprung in den Glauben‹. Daneben bleibt noch eine andere, weniger im Glaubens- und Wissenssystem des Protestantismus, um so mehr aber in dessen subjektzentrierter Beobachtungs-, Auslegungs- und Relevanzstruktur angelegte – eher alltägliche – Reaktion: Die Suche nach der Antwort und die Antwort selbst, die Suche nach *dem* Subjekt, der Erlösungswunsch und die Erlösungshoffnung werden ins Diesseits, d. h. hier: in das Individuum verlagert. Antwort und Erlösung werden nicht mehr aus der Transzendenz, sondern vom Individuum selbst erwartet.

Insbesondere der letztere Lösungsversuch ist aufgrund der im Gemeindeleben vollzogenen Institutionalisierung und des mit ihm verbundenen religiösen Handelns kollektiv wirksam geworden. Seine Wirksamkeit läßt sich in einer gewissen Kontinuität bis in die Gegenwart[39] verfolgen. – Der *Struktur* nach sind die genannten Lösungsversuche gleich, der letzte unterscheidet sich von den beiden anderen jedoch dadurch, daß er sich von den traditionellen religiösen Vorstellungen löst und – wie es zunächst scheinen könnte – lediglich das formale Muster der nun innerweltlich-subjektbezogenen Symbolfigur von den ›Zwei Reichen‹, der Selbstreflexivität des

38 Insbesondere die deutsche Romantik greift dieses Motiv auf. Exemplarisch in den ›Nachtwachen von Bonaventura‹ (1804), Stuttgart 1964, S. 134: »›Wie, ist denn kein Gott‹ rief er wild aus, und das Echo gab ihm das Wort ›Gott‹ laut und vernehmlich zurück (...) ›Der Teufel hat das Echo erschaffen!‹ sagte er zuletzt – ›Weiß man doch nicht zu unterscheiden ob er bloß äfft, oder ob wirklich geredet wird!‹«

39 Genauere Belege für diese These sollen in einer späteren Untersuchung erbracht werden. Im folgenden beschränke ich mich auf einige Hinweise.

Subjekts, der Selbstbeobachtung, Selbstauslegung, Selbstrechtfertigung und Selbstberichterstattung übrig läßt. – Unabhängig vom jeweiligen religiösen Inhalt oder Weg der unterschiedlichen Lösungsversuche entwickelt sich innerhalb der Symbolfigur der lutherisch-protestantischen Welt- und Subjektauslegung bei jedem einzelnen Gläubigen historisch immer stärker zunehmend bzw. immer besser beobachtbar eine neue Virtuosität der Selbstbeobachtung und Selbstberichterstattung, verbunden mit einer Veralltäglichung und selbstverständlichen Beherrschung dieser Fähigkeit – vor allem beim Bürgertum.

Der ›Gottesverlust‹ – sei er persönlich ›erlebt‹ oder als allgemeine Erfahrung konstatiert – ist für Menschen, die in dieser Tradition erzogen worden sind und sich selbst erzogen haben, möglicherweise mit einer tiefen Erschütterung verbunden. An der Struktur des auf Selbstbeobachtung, Selbstauslegung und Selbstberichterstattung beruhenden Typus lutherisch-protestantischer Individualitätsformation ändert dies zunächst nichts. Allerdings verschieben sich die thematischen Gewichte: das Relevanzsystem bekommt einen neuen Mittelpunkt. Nun, nachdem die tradierten religiösen Inhalte aufgegeben werden, wird sichtbar, wo der Struktur nach jener Mittelpunkt immer gelegen hat: Das menschliche Individuum tritt sich in Beobachtung und Auslegung unmittelbar selbst gegenüber – d. h. ohne den Umweg über einen in ihm verborgenen, erlebten oder imaginierten Gott. Jetzt ist es erkennbar selbst Subjekt und Objekt der Auslegung. Strukturell wiederum hat sich an der Vereinzelung des Individuums wenig geändert. Aber ohne den Glauben an einen persönlich erfahrenen Gott wird die Vereinzelung nun spürbar – und bedrohlich. Folgerichtig wächst auch der Erlösungswunsch, der sein Ziel jedoch in einer anderen Richtung suchen muß.

Ich fasse noch einmal die bisher erkennbar gewordenen ›Stufen‹[40] der mentalitätsgeschichtlichen Herausbildung eines veränderten Individualitätstypus zusammen:

40 Wenn hier von ›Stufen‹ gesprochen wird, so ist mit dieser Metapher nicht gemeint, daß es sich im folgenden um einander ablösende oder gar ersetzende Individualitätstypen handelt. Wenn ein Traditionszusammenhang und bestimmte gesellschaftliche Gruppen mit entsprechender Lebensweise ›überleben‹, die einem dieser Typen verpflichtet sind, so ist auch das Weiterleben dieses Typus gesichert – so z. B. im Reservat der Klöster.

Das Mittelalter sucht – und findet – jenes alles umfassende und alles begründende Subjekt, das mit Recht von sich als dem einzigen wahrhaften Subjekt sagen kann: ›Ich bin, der ich bin!‹, in einem geordneten Kosmos, in einem Universum, in dem alles – so auch jeder einzelne Mensch in einer geordneten Gesellschaft – seinen festen Platz hat. Diese Ordnungsvorstellung zusammen mit der auf ihr beruhenden festen, funktionalen und hierarchisch geregelten, öffentlich-*positionalen* Individualität sichert das einzelne Individuum ab. Individualität kann hier kaum zum Problem werden, weil es keinen Anlaß gibt, sie zu problematisieren (vgl. Soeffner 1989:34). Luther sucht das umgreifende, alles – und damit auch das Individuum legitimierende – Subjekt nicht mehr in der erfahrbaren Außenwelt, weder in der Natur noch in der Gesellschaft. Er sucht das Allgemeinste, das Universum, dort, wo es ihm unmittelbar gegenüberzutreten scheint: in der Begegnung des *einzelnen* Menschen mit Gott – in einer Begegnung, die sich *im* einzelnen Menschen vollzieht. Der lutherisch-protestantische, mit dem Gottes- und Glaubensverlust lebende Individualitätstypus macht sich in gewisser Weise selbst zum Universum: er beobachtet und interpretiert nicht nur vorwiegend sich selbst, er muß sich, seine Gedanken, seine Motive, sein Handeln auch selbst legitimieren.

An dieser Stelle wird deutlich, daß der Ausdruck ›Gottesverlust‹ zwar im symbolischen Kontext der christlichen Glaubenstradition einen bestimmten Erklärungswert hat, daß er aber – gerade aus soziologischer Sicht (vgl. Durkheim, 1912) – auf die Beschreibung eines allgemeineren Zusammenhangs nicht mehr anwendbar ist. Der Grund: Gott und die Götter der Menschen sterben nicht. Sie gehen auch nicht verloren. Sie machen lediglich eine Fülle von Metamorphosen durch und erscheinen in immer neuen Gestalten (vgl. Luckmann, 1980: 161-172). Was manchmal aufgegeben wird, sind bestimmte Glaubensvorstellungen, die dann von anderen abgelöst werden. Dementsprechend muß es nun darum gehen, die ›neue Gestalt Gottes‹ oder die neue Verkleidung bzw. Vorstellung einer überlieferten symbolischen Gestalt aufzufinden.

Ein Blick auf die Ausformung des – nun innerweltlich orientierten – lutherisch-protestantischen Individualitätstypus, so wie ihn die deutsche Variante der ›Aufklärung‹ zeigt und wie er bis in die Gegenwart erkennbar bleibt, erleichtert die Suche. Hier sind die Ziele der Subjektorientierung bereits ausformuliert: Freiheit,

Autonomie, schöpferischer Wille (in der Sprache der Gegenwart: ›Selbsterfüllung‹, ›Authentizität‹, ›Kreativität‹). Alle diese Qualitäten sind leicht identifizierbar als diejenigen Eigenschaften, die im christlichen Glauben des Mittelalters auch Luthers nur einem, dem einzigen Subjekt zustanden: Gott. Die – zumeist unbewußte – Übertragung der Attribute des göttlichen Subjekts auf einen innerweltlich konstituierten Subjektbegriff, die damit verbundenen Omnipotenzphantasien, Rechtfertigungen, Illusionen – und Enttäuschungen – kennzeichnen den ›Gott‹ eines der gegenwärtig wirksamen Welt- und Menschenbilder:[41] das selbstreflexive, selbstversorgte, autonome, ›emanzipierte‹ Subjekt. Auch die lutherische Variante dieses Typs, die ihre Emanzipation, d. h. ihre ›Freiwerdung‹, an dem jeweils erreichten Grad der ›inneren Freiheit‹ mißt, gehört zu den neuen ›Göttern‹ und Heroen, mit denen in der Denkfigur der Aufklärung bis hin zur ›68er Generation‹ der neue innerweltliche Olymp bevölkert wird.
Wie ist es – strukturell – zur Ausformung dieses Individualitätstypus gekommen, und welches sind die Konsequenzen dieser – mit alten Versatzstücken ausgestalteten – neuen Symbolfigur für die alltägliche Lebensführung derer, die in diesen Typus hineingewachsen sind und sich ihm verpflichtet fühlen?

VI. Die Zerstörung der praktischen durch die selbstreflexive Vernunft

»Der spekulativen Vernunft aber untergeordnet zu sein, und also die Ordnung umzukehren, kann man der reinen praktischen gar nicht zumuten, weil alles Interesse zuletzt praktisch ist, und selbst das der spekulativen Vernunft nur bedingt und im praktischen Gebrauche allein vollständig ist« (Kant, 1785, Bd. 6, II., 252). – Was Kant hier zu dem für die praktische Lebensführung geltenden Primat der ›reinen praktischen‹ über die ›reine spekulative‹ Vernunft, zur eigenen Qualität und Eigenständigkeit des praktischen Interesses gegenüber dem reinen, theoretischen und damit ›unpraktischen‹ Interesse (vgl. Soeffner, 1989: 10-50) klarstellt, ist für das an der ›inneren Freiheit‹ orientierte, dem selbstreflexiven Sub-

41 Vgl. Soeffner, Hans-Georg (1992): Stil und Stilisierung. Punk oder die Überhöhung des Alltags, in diesem Band, S. 76-101.

jekt verpflichtete Autonomiekonzept des lutherisch-protestantischen Individualitätstypus alles andere als klar. Das Verhältnis zwischen Selbstbeobachtung, Selbsterkenntnis, Selbstkontrolle einerseits und alltäglichem Handlungszwang, alltäglicher Handlungspraxis und alltagspraktischem Handlungsinteresse andererseits ist hier eher scholastisch vorweg geregelt: dem alltäglichen Leben ›in der Welt‹, den dort geforderten Handlungen, Handlungsentscheidungen und Handlungsinteressen kommt kein ›eigentlicher‹ Wert zu. So wie zuvor das unsichtbare Reich Gottes die ›äußere Welt‹ und ihre Erscheinungen abwertete, so steht nun – unter dem Diktat des ›autonomen‹ selbstreflexiven Subjekts – das ›äußere‹ alltägliche Leben als ›uneigentliches‹, durch die selbstreflexive Vernunft zu kontrollierendes Leben unter dem Primat der ›inneren Welt‹ und ihrer eigenständigen Kausalitäten.
Vorausgegangen ist dieser Abwertung des Alltagshandelns und des praktischen Interesses eine neue – paradoxe – Handlungsvorstellung: die des ›inneren Handelns‹, der das ›äußere Handeln‹ untergeordnet ist. Luthertum und Calvinismus sowie ihre jeweiligen historischen ›Nachfolger‹ und deren Denkfiguren und Wissensformationen unterscheiden sich an dieser Stelle fundamental.
Für den Calvinismus verliert die Welt, die soziale Welt inbegriffen, als Schöpfung Gottes ihren grundsätzlichen Eigenwert nie. Sie ist das einzige Material, an dem sich der Gläubige durch rational ethisches Handeln bewähren kann und muß. Vom Gläubigen ist daher ›innerweltliche Askese‹ verlangt. Seine Bewährung in der Welt wird ihm zum Beruf. ›Beruf‹ aber bedeutet hier »die rational ethisch geordnete, in strenger Legalität geführte Wirtschaft, deren Erfolg, als Erwerb, Gottes Segen für die Arbeit des Frommen und also die Gottgefälligkeit seiner ökonomischen Lebensführung sichtbar macht« (Weber, 1972: 329).
Das Luthertum bzw. der Lutheraner bleibt, wie sein Begründer letztlich auch, in der Welt der Eremitage verpflichtet, sei es als Gläubiger oder als ›autonomes Subjekt‹. Für beide – für den mit dem ›verborgenen Gott‹ in sich ›ringenden‹ Gläubigen ebenso wie für das moderne selbstreflexive, ständig mit der Selbsttherapie und Selbstanalyse beschäftigte Subjekt – gilt die »alleinige Konzentration des Handelns auf die aktiven Erlösungsleistungen« (vgl. Weber, 1972: 329). Mit dieser Konzentration verbunden ist tendenziell immer ein »Ausscheiden aus der ›Welt‹, aus den sozia-

len und seelischen Banden der Familie, des Besitzes, der politischen, ökonomischen, künstlerischen, erotischen, überhaupt aller kreatürlichen Interessen« (Weber, 1972: 329), kurz: Weltablehnung und weltablehnende Askese.
Der calvinistischen Arbeit in der – und an der – Welt, der rational kontrollierten, äußeren Tätigkeit als kontrollierter und disziplinierter Arbeit des Menschen an sich selbst, steht die lutherische, kontrollierte Selbstbeobachtung, die rationale Beherrschung der Innenwelt, die Disziplinierung der Motive und Intentionen gegenüber. Die Tradition des Calvinismus erarbeitet eine Öffentlichkeit, indem der Mensch in der Öffentlichkeit arbeitet. Der Lutheraner bewegt sich in der Öffentlichkeit wie in der Fremde. Seine Heimat ist die innere Welt. Seine eigentliche Arbeit ist – bis auf äußere Darstellungsformen für eine ›innere‹ Gesinnung – unsichtbar, sie vollzieht sich im ›Inneren‹ als ›inneres Handeln‹. Die Berufsethik des Calvinismus verlangt die Übernahme der Verantwortung für die ›öffentliche Welt‹. In der Gesinnungsethik des Luthertums übernimmt der einzelne die Verantwortung für seine Innenwelt, für seine Intentionen und seine ›Erfahrungen‹ mit sich selbst. In der alltäglich geforderten Wendung nach ›außen‹ kontrolliert die calvinistische Denkfigur das öffentliche Handeln, das Luthertum tendenziell die Gesinnung, soweit sie öffentlich sichtbar wird. Allerdings muß oder sollte diese gar nicht sichtbar werden, denn »je mehr innerer, wahrer Verdienste sich jemand bewußt ist, (...) desto weniger Kunst (wird er anwenden), seine vorteilhaften Seiten hervorzukehren«.[42] – Die Gefahr, dadurch ›von außen‹ verkannt zu werden, ergibt sich hierdurch zwangsläu-

42 Adolph Freiherr von Knigge (1977: 20): Über den Umgang mit Menschen, hg. v. G. Heding, Frankfurt. Knigges Ratgeber ist insofern ein Stück – für das soziale Leben notwendig gewordener – praktischer Aufklärung, als er gegen die am Ende des 18. Jahrhundert bereits durch Erziehung verfestigte lutherisch-protestantische »Innenorientierung« ankämpft. Dieses innenorientierte Verhalten macht es geradezu nötig, jenen Ratschläge für das öffentliche Verhalten zu geben, die »von allen verkannt, übersehen werden« und daher »zu gar nichts gelangen« (Einleitung, S. 230). Dementsprechend lautet der erste programmatische Satz des Ratgebers: »Jeder Mensch gilt in dieser Welt nur so viel, als wozu er sich selbst macht« (S. 37), und unmißverständlich heißt dies für Knigge: wozu er sich *öffentlich* darstellbar und sichtbar selbst macht.

fig: die Tugend selbst straft den Tugendhaften und gibt ihm damit Gelegenheit, weiterhin ›innerlich‹ zu wachsen.
Entscheidend für die Ausformung des lutherisch-protestantischen Biographietypus ist hierbei – im Gegensatz zur Denk- und Sinnfigur des Calvinismus, die ihrer Klientel in nahezu allen Ausformungen der sozialen Beziehungen den unmittelbaren öffentlichen Austausch vorschreibt –, daß er entsteht aus den Erinnerungen und Reflexionen eines in erster Linie mit sich selbst kommunizierenden Ichs. Das soziale Gegenüber, die anderen, sind für dieses Ich nur Lieferanten von Selbsterfahrungsmaterial, Dienstleute eines vorwiegend mit sich selbst beschäftigten Souveräns. So ist es auch nicht weiter verwunderlich, daß die zunehmende Verfeinerung und Kunst der Selbstbeobachtung und Selbstempfindung jene inzwischen sprichwörtlich gewordene Empfindsamkeit, modern: ›Sensibilität‹, des Subjekts hervorbringt, eine Sensibilität, die das Subjekt so unvergleichbar bei sich selbst vorfindet und bewundert, daß sie ihm – zwangsläufig – von keinem anderen ebenso entgegengebracht werden kann, weshalb es – ebenso zwangsläufig – diesen Mißstand an seinem Gegenüber beklagt und dieses zu verstärkter ›Sensibilisierung‹ für jenes Fremd-Ich auffordert, das man selbst ist. Sollten zwei Menschen dieses Typus aufeinandertreffen, so ist in dem strukturellen Gefälle zwischen jeweiliger ›Selbst‹- und ›Fremdsensibilität‹ der Stoff für eine soziale Komödie angelegt, die von den beiden Protagonisten allerdings als Tragödie des ›Nicht-miteinander-kommunizieren-Könnens‹ erlebt wird.
Die Kunst der Selbstbeobachtung und deren zunehmende Verfeinerung, die Interpretation innerer Erfahrungsbilder und innerer Texte prägen und fördern ein spezifisches Erinnerungsmuster: die Erfahrungsgeschichte als Kommunikationsgeschichte eines Individuums mit sich selbst. Prägnante Erinnerung und extensive Interpretation ergänzen einander. Beide münden in der Fähigkeit, das Erinnerte und das Interpretierte, das Erlebte und seinen – später entdeckten – tieferen Sinn konsistent erzählen zu können: die Erlebnis- und Erfahrungsgeschichte als Geschichte der Einsichten in äußere Vorfälle, die ihrerseits Hinweise für eine innere Entwicklung darstellen. Die Erinnerungs- und Interpretationsgeschichte wird zur Verknüpfung symptomatischer Details zu einem Sinnganzen, das einer inneren Kausalität verpflichtet ist: das Grundmuster psychoanalytischer Kommunikation und des für

dieses Muster notwendigen Wissens-, Selbsterfahrungs- und Mitteilungstypus wird geschaffen.

Darüber hinaus deutet sich strukturell schon in dem ›Entfremdungserlebnis‹ des Individuums, das mit dem ›verborgenen‹ Teil seiner selbst (s. o.) konfrontiert wird, die Erfindung und methodische Nutzung eines künstlich externalisierten, quasi objektivierten ›Ichs‹ als Spiegel, Zuhörer und stellvertretender Deuter an, wie ihn später die Freudsche Psychoanalyse entwickelte: Das Ideal dieses selbstreflexiven Kommunikationsmusters wäre die in sich selbst ruhende Trinität von erlebendem, erzählendem und interpretierendem Ich. Ziemlich sicher scheint mir soviel zu sein: ohne das im jüdischen Glauben verankerte Bildnisverbot und die dadurch auf die Textinterpretation verschobene Auslegungslehre und Auslegungskunst, ohne die jüdische Tradition der extensiven Detailinterpretation, ohne ihre Erfahrung im Umgang mit Symbolen, ohne ihre Parabolik und ohne die talmudisch-dialektische Methode der Sinninterpretation durch Sinnfortschreibung ist auch das aus eben jener jüdischen Tradition hervorgegangene Paradigma der Psychoanalyse kaum erklärbar. Ebenso sicher ist, daß die Psychoanalyse – was die Erinnerungs-, Erzähl- und Sinnstiftungskunst ihrer Phantasie angeht – ohne die aus der christlichen Beichttradition und insbesondere ihrer Verfeinerung und thematischen Konzentrierung bzw. Egozentrierung durch das Luthertum kaum so erfolgreich arbeiten könnte. Die Aufarbeitung des Erinnerungsmaterials, die Erzählgattungen und Darstellungsformen eines vertexteten Ich – das Deutungsmaterial der Psychoanalyse – stünde ohne diese Tradition nicht in solch elaborierten Editionsformen zur Verfügung. – Auch der Anlaß zum Aufbruch in die Analyse: das Leiden an der Schuld gegenüber dem verborgenen Gott im Subjekt bzw. an der ›Schuld‹, die ein Ich vermeintlich sich selbst gegenüber zu begleichen hat, ist dem jüdisch-christlichen Denk- und Selbsterfahrungsmuster verpflichtet.

Die Lehre von der im Verborgenen wirkenden, zunächst undurchschaubaren Instanz im Menschen, die Hoffnung auf die gelingende Sinnstiftung, die das noch Undurchschaute ›klar und hell‹ macht, die Subjektzentrierung der Psychoanalyse, die damit strukturell verbundene ›Weltablehnung‹, die Hoffnung auf ›innerweltliche Erlösung‹ bzw. Sinngebung, die sich erfahrbar im Subjekt vollzieht: die Lehre von den ›zwei Reichen‹, dem Sinn hinter

den Erscheinungen, von der Zweiteilung der Welt in Symptome und Sinnwelten, transportiert das christlich-jüdische Erbe durch verschiedene historische Metamorphosen bis in die Gegenwart.
Selbst die Dreieinigkeit von ›Es‹, ›Ich‹ und ›Über-Ich‹ reproduziert – unschwer erkennbar – das christliche Muster der Trinität von Vater, Sohn und Heiligem Geist[43], wie es auch in der Lutherschen Theologie interpretiert wird: Der absolute, verborgene, im Dunkeln ›frei‹ und spontan wirkende Gott, der Vater, der vor allem anderen und der Anfang selbst war, dessen Handeln nur an schwer zu entdeckenden Hinweisen, an Symptomen erkennbar ist – der Sohn, der ›fleischgewordene Gott‹, der die Pläne des verborgenen Gottes nach dessen Willen vollzieht, der selbst leidet und darum weiß, daß er als ›Deus praedictus‹ eine Erscheinungsweise des ›Deus absconditus‹ ist – der Heilige Geist schließlich, der sich in der Klarheit der Schrift, in der Text- und in der Selbstauslegung offenbart als offenbartes Gesetz und Wirken des ›verborgenen Vaters‹ – sie bilden symbolisch das ursprünglich Gott, nun den Menschen zugeschriebene Strukturmuster einer spezifischen Subjektvorstellung ab. Dieses Strukturmuster prägt – in innerweltlich orientierter und damit veränderter symbolischer Form – die gegenwärtig wirksamen ›europäischen‹ Subjekttheorien ebenso wie das Selbstverständnis und die Selbstdarstellungsformen konkreter Individuen in ihrer Lebensführung. In diesem Sinne ist es nur konsequent, wenn Freud in seiner – nicht nur, was seine Einschätzung der Religion betrifft – programmatischen Schrift »Die Zukunft der Illusion« (Freud, 1974: 139 ff.) am Ende des vorletzten Kapitels Heine zitiert: »Den Himmel überlassen wir den Engeln und den Spatzen« (Freud, 1974: 183).
Er stellt sich damit bewußt in die heroisch-prometheische Variante der Renaissance und der Aufklärung. ›Quae supra nos nihil ad nos‹, hieß es zuvor in der gleichen Stoßrichtung. Gott wird als ›Bewohner des Himmels‹ nicht einmal mehr genannt. Aber es scheint nur so, als sei er verschwunden. Denn anzunehmen, daß mit dem Desinteresse am ›Himmel‹ und seinem Gott oder den

43 Auch die Meadsche Identitätskonzeption von ›I‹, ›me‹ und ›self‹ ist diesem Strukturmodell verpflichtet. Vgl. G. H. Mead (1934): Mind, Self and Society, ed. by Ch. W. Morris, Chicago (deutsch: Geist, Identität und Gesellschaft, Frankfurt/M. 1973).

Engeln der ›Tod‹ Gottes verbunden sei, wäre allzu naiv und entspräche auch dem Denken Freuds in keiner Weise. Gott ist lediglich vom Himmel auf die Erde herabgeholt worden. Zunächst noch als christlicher Gott – so bei Luther – in den einzelnen Menschen, dann – nach der Zerstörung auch dieser Gottesvorstellung, nach dem ›aufklärerischen‹ Vatermord als »unser Gott logos« (Freud, 1974: 187) – in das aufgeklärte menschliche Subjekt.
So wie zuvor geglaubt wurde, nichts und niemand könne auf die Dauer Gott widerstehen, so heißt es nun: »auf die Dauer kann der Vernunft und der Erfahrung nichts widerstehen« (Freud, 1974: 187). Die Suche nach Gewißheiten und der Glaube daran, sie gefunden zu haben, nehmen kein Ende. Und vermutlich ist es weniger die Angst vor einer vermeintlichen Strafe, die den jeweiligen Gläubigen daran hindert, seinen Glauben aufzugeben oder zu überprüfen als vielmehr die Angst vor der Brüchigkeit des Mundanen, die verdrängte Erkenntnis, daß es keine grundsätzliche Sicherheit gibt, daß nichts so bleibt, wie es ist, daß selbst die »Natürlichkeit der natürlichen Einstellung« (vgl. Schütz/Luckmann, 1984: 174) in Krisen geraten und aufgehoben werden kann.
Der Anlaß des Glaubens in der christlich-jüdischen Tradition war und bleibt das Leiden an der ›schlechten Endlichkeit‹, an der Unvollkommenheit, Schwäche, Fehlbarkeit, am eigenen Versagen und an der notwendigen Versagung der Wünsche bzw. der Wunscherfüllung. Vom 90. Psalm, Vers 9: »Wir bringen unsere Jahre zu wie ein Geschwätz. Unser Leben währet siebzig Jahre, und wenn's hoch kommt, so sind's achtzig Jahre, und wenn's köstlich gewesen ist, so ist es Mühe und Arbeit gewesen; denn es fähret schnell dahin, als flögen wir davon« – über den späten Luther: »Wir sind alle Gelächter, Fabel und Fastnachtspiel vor Gott« (Zit. nach Friedenthal, 1983: 633) bis hin zu Freud: »Wie für die Menschheit im ganzen, so ist für den einzelnen das Leben schwer zu ertragen« (Freud, 1974: 160) – zieht sich der jüdisch-christliche Welt- und Lebenspessimismus und der aus ihm hervorgehende Erlösungswunsch.
Die jeweils unterschiedlich imaginierten Erlösungsvorstellungen, vor allem aber die mit ihnen verbundenen Erlösungswege zogen immer Folgen für die jeweilige Lebensführung ›ihrer‹ Gläubigen nach sich. Die Tendenz jeder sichtbaren und unsichtbaren Religion geht dahin, die alltägliche Lebenspraxis bis in ihre Verästelungen hinein zu beeinflussen. Insofern ist der ›Kampf‹ des spe-

kulativ-theoretischen (auch des religiösen) Denkens gegen die praktische Vernunft vermutlich so alt wie die Menschheit.[44] Während jedoch viele Formen, zumal des elementaren religiösen Lebens und seiner dem Alltagshandeln verwandten praktischen Glaubensmaximen, die alltägliche Handlungspraxis insbesondere im Bereich ihrer praktischen Interessen zumeist eher fördern als hindern, richten sich der universale Erkenntnisanspruch des Gottes ›Logos‹ und seine rational-spekulative, ›unpraktische‹ – d. h. der Handlungslogik nicht verpflichtete Vernunft – gegen die praktischen Interessen des alltäglichen Handelns. »Versozialwissenschaftlichung der Identitätsformation und Verweigerung von Lebenspraxis« (vgl. Oevermann, 1985), wie sie Oevermann beschreibt, sind Erscheinungsformen eines Individualitätstypus und des für ihn verpflichtenden Subjektmodells, dessen historische Ausdifferenzierung im vorliegenden Aufsatz an einer, der lutherisch-protestantischen, Entwicklungslinie gezeigt werden sollte.

44 Der hier behandelte lutherisch-protestantische Individualitätstypus stellt in seiner heute beobachtbaren – verwissenschaftlicht-aufklärerischen Form – eine Extremposition innerhalb dieses Spannungsverhältnisses dar. Gegenpole sowohl zur Verwissenschaftlichung als auch zur Selbstreflexivität und Selbstempfindsamkeit sind – so bei ›Punk‹ und dem Typus des ›smooth operator‹ im Management – heute unschwer erkennbar. Vgl. H.-G. Soeffner: »Stil und Stilisierung. Punk oder die Überhöhung des Alltags«, in diesem Band, S. 76-101. Die viel umfassendere These von der ›Kolonialisierung der Lebenswelt‹, in der die Marxsche Metaphorik von der ›Kolonialisierung der Innenwelt‹ in bezeichnender Weise aufgegriffen wird (vgl. J. Habermas (1981): Theorie des kommunikativen Handelns, 2 Bde., Frankfurt), verkennt offensichtlich die strukturelle Differenz von praktischer und spekulativer Vernunft und geht damit nicht nur hinter die oben zitierte Kantische Einsicht zurück: sie gibt vielmehr gleichzeitig zu erkennen, daß sie, was die Domestizierung der Lebenspraxis durch Theorie oder durch Ideologie angeht, *strukturell* sich nicht von dem unterscheidet, was sie kritisiert: bevormundet werden soll das Alltagshandeln allemal. Zusätzlich ist an der benutzten Metaphorik und der Denkfigur im ganzen unschwer erkennbar, in welcher Denktradition die genannte These selbst steht. Gute und weniger gute, ›helle, klare‹ und dunkle Welten treten sich auch hier nach altem Muster gegenüber: die civitas rationis und die civitas simplicitatis. Der spekulative Gott ›Logos‹ ist als Weltenschiedsrichter an die Stelle seines jüdisch-christlichen Vorgängers getreten, ohne dessen Strukturkonzept von den ›zwei Reichen‹ aufgegeben zu haben.

Am Anfang dieser Entwicklungslinie sah sich das Individuum einem absoluten Subjekt gegenüber, an das es – wider alle Vernunft und Erfahrung – glauben sollte. Am vorläufigen Ende der Entwicklung steht eine Subjekttheorie, die das Strukturmodell des christlichen Gottes- = Subjektbegriffes übernommen, nun aber das einzelne Individuum zum jeweils egozentrierten Subjekt gemacht hat. Diese Subjektvorstellung soll jedoch theoretisch begründbar, aus Erfahrung und Vernunft ableitbar, wissenschaftlich nicht nur erkennbar, sondern auch legitimierbar sein. Das dieser Vorstellung entsprechende Individuum kann folgerichtig nach Maßstäben der spekulativen Vernunft – selbstverständlich ›kritisch‹ – in seinen Handlungen angeleitet werden.
Aus den Subjekttheorien ist nun eine so extensive Selbsttheoretisierung der Subjekte geworden, daß auch die Details der Lebensführung, des praktischen Alltagshandelns davon betroffen sind: das ›praktische Interesse‹ der praktischen Vernunft wird von der spekulativen Selbsttheoretisierung eingeholt und durchlöchert. Die Scheinrationalisierung des praktischen Interesses durch die spekulative, selbstreflexive Vernunft führt nicht nur zu einer Gefährdung praktischer Handlungsautonomie, sie zerstört tendenziell auch das alltägliche Handlungs- und Entscheidungspotential, die praktische Handlungsrationalität: *das praktische Handlungsinteresse wird dem Primat des ›unpraktischen‹ Erkenntnisinteresses unterstellt* und dadurch ›unvollständig‹.[45]
Besonders deutlich wird dies am Paradox der vorzeitigen Handlungslegitimation: in der spekulativ-selbstreflexiven Einstellung des mit sich selbst kommunizierenden Ichs geht die Handlungsrechtfertigung dem Handeln im Prinzip voraus. Die Gesinnung, aus der heraus das Handeln letztlich allein gerechtfertigt werden kann, muß hergestellt sein, bevor gehandelt werden *darf.* Da jedoch für den hier beschriebenen Individualitätstypus die Bedeutsamkeit nicht auf dem ›äußeren‹ Handeln, sondern auf der Gesinnung als ›innerem Handeln‹ liegt, wird die ›äußere‹ Handlung verzichtbar. Das Individuum verharrt in der Pose der Selbst- und Fremdbeobachtung. Nach ›außen‹ geht lediglich ein öffentlich sichtbares Gesinnungssignal, durch das das Individuum seine Anteilnahme am sozialen Geschehen kenntlich macht: Es zeigt nach ›außen‹ an, wie es innerlich – aus einer gerechtfertigten Gesinnung

45 Vgl. das Kant-Zitat am Beginn des Kapitels.

heraus – erfreut oder schmerzlich auf seine eigenen Beobachtungen reagiert. Dieses sichtbare ›Angerührt-Sein‹, die nach außen transportierte Selbst-Empfindsamkeit wird zum sozialen Make-up der Seele. Hygiene der Gesinnung und Kosmetik der äußeren Erscheinung des Inneren verschmelzen zu einem konsistenten sozialen Darstellungstyp: ein vergleichsweise triviales Ende eines Individualitätstypus, der nur noch in Spuren die Elemente der großen Auseinandersetzungen und Zweifel enthält, aus denen er hervorgegangen ist.

Stil und Stilisierung

Punk oder die Überhöhung des Alltags

Max Weber hielt die »religiöse Stereotypenbildung der Produkte der bildenden Künste« für die »älteste Form der Stilbildung«.[1] Er hat damit, unabhängig von der in dieser Formulierung anklingenden, eher traditionellen Verwendung des Wortes ›Stil‹, auf die enge Verbindung von Typen- bzw. Stereotypenbildung, bildender Kunst bzw. Ästhetik und religiösem Ausdruck hingewiesen. Ich knüpfe im folgenden an diesen Hinweis an. Ich sehe darin mehr als eine Bemerkung über historische Anfänge der Stilbildung: Ich nehme ihn als Anregung, Techniken und Handlungen der ästhetischen Überhöhung des Alltags ganz allgemein daraufhin zu beobachten, inwieweit sie bereits in konkreter alltäglicher Interaktion auftreten und möglicherweise schon dort Elemente des Ausdrucks religiöser Erfahrungen oder religiöser Anschauungen enthalten.

Daß ich mich bei diesen Beobachtungen zunächst einer sehr auffälligen Gruppe, den Punks, zuwende, hat vor allem zwei Gründe: Stilisierung, Typenbildung, ästhetisierendes Zitieren alltäglicher Gegenstände (wie z. B. Sicherheitsnadeln oder Kronenkorken) sind hier einerseits kaum zu übersehen, andererseits deutet – zumindest auf den ersten Blick – kaum etwas darauf hin, daß die Stilisierungsmittel im Dienst des Ausdrucks religiöser Erfahrungen stehen. Die Beobachtung des Phänomens ›Punk‹ kann also auch zur Überprüfung der oben genannten Annahme dienen. Ich gliedere mein – innerhalb dieses begrenzten Rahmens zugegeben waghalsiges – Unternehmen in drei Schritte:

1) Ich werde zunächst versuchen, ein Konzept für die Ausdrücke ›Stil‹ und ›Stilisierung‹ zu entwickeln, das sich als Arbeitsinstrument für empirische Beobachtungen einsetzen und zugleich als Analysekonzept verwenden läßt;

1 Weber, Max (1972), Wirtschaft und Gesellschaft. Grundriß der verstehenden Soziologie, 5. revidierte Auflage, hg. von Johannes Winckelmann, Tübingen, S. 249.

2) beschreibe ich einige, wenn nicht nachweisbar zentrale, so doch auffällige Stilmittel und Stilisierungspraktiken deutscher Punks, wobei ich diese Beschreibungen ergänzen werde um die – hier nur skizzenhafte – Nachzeichnung einiger Verbindungslinien heute verwendeter Stilmittel oder Symbole zu ihren historischen Vorläufern;
3) werde ich einige Hypothesen formulieren, die zwar aus der Analyse der Beobachtungen genommen wurden, deren Tragfähigkeit aber durch die Beobachtung anderer Gruppen und anderer Stilisierungsphänomene noch überprüft werden muß.

Die im folgenden vorgestellten Beobachtungen und Überlegungen stehen in engem Zusammenhang mit anderen Fallstudien, an denen meine Forschungsgruppe arbeitet. Wir verfolgen mit diesen Studien das Ziel, anhand empirischer Fallstudien Aufschlüsse über Ausdrucksformen und Inhalte kollektiver Selbst-, Fremd- und Wirklichkeitsentwürfe zu erhalten[2], die die Gegenwart unseres gesellschaftlichen Zusammenlebens bestimmen. In allen diesen Studien geht es somit um die symbolischen und emblematischen Strukturen und Strukturierungen sozialer Ordnung(en) und um die Beschreibung und Interpretation gegenwärtig beobachtbarer Erscheinungsweisen sozialer Darstellungsformen im Hinblick auf die wechselseitige Orientierung gesellschaftlicher Gruppen.[2a]

2 Vgl. hierzu Soeffner, H.-G. (1989), Emblematische und symbolische Formen der Orientierung, in: Soeffner, H.-G. (1989), Auslegung des Alltags – der Alltag der Auslegung: Zur wissenssoziologischen Konzeption einer sozialwissenschaftlichen Hermeneutik, Frankfurt, S. 158-184.

2a Es ist gut möglich, daß diese Studien auch Aufschlüsse darüber geben, wie es zu dem ›aktuellen‹ Mythos von der »Neuen Unübersichtlichkeit« gekommen ist, und welche Orientierungsmuster sich in dieser sog. neuen Unübersichtlichkeit ausdrücken. Vgl. Jürgen *Habermas:* Die neue Unübersichtlichkeit. Kleine politische Schriften v, Frankfurt 1985. Im übrigen ist der Einfall, die jeweils beobachtbare Gegenwart für ›unübersichtlich‹ zu halten, einer der wenigen Einfälle mit – gar nicht erstaunlicher – Kontinuität.

1. Stil und Stilisierungshandlungen

Aus interaktionstheoretischer Sicht verstehe ich unter einem bestimmten historischen Stil zunächst eine beobachtbare (Selbst-)Präsentation von Personen, Gruppen oder Gesellschaften. Stil als eine spezifische Präsentation kennzeichnet und manifestiert die Zugehörigkeit eines Individuums nicht nur zu einer Gruppe oder Gemeinschaft, sondern auch zu einem bestimmten Habitus und einer Lebensform, denen sich diese Gruppen oder Gemeinschaften verpflichtet fühlen. Ein Stil ist Teil eines umfassenden Systems von Zeichen, Symbolen und Verweisungen für soziale Orientierung: Er ist Ausdruck, Instrument und Ergebnis sozialer Orientierung. Dementsprechend zeigt der Stil eines Individuums nicht nur an, wer ›wer‹ oder ›was‹ ist, sondern auch, wer ›wer‹ für wen in welcher Situation ist. Und der Stil von Texten, Gebäuden, Kleidung, Kunstwerken zeigt nicht nur an, was etwas ist, oder wohin es zugeordnet werden kann, sondern auch, was etwas für wen und zu welcher Zeit ist und ›sein will‹.

So ist ›Stil‹ – nicht nur bezogen *auf* soziale Interaktion, sondern auch *in* ihr – vor allem anderen eine Beobachtungsleistung und Beobachtungskategorie. Innerhalb der menschlichen Gesellschaft, die immer schon eine Gesellschaft von Beobachtern ist, wird Stil produziert, um beobachtet zu werden. Stil repräsentiert und präsentiert in sozialer Interaktion die Einheit von Präsentation und Beobachtung. In dieser Hinsicht kann ›Stilisierung‹, das ›Styling‹, begriffen werden als Bündelung beobachtbarer Handlungen, die ausgeführt werden, um eine einheitlich abgestimmte Präsentation zu erzielen. Die Elemente eines ausgearbeiteten Stils sind somit die gefrorenen Stilisierungs- oder Stil anzeigenden Handlungen.[3]

Da jedoch Menschen in ihren Handlungen neben und in allen Tätigkeiten oder Plänen immer schon Zeichen produzieren, durch die sie anzeigen, was sie tun, denken oder wollen und wer sie sind, wäre es eine sinnlose Verallgemeinerung, jede zeichenhafte und typisierende Präsentation von Handlungen oder Haltungen ›Stil‹ zu nennen. Das alltägliche Leben ist geordnet und ordnet sich

3 Vgl. hierzu auch Soeffner, H.-G. (1989), Handlung, Szene, Inszenierung. Zur Problematik des »Rahmen«-Konzeptes bei der Analyse von Interaktionsprozessen, in: Soeffner (1989), S. 140-157.

durch *typisierte* Handlungen, Wahrnehmungen, Dinge und Personen und ebenso durch *typisierende* Wahrnehmungen und Handlungen.[4] Wir leben – als Typen für andere – in einer typisierten Welt. In dieser alltäglichen Welt sich typisch zu bewegen, zu verhalten oder zu handeln, ist nicht schon ein ausgezeichneter (Lebens-) Stil: Im Gegenteil: im Gegensatz zu alltäglicher Typenbildung enthält jeder Stil zusätzlich eine ästhetische Komponente – eine ästhetisierende Überhöhung – des Alltäglichen.

›Stil zu haben‹ ist also das Ergebnis gezielter Handlungen in Richtung auf eine ›kulturelle Überhöhung‹ des Alltäglichen. Es ist eine sichtbare, einheitsstiftende Präsentation, in die jede Einzelhandlung und jedes Detail mit dem Ziel eingearbeitet ist, eine homogene Figuration oder ›Gestalt‹ – den Stil zu bilden und darzustellen. ›Stil zu haben‹ – in diesem Sinne – bedeutet, fähig zu sein, bewußt für andere und auch für das eigene Selbstbild eine einheitliche Interpretation anzubieten und zu inszenieren. Für das Mitglied einer ›signifikanten‹ Gruppe heißt dies, fähig zu sein, die Interpretation und Präsentation der eigenen Gruppe exemplarisch am Einzelfall (den man selbst zu inszenieren hat) darzustellen.

In diesem Zusammenhang betone ich ausdrücklich, daß es für den ›Träger‹ eines Stils nicht nötig ist, einen *expliziten*, diskursiv mitteilbaren Begriff oder eine explizite Vorschrift und Begründung für den dargebotenen Stil zu haben. Es ist lediglich notwendig, daß der Träger eines Stils – als Designer seiner selbst – diejenigen signifikanten Selektionen kennt und handelnd einführt, durch die ein bestimmter Stil hervorgebracht und in Szene gesetzt wird. – Nebenbei: ein Individuum kann die Zugehörigkeit zu einer bestimmten Gruppe einerseits stilisiert dadurch anzeigen, daß es gruppenkonforme Handlungen, Einstellungen, Glaubenspostulate, Sitten, Kleidung etc. zu einer signifikanten Inszenierung zusammenstellt. In diesem Fall weiß das Individuum in aller Regel darum, daß es sich ›konform‹ verhält. Andererseits können sich Individuen – so wie wir dies gegenwärtig in unserer eigenen Gesellschaft vorgeführt bekommen – mit großem Eifer darum bemühen, ›einzigartig‹ oder im Vokabular der Aktualität: ›authentisch‹ zu sein und zu erscheinen. Dann sind sie – im Kreise der vielen,

4 Vgl. Schütz, Alfred/Luckmann, Thomas (1979/1984), Strukturen der Lebenswelt, Bd. 1, insbesondere S. 227 ff., und Bd. 2, S. 178 ff.

die sich der Einzigartigkeit verpflichtet fühlen – für einen Außenbeobachter die gruppenkonformen Mitglieder einer Gruppe von Nonkonformisten.

Der Stil einer Person, einer Gruppe, eines Kunst- oder Gebrauchsgegenstandes, eines Textes bindet alle wahrnehmbaren Details seines jeweiligen Trägers zu einer darstellbaren Sinnfigur zusammen. Und ›Stil‹ – in der Bedeutung, die ich diesem Ausdruck nun gebe – ist gleichzeitig zu verstehen als eine für ein Publikum inszenierte Interpretationsanleitung: als Präsentation von etwas und Ausdruck für etwas, das – sonst auch alltäglichen – Handlungen oder Gegenständen einen ästhetisierenden, außeralltäglichen Akzent verleiht. In jedes Detail des Stils und der stilisierenden Aktionen ist für einen konkreten oder möglichen Beobachter (auch für den Designer des Stils als Beobachter seiner selbst) ein Interpretationshinweis auf die Sinnfigur als ganze eingearbeitet. So verkörpert jede einzelne stilisierte Aktion und jedes Stilelement gleichzeitig einerseits jeweils aktual-konkrete Zwecke und andererseits Hinweise auf eine diese Aktualität umgreifende und legitimierende ›höhere‹ Sinneinheit: den Stil.

Elemente eines Stils enthalten dementsprechend nicht nur Hinweise und Anknüpfungspunkte zum Stil als solchem, sondern auch zu anderen Elementen, Zeichen, Szenen, mit denen sie verbunden sind. – In sozialer Interaktion wird ein bestimmter Stil kontinuierlich produziert und reproduziert durch stilisierende Einzelhandlungen und Details, die auf vorangegangene, stilisierte Details und Szenen verweisen und an nachfolgende geknüpft werden.

Dieser sich in Einzelhandlungen fortwährend definierende Prozeß kann im Gefüge wechselseitiger sozialer Aktionen und Reaktionen nicht ausschließlich auf Bekanntes zurückgreifen und dieses wiederholen oder zitieren. Es muß vielmehr – was den darzustellenden Sinn angeht – *strukturell (relativ) geschlossen* und gleichzeitig *material (fast unbegrenzt) offen* sein. Letzteres vor allem im Hinblick auf neue Situationen und neue Materialien, die durch Stilisierungsaktivitäten in die Sinnstruktur des Stils eingearbeitet und an den Stil angepaßt werden können.

Ich wies bereits darauf hin, daß ›Stil‹ innerhalb einer Gesellschaft von Beobachtern und Beobachteten, von Deutenden und Gedeuteten, von Interpreten und Interpretiertem eine Beobachtungs- *und* Interpretationskategorie ist. Dementsprechend meint ›Stil‹ nicht die *Qualität* einer Person, eines Gebrauchs- oder Kunstgegenstandes, eines Texts etc. Er ist vielmehr ein *Produkt* sozialer Interaktion, Beobachtung und Interpretation. Ein Stil wird nicht nur von einem sich selbst oder bestimmte Produkte stilisierenden Handelnden hervorgebracht, sondern ebenso von bestätigenden oder ergänzenden Interpretationen der Beobachter und Interpreten.[5]

Daran werden die Wirkung und das Ziel von ›Stil‹ und ›Stilisierung‹ deutlich: Eine Person, die einen Stil produziert, zeigt damit an, daß sie sich in Distanz zu sich selbst und ihrer sozialen Umgebung setzt, d. h., daß sie auch sich selbst beobachtend und interpretierend gegenübertritt. – ›Stil‹ wird so zu einem Ausdrucksmittel und zu einer Darstellungsform sozialer *Abgrenzung.* Er veranschaulicht ›Mitgliedschaft in...‹ und ›Abgrenzung von...‹ durch bewußte Präsentation und Stilisierung eines Selbst für interpretierende andere (Beobachter).

Die bekannte These – soviel ist nun gut erkennbar –, daß erst das historische Auftreten eines sogenannten ›persönlichen‹ oder ›privaten‹ Stils ein ›individuelles‹ Subjekt konstituiert oder hervorgebracht habe, hat nichts für sich. Die bewußt stilisierte Kontrastierung eines ›autonomen‹ Selbst gegen andere ist vielmehr eine kollektiv weithin geteilte Antwort auf eine Situation, in der die Individuen ihre von anderen Individuen mitgewußte, daher bekannte und sichtbare soziale Position innerhalb einer festgefügten Gesellschaft verloren haben.[6] In solchen historischen Situationen suchen Individuen das zu sichern, was sie bereits verloren haben: All die – oft verzweifelten Bemühungen und Ideologien, die darauf abzielen, ein autonomes, ›authentisches‹ Subjekt zu konstituieren und das Streben nach Subjektivität zu legitimieren, zeigen vor allem anderen, als wie tiefgehend schmerzlich der Verlust positional gesicherter Subjektivität empfunden wird. Pointiert ausgedrückt:

5 Vgl. hierzu Strauss, Anselm (1968), Spiegel und Masken. Die Suche nach Identität, Frankfurt.

6 Vgl. hierzu Luckmann, Thomas (1980), Lebenswelt und Gesellschaft. Grundstrukturen und geschichtliche Wandlungen, Paderborn; Soeffner, H.-G. (1983), ›Typus und Individualität‹ oder ›Typen der Individualität‹?, in: Wenzel, Horst (Hg.) (1983), Typen und Individualität im Mittelalter, München; Beck, Ulrich (1982), Jenseits von Stand und Klasse?, in: Kreckel, R. (Hg.) (1982), Soziale Ungleichheiten, Göttingen, S. 35-75; Beck, Ulrich (1984), Perspektiven einer kulturellen Evolution der Arbeit, in: MitAB, 1/1984, S. 52-62.

Der moderne Traum vom selbstversorgten Subjekt, errichtet – auf den Trümmern historisch vorangegangener Ordnungen und der in ihnen geleisteten positionalen Eingliederung und Absicherung von Individualität – die illusionäre Konstruktion vom autonomen Subjekt. Diese Illusion der Selbstversorgtheit verlangt vom Menschen als animal sociale etwas, was er weder ist noch leisten kann. Zudem bedeutete die perfekte Erfüllung der Norm von ›Selbstversorgtheit‹ und ›Autonomie‹ nichts anderes als eine – zwar euphemistisch umschriebene, aber objektiv praktizierte – Form von Asozialität.

Unabhängig von dieser – später noch einmal aufzugreifenden These mag für den vorliegenden Zusammenhang die kurze Skizzierung des von mir verwendeten Stilkonzeptes genügen. Es ist ein an der empirischen Beobachtung orientiertes Konzept und es enthält sowohl die umgangssprachliche Wendung ›Stil haben‹ als auch Kriterien dafür, als Beobachtungskategorie verwendet werden zu können. Außerdem hoffe ich, deutlich gemacht zu haben, daß die Interpretation eines bestimmten Stils auf der Basis dieser Vorbemerkungen nicht darauf aus ist, eine Antwort auf die Frage zu geben, »*warum* ein bestimmter Stil historisch hervorgebracht wurde«. Statt dessen halte ich es für sinnvoll, folgende Frage zu stellen und nach Antworten zu suchen: »Was repräsentiert und bedeutet ein bestimmter beobachtbarer Stil?«

Möglicherweise gelingt es mir, Frage- und Antwortrichtung in der folgenden Kurzbeschreibung und Charakterisierung des ›Punk-Stils‹ zu konkretisieren.

II. Stil und Haltung

> *»Ach ja, man möchte manchmal schon ein guter Mensch werden – wenn nur die guten Menschen nicht gar so unerträglich wären.«*[7]

Ebenso wie viele andere gegenwärtig beobachtbare Gruppen, die sich selbst für ›Außenseiter‹ halten oder von anderen als solche definiert werden – vgl. etwa ›die Alternativen‹, ›die Grünen‹, ›die autonomen Gruppen‹, ›die Sannyasin‹ etc. – haben auch die

7 Eilert, Sömmering, Titanic 4/1984, S. 86.

›Punks‹ eine Darstellungsform entwickelt, die durch eine auffällige Dominanz ›symbolischer Aktionen‹, durch eine ausgearbeitete Emblematik und durch hochgradig ritualisiertes Handeln in der Öffentlichkeit gekennzeichnet ist. Spezifische Erscheinungsform und Inszenierungspraxis von ›Punk‹ als Stil und von ›Punks‹ als Gruppenmitgliedern und Designern dieses Stils sind – so meine These – Ergebnis einer bewußten Stilisierung und eines impliziten, kollektiv geteilten Wissens der Punks darum, welche Details und Elemente eines Symbolsystems ausgewählt und realisiert werden müssen, um die richtige ›performance‹ von ›Punk‹ zu inszenieren.

Die Daten, auf die ich mich im folgenden beziehe, bestehen aus offenen Interviews, Videoaufzeichnungen, Feldbeobachtungen, Photographien, Punk-Zeitschriften, Plattencovern von Punk-Bands und Briefen, die an Thomas Lau geschrieben wurden, einen Mitarbeiter meines Teams, der die gesamte Feldarbeit – sammeln, pflanzen, jagen – des Punkprojektes leistet.[8] Innerhalb des hier sehr begrenzten Rahmens kann dieses Datenmaterial nicht einmal annäherungsweise so beschrieben werden, wie dies für eine Feldstudie nötig wäre. Ich beschränke mich daher auf die – bereits zusammenfassende und typisierende – Charakterisierung einiger zentraler Elemente des Punk-Stils: mit dem Ziel, die Rohform des ›Idealtypus‹[9] (im Sinne M. Webers) und dessen, was ich die ›Sinnfigur‹[10] des Phänomens ›Punk‹ nenne, herauszuarbeiten. Mein Ansatzpunkt (vgl. 1.): Ich versuche diejenige Interpretation zu

8 Feldbeobachtungen, Interviews, Videoaufnahmen wurden im wesentlichen im Ruhrgebiet gemacht. Th. Lau ergänzte diese Daten um Feldbeobachtungen in England, umfangreiche Sammlungen von ›Fanzines‹ aus ganz Europa und Übersee. Die Korrespondenz – von einzelnen Punks initiiert und kontinuierlich fortgesetzt – kommt aus dem gesamten Bundesgebiet, aber auch aus England, den USA und Brasilien. Dennoch wissen wir, daß der uns am besten bekannte Teil des Feldes – Ruhrgebietspunk – nur bedingt repräsentativ für ein internationales Phänomen wie ›Punk‹ ist. Insbesondere die USA-Punks – so zeigen meine eigenen Beobachtungen und meine Diskussionen mit Anselm Strauss – scheinen sich von dem im folgenden herausgearbeiteten Idealtyp zu unterscheiden.

9 Weber, Max (1972), Wirtschaft und Gesellschaft, a.a.O., Kap. 1, S. 1 ff.

10 Soeffner, H.-G. (1989), Prämissen einer sozialwissenschaftlichen Hermeneutik, in: Soeffner (1989), S. 66-97.

leisten, zu der die Punks mich und andere auffordern, indem sie mir die Inszenierung ihres spezifischen Stils präsentieren.
Jedem, der schon einmal Punks gesehen hat, prägt sich die eigenartige und charakteristische Komposition von ›Irokesen-Look‹ – einer Anspielung auf ein spezifisches ›Naturvolk‹ – einerseits und der – zumindest in der Entstehungsphase von Punk – überwiegend schwarzen, nietenbesetzten und bemalten Kleidung andererseits ein. – Nebenbei, die Betonung der schwarzen Farbe in der Kleidung wechselte eine Zeitlang mehr und mehr in ein grellbuntes Styling über und kehrt im Augenblick wieder mehr zur Farbe ›Schwarz‹ zurück: was die offizielle Mode aus dem Design der Punks zitiert, wird von diesen sofort in einer Gegenbewegung abgelegt und im Sinne einer Gegenmode neu formuliert. – Aber unabhängig davon formte und formt der Kontrast zwischen auffällig stilisierter und gefärbter Haartracht einerseits und überwiegend dunkler Kleidung andererseits strukturell das Punk-Erscheinungsbild.
Für einen unaufmerksamen Beobachter scheint ein scharfer Kontrast zwischen dem mühevollen Arrangement von Haartracht (oft einschließlich Gesichtskosmetik) und einer – in besonderer Weise – scheinbar vernachlässigten, schmutzigen, abgetragenen und oft geflickten Kleidung zu bestehen. Wer genauer hinsieht, erkennt, daß dieser erste Eindruck täuscht: Die scheinbar ärmliche und schäbige Kleidung ist sorgfältig hergerichtet und arrangiert. Vieles an ihr ist – in einem nicht eben an Modezeitschriften orientierten Sinn – Handarbeit: Nietenmuster, Aufnäher, angeklebte Buttons, emblematische Bemalung (Anarchistenemblem) und Schriftzeichen, provokante Sprüche oder Namen von Bands.
Anstelle eines Gürtels benutz(t)en einige Punks eine Kordel, und viele von ihnen ›dekorieren‹ Jacken und Hosen mit Flicken. – Die Gesichtskosmetik zielt entweder auf augenfällige Blässe, bleichfahle Gesichtsfarbe, oder auf ornamentale Bemalung – mit einer unübersehbaren Anspielung auf indianische Jagd- oder Kriegsbemalung. – Narben werden zu Ornamenten des Schmerzes oder ästhetischen Stigmas: Die berühmten Sicherheitsnadeln in Ohrläppchen oder Wangen weisen symbolisch in dieselbe Richtung. Dabei ist es bezeichnend, daß eine stilisierte Selbstverletzung, die beim Betrachter Assoziationen von Schmerz und Unbehagen auslöst, durch die pointierte Zweckentfremdung ausgerechnet eines ›Sicherheits‹-Instrumentes demonstriert wird.

Kurz: Es kostet viel Mühe, Zeit und – mindestens – Unbequemlichkeit, den hohen Standard der Punkkosmetik, Körperdarstellung und Bekleidungskultur zu erfüllen. Mehr wahrscheinlich, als die Kosmetik einer deutschen ›Brigitte-Frau‹ oder der ›Dame de Vogue‹ in Anspruch nimmt. – Mögen die Mühen vergleichbar ein, das Ziel ist ein anderes: ›Punk‹ ist die Ausarbeitung einer spezifischen Ästhetik des Häßlichen – und anklangsweise der Armut und ›Schäbigkeit‹. Diese Ästhetik zielt auf das genaue Gegenteil üblicher Kosmetik: auf die Demonstration einer strikten Feindseligkeit gegen Luxus, Massenkonsum und seriell reproduzierbare Verschönerung.

Nimmt man – bezogen auf den Irokesen-Look – alle Mühen zusammen, die es für einen mitteleuropäischen Jugendlichen braucht, das ›Image‹ eines ›child of nature‹ (nicht etwa des modischen Naturburschen oder Dschungeldressman, vgl. den Camel-Typ) zu inszenieren, so erhält man ein treffendes Beispiel und einen konkret-historischen Ausdruck für die Stilisierung und expressive Überhöhung einer ›künstlichen Natürlichkeit‹.[11] Der Punk-Stil ist – so gesehen – die bewußt arrangierte und – was das ästhetische Vergnügen dabei angeht – spielerische Verkehrung jener conditio humana, die Plessner als »natürliche Künstlichkeit« bezeichnet hat.

Jeder aufmerksame Beobachter wird feststellen, daß die Punks wissen, was sie tun und für welchen symbolischen Ausdruck sie ihren antithetischen Stil einsetzen: Der Irokesen-Look repräsentiert nicht den Indianer als ›Naturkind‹. Im Gegenteil: indem Punks sich als ›Stadtindianer‹ bezeichnen, geben sie in diesem Ausdruck einen weiteren Beleg für das formale Prinzip ihres Stils – für dessen *antithetische Struktur* und für das auch *innerhalb* des Stils geltende Prinzip der Konstruktion und Expression von Widersprüchen. Anders als bei ›Grünen‹, ›Alternativen‹ und/oder ›ökologischen‹ Bewegungen findet sich bei den Punks weder eine späte Wiederbelebung des Rousseauismus noch die Suche nach einem Weg zurück zur Natur. Sie zitieren lediglich den Mythos von der ›ursprünglichen, natürlichen Ordnung‹, um darauf hinzuweisen, daß diese unwiederbringlich zerstört ist. *Die antithetische Struktur des Punk-Stils richtet sich nach innen und nach außen.*

11 Plessner, Helmuth (1929), Die Stufen des Organischen und der Mensch, Berlin/New York ([3]1975), S. 309 ff.

Sie bezieht sich auf das interne Prinzip der Verknüpfung von Emblemen, Symbolen und Hinweiszeichen genauso wie auf die nach ›außen‹ gerichtete, provokative und bissige Verkehrung der ›aktuellen‹ Mode.

Das – selbst symbolisch verfahrende – Zitieren symbolischer Traditionen, die antithetische Verknüpfung der symbolischen Zitate und die in ständiger Gegenbewegung gegen die herrschende – auch den Punk-Stil adaptierende – Mode können exemplarisch veranschaulicht werden an der Verwendung der Farbe ›Schwarz‹ in Kleidung und Kosmetik der Punks. Schwarze, emblembesetzte Kleidung war eines der tragenden Elemente des Punk-Stils am Anfang der ›Bewegung‹.[12] – Als die Mode dazu überging, dies zu zitieren, wurde Punk bunt, und als auch dies modisch konsumiert zu werden begann, kehrte Punk zurück zu ›Schwarz‹.

Schwarz als dominante Kleiderfarbe hat in Mitteleuropa – und nur auf diese Tradition will ich hier kurz eingehen – eine lange, aus sehr widersprüchlichen Strömungen gespeiste Tradition. Auf ihr wiederum gründet unser implizites Wissen um den ambivalenten Symbolgehalt dieser Kleiderfarbe. ›Black is‹ – not so much – ›beautiful‹, es affiziert vielmehr unsere Wahrnehmung in einer ganz spezifischen Weise: es setzt den schwarz gekleideten oder bemalten Körper in der klarsten Weise in Kontrast zu einer farbigen und hellen Umgebung. Es ist und war die Farbe der Meditation und Konzentration – sichtbares Zeichen der Ablehnung von sinnlicher Weltzugewandtheit und sinnlichem Genuß. Es war daher nicht nur die Farbe bestimmter zeitlich begrenzter, rituell überformter Erfahrungen, Anlässe oder ›Lebenspassagen‹ (Trauerfarbe, Witwen- bzw. Alterstracht), sondern auch eine der tragenden Farben religiöser Orden. Die Traditionen des formalen, des weltanschaulichen und des sozialen Kontrasts ergänzen einander.

Wenn Philip der Gute von Burgund (1419-1467) innerhalb seines farbig gekleideten Hofstaates als einziger in vollständig schwarzer Kleidung erschien, fand darin seine sozial hervorgehobene Stellung ihren repräsentativen Ausdruck. Wenn hingegen in der Re-

12 Ebenso bei ›Rockern‹, ›Teds‹ etc., bei denen allerdings kein deutlich gesetzter Kontrast zwischen Kleidung und ›Kosmetik‹ und ebensowenig eine ›interne‹ Antithetik der Stilmittel festzustellen ist. Erkennbar ist hier lediglich eine eher simple Drohgebärde und eine ganz und gar nicht ironische Provokation der ›übrigen‹ Gesellschaft.

naissance ganz allgemein schwarze Kleidung empfohlen wurde, weil sich von ihr das menschliche Gesicht am besten abhebt, so setzte diese Empfehlung einen neuen Akzent auf Darstellung und Beobachtung menschlichen Ausdrucksverhaltens. Das ›kleine Schwarze‹ ist ein Restbestand dieser Tradition. Die spanische Hoftracht des 16. und 17. Jahrhunderts schließlich stilisiert die Ausdrucksfähigkeit des – blassen und gleichzeitig ›leuchtenden‹ – menschlichen Gesichts um in die maskenhafte Starre reiner höfischer Repräsentation: in der Hofmalerei wird über dem schwarz gekleideten Körper das maskenhaft weiße Gesicht auf einer großen weißen Halskrause wie auf einem Tablett serviert.

Die offizielle lutherische Amtstracht sowie die Amtstracht anderer protestantischer Kirchen war bzw. ist schwarz – ebenso die ›weltliche‹ Kleidung der protestantischen Laien: sichtbares Zeichen der Weltabgewandtheit und des ›Auf-sich-selbst-‹ – auf die Selbsterforschung – ›bezogen-Seins‹. Schwarz als Farbe der Weltabgewandtheit und zugleich als Farbe des Protestes gegen die Welt ergänzen sich in dieser Traditionsrichtung. So kleidete sich auch der weltanschaulich und zugleich stil-sichere deutsche Romantiker des beginnenden 19. Jahrhunderts mit einer schwarzen – statt einer weißen – Krawatte, um so – zumindest im kleinen – der ›Nachtseite des Lebens‹ symbolisch zu ihrem Recht zu verhelfen. In eben dieser Tradition steht Schwarz als Farbe der Anarchisten und auch – wer erinnert sich nicht an den langen schwarzen Pullover Juliette Grécos? – als Kennzeichen der Verknüpfung von Anarchismus und Existenzialismus.

Noch ein weiterer symbolischer Kontext – eine weitere Traditionslinie – in der Verwendung der Farbe Schwarz als Kleiderfarbe ist zu nennen: Schwarz als Farbe militärischer ›Eliten‹.[13] Von der ›Schwarzen Reiterei‹ des Grafen Günther von Schwarzburg (14. Jahrhundert), über das ›Schwarze Heer‹ des Matthias Corvinus, die ›sächsisch schwarze Garde‹, Florian Geyers ›Schwarze Haufen‹ (bei dieser Truppe waren auch die Gesichter schwarz gefärbt), die ›schwarze Bande‹ Kaiser Maximilians, die ›Totenkopfhusaren‹ Friedrichs des Großen und des Herzogs von Braunschweig bis hin

13 Vgl. hierzu auch Nixdorf, Heide/Müller, Heidi (1983), Weiße Westen – Rote Roben. Katalog zur Sonderausstellung der Staatlichen Museen Preußischer Kulturbesitz, Museum für Völkerkunde, Abt. Europa, und Museum für Deutsche Volkskunde, Berlin.

zu Mussolinis ›Schwarzhemden‹ und Hitlers Waffen-SS zieht sich diese schwarze Kette oft zweifelhafter Eliten durch die Jahrhunderte.

Im Zusammenhang mit der symbolischen Verwendung der Farbe Schwarz wäre noch vieles zu nennen. Für den vorliegenden Rahmen muß es jedoch reichen, wenn einige der Hauptlinien jener Traditionen sichtbar geworden sind in denen die Selbstrepräsentation von Individuen, Gruppen, Kollektiven und die Darstellung von Empfindungen, Statuspassagen und Weltanschauungen mit Hilfe der symbolischen Verwendung der Farbe ›schwarz‹ ihren Ausdruck finden: in einem ›äußeren‹ Zeichen als Hinweis auf eine ›innere‹ Haltung, Anschauung oder Zugehörigkeit.

Es ist ganz offensichtlich, daß die Punker bei ihrer spezifischen Verwendung der Farbe Schwarz nicht alle der oben erwähnten Traditionen, Bedeutungszusammenhänge und symbolischen Kontexte explizit kennen. Aber sie kennen einige dieser Kontexte durch Lektüre, Comics, Massenmedien und bildende Kunst. Symbolische Kontexte dieser Art werden ohnehin nicht durch das Studium des »Emblematum liber«[14] oder der Symbollexika tradiert und am bzw. im Leben gehalten. Sie erhalten sich selbst in sozialen Handlungsketten[15], deren Elemente und Formprinzipien sie sind. Sie werden erlernt durch den Gebrauch und man braucht sie, ohne explizit zu wissen, daß man sie gelernt hat. Sie formen unser implizites Wissen mit, und sie sind inhaltlicher Teil unseres impliziten Wissens.

Ich nenne noch einmal die Grundzüge – die zeichenhaften Repräsentationen sozialer Haltungen – der in den unterschiedlichen Typen schwarzer Kleidung zum Ausdruck kommenden, in sich äußerst ambivalenten Symbolgestalt, wobei ich darauf aufmerksam mache, daß im Punk-Stil (s. o.) nahezu alle symbolischen und emblematischen Haltungen in besonderer Weise miteinander verknüpft werden. Es sind:

- Soziale Distanz, Kontrastierung und Entgegensetzung;
- Frömmigkeit, Religiosität, Weltabgewandtheit, Meditation, Entsagung;

14 Alciatus, Andreas (1531), Emblematum Liber.

15 Vgl. hierzu insbesondere Maurice Halbwachs' Überlegungen zum »Kollektivgedächtnis«. Halbwachs, Maurice (1925), Das Gedächtnis und seine sozialen Bedingungen, Frankfurt (1985), u. a. S. 249.

– Protest und Kampf.
Alle diese Haltungen weisen *strukturell* das Merkmal des Abgesondert- und/oder Herausgehobenseins auf. *Inhaltlich* ist dieses Merkmal – nahezu – durchgehend geprägt durch das Bewußtsein der Zugehörigkeit zu einer Elite – pointiert ausgedrückt: zu einer Entsagungselite.
Damit wird unter Putz und Verputz eine Struktur erkennbar und eine Richtung deutlich, in die man bei der Suche nach Vorläufern der ›Bewegung‹ Punk gehen kann; ich betone: »Vorläufer« – nicht »Modelle«; Repräsentanten historisch gelebter und symbolisch dargestellter Haltungen – nicht tendenziell ahistorische Gußformen. Punk – nicht als Stil, sondern als Haltung – weist unübersehbare Parallelen zu laizistischen Bettelorden des Mittelalters auf, insbesondere zum Lebensstil der Franziskaner *vor* deren kirchlicher Legalisierung und damit vor der Unterstellung unter die Grundregeln und das allgemeinverbindliche Symbolsystem klösterlicher Ordnungen.[16]
Die für laizistische Orden bezeichnende Struktur bewußt herausgekehrter stilisierter Armut und demonstrativer Feindschaft gegen Luxus, verbunden mit der Betonung »einfachen Lebens«, der Hinwendung zu einer ›bedrohten Natur‹, der bewußten Rückkehr zu einfachen Tugenden, einem Vagantenleben, einem Leben mit Spott und Indignation der übrigen Gesellschaft – all dies kommt den impliziten Normen des Lebensstils ›Punk‹ ziemlich nahe.
Emblematische Anspielungen auf Ordenstrachten in der Kleidung von Punks werden durch die Interviews als bewußt gesetzt erkennbar. Die schon erwähnte Ersetzung des Gürtels durch eine Kordel z. B. – so einer der Punks – habe er den »Kuttenvögeln« entlehnt. Der Vergleich der flickenbesetzten Kutten von Bettelmönchen auf alten Stichen – insbesondere die Darstellung Franciscus von Assisis – mit der stilisiert geflickten Punkkleidung weist in die gleiche Richtung. Aber all diese Anspielungen könnten als rein ästhetisches Spiel mit historischen Kostümen, als Parodie kirchlicher und anderer Kleidungstraditionen verstanden werden, wenn sich der Nachweis dieses spezifischen ›religiösen‹

16 Vgl. hierzu Foreville, Raymonde (1970), Lateran I-IV, Geschichte der ökomenischen Konzilien, hg. von G. Duneige und H. Bacht, Bd. IV, Mainz, S. 354 f.

Musters nicht noch durch andere Belege verdichten ließe. Diese Belege fanden wir in den Interviews und durch die Beobachtung gelebter Normen im Punk-Alltag.
Der oberflächliche Beobachter der Punk-Szene in den Städten, des oft rüden Verhaltens der Punkgruppen und der provozierenden Kleidungsaufnäher oder T-Shirt-Inschriften (»Ich fick wie ein Biest«) wird die antithetisch zu diesem Erscheinungsbild und zur Inszenierung von Provokationen gesetzten Normen, wie sie in den Interviews und der Feldbeobachtung zum Ausdruck kommen, nicht für möglich halten. – Ich fasse diese Normen kurz zusammen:

(1) Eine nicht primär an Einzelpersonen gebundene, also eher *unpersönliche Freundschaft* zu tendenziell jedem Mitglied der Gruppierung – wer auch immer er sei und wo auch immer er herkomme: Dabei ist zu beachten, daß Punk die einzige der sogenannten jugendlichen Subkulturen ist, die nicht nur alle sozialen Schichten – vom Arbeiterkind bis zum Mittel- und Oberschichtgymnasiasten umfaßt, sondern auch – die ›Irokesenlocke‹ deutet auch dies bereits symbolisch an[17] – beide Geschlechter zahlenmäßig etwa gleichverteilt enthält.

(2) *Gastfreundschaft* gegenüber Gruppenmitgliedern. Punk ist eine Wander- bzw. Vagantenbewegung. Punks ›reisen‹ durch *ganz* Europa und zunehmend auch durch Nord- und Südamerika. Wer – erkennbar – zur Gruppe zählt, findet Unterkunft bei anderen Punks, ohne zu bezahlen, ohne sich auf irgendwen oder irgendwas sonst als seinen Lebensstil berufen zu müssen.

(3) *Feindschaft gegen Luxus* und – gemessen am Lebensstil der übrigen Gesellschaft – ostentativ dargestellte *Besitzlosigkeit.* Alles, was man braucht, ist die entsprechende Musik – Konzerte und »geile Scheiben« –, die Anwesenheit Gleichgesinnter und Gleichgestylter.

(4) *Die intakte Gemeinschaft* ›echter‹ Gruppenmitglieder. (»Wo Punk is, stimmt die Welt. Da kannse dich auf alle verlassen. Muß' nur aufpassen, dat da nich son Feierabendpunk dazwischen is.«)

17 Wie Irene Woll-Schumacher gezeigt hat, weisen die Irokesen im Unterschied zu anderen Indianerstämmen Nordamerikas eine Gesellschaftsstruktur auf, die in großen Bereichen des gesellschaftlichen Lebens durch eine Art ›Gleichberechtigung der Geschlechter‹ gekennzeichnet ist. Woll-Schumacher, Irene (1972), Gesellschaftsstruktur und Rolle der Frau. Das Beispiel der Irokesen, Berlin.

Diese Gemeinschaft ist eine des ›gleichen Geistes‹ und der gleichen Lebensführung.

(5) *Internationalismus:* Punk kennt weder regionale oder nationale, noch rassische Grenzen – eine Leistung, die kaum von einer anderen jugendlichen ›Subkultur‹ erreicht werden dürfte.

(6) Eine spezifische *Unschuld* und *›Reinheit‹*, die sich darin ausdrückt, daß man sich nicht durch ein »flaches«, »beknackt verlogenes« Leben verführen läßt, sondern sich »sauber hält«.

Der genuine Lebensstil von Punk bewegt sich innerhalb dieser einfachen Normen und Werte, deren religiöse Abkunft unübersehbar ist und deren Fortleben bis in die Gegenwart durch bestimmte Gruppen – durch die Nachfahren jener im Mittelalter entstandenen Orden – gewährleistet war: Durch Gruppen, die – wie Halbwachs es ausdrückte – »zum Teil noch in den Trümmern der Vergangenheit leben«.[18] Die Wendung zu diesen einfachen Normen und Werten folgt ebenfalls einem übernommenen Verhaltensmuster: dem der radikalen, mit dem Austritt aus dem ›normalen‹ Leben verbundenen Konversion. Wer die Wendung zum Lebensstil »Punk« vollzieht, wird nicht nur neu ›eingekleidet‹ – er (sie) bekommt auch einen neuen Namen[19] und wird eingeübt in eine neue Sprache –, in ein neues System sozialer Typisierungen. Ist die Wendung vollzogen, so kennt das Leben, dem Konversionsmuster folgend, keine Entwicklung mehr – zumindest so lange nicht, wie die Zugehörigkeit zur Gruppe und ihrem Lebensstil das alltägliche Leben prägt.

Wer in seinen Beobachtungen so weit gekommen ist, den wundert es auch nicht mehr, daß es für die Auftritte von Punks neben dem *Provokationsmilieu* (Bahnhöfe, öffentliche Anlagen, Einkaufszentren etc.), dem *engeren Gruppenmilieu* (Konzert- bzw. Pogotreffen in wechselnden ›Lokalen‹) auch ein gruppenübergreifen-

18 Halbwachs, Maurice (1925), a.a.O., S. 249.

19 Für Thomas Lau, den Interviewer, war es zunächst schwer, den Kontakt zu einzelnen Punkern aufrechtzuerhalten (z. B. durch Korrespondenz oder Telefonate), weil die Gruppenmitglieder untereinander weder ihre Familien- noch ihre Taufnamen, sondern nur die durch die Gruppe eingesetzten und in ihr verwendeten Namen kannten. Die Namengebung selbst folgte dem Muster der Typisierung von Merkmalen, ohne auf ›Spitznamen‹ zu zielen (z. B. »Klotz« – bezogen auf den Körperbau, »Säge« – Merkmal: Hasenscharte, »Pony« – Pferdeliebhaberin etc.).

des, eher *›zeremonielles Milieu‹* gibt: Friedensmärsche, Friedensdemonstrationen und Kirchentage – beider Konfessionen. Hier sind sie, die Provokateure der ›schweigenden Mehrheit‹, regelmäßig anzutreffen, aber nicht als Gegner, sondern als Teilnehmer oder – wie vor allem in der protestantischen Kirche der DDR – als Teilnehmer *und* Schutzsuchende vor Staatsgewalt und Staatsmoral.

Auch hier hindert allerdings ihr distanziert antithetischer Stil die Punks daran, aus distanzierten Teilnehmern der neuen Massenzeremonien zu Mitgliedern einer Gesinnungs- und Emotionsgemeinschaft zu werden. Das kollektive Zeremoniell, kirchliche oder weltliche Choräle, Gesinnungsinszenierungen und Glaubensdemonstrationen wehren sie ab oder parodieren sie: Das vom Vorsinger Belafonte interpretierte Hoffnungslullaby »We shall overcome« ist ihnen z. B. gerade einen Pogo wert.[20] ›Punk‹ als Stil und Haltung lebt nicht von periodisch inszenierter, aber eher punktueller, kollektiver Emotion oder von ritualisierten Glaubensbekenntnissen, sondern von der Dauer alltäglicher Lebensführung. Gegenüber kollektiven Gesinnungs- und Überzeugungsbewegungen präsentieren sich Punks als Haltungs- und Stilvirtuosen.

Die unverkennbar starken religiösen Elemente von ›Punk‹ als Lebensstil enthalten jedoch eine auffällige Eigenart: Die europäische Gewohnheit, Religiosität grundsätzlich im Zusammenhang mit einer Gottesvorstellung zu sehen und zu definieren, wird durch die Punks nicht gestützt. Dies müßte dazu führen, einen scharfen Schnitt zwischen Punks und anderen religiösen Gruppen zu machen. Denn – ob als Name, ›Person‹ oder Idee – der Ausdruck ›Gott‹ wird nicht erwähnt. Punk repräsentiert eine Religiosität ohne Gott und damit eine Erscheinungsform jener für die meisten Angehörigen unserer Kultur ›unsichtbaren Religion‹. Diese Religion ist nicht nur ›nicht-kirchlich‹[21], sie hat auch die traditionellen Gottesvorstellungen nur *ersetzt,* nicht getötet. Denn letztlich stirbt ›Gott‹ nie, er wechselt lediglich sein gesellschaftlich hervor-

20 Beobachtet auf der »großen Bonner Friedensdemonstration« 1984.

21 Vgl. hierzu Luckmann, Thomas (1963), Unterscheidung von Religiosität und Kirchlichkeit, u. a. in: Luckmann, Thomas (1963), Das Problem der Religion in der modernen Gesellschaft, Freiburg, insbesondere S. 14 ff. und S. 32 ff.

gebrachtes Erscheinungsbild. Gespeist wird diese ›ursprüngliche‹ Religiosität aus lebensweltlich fundierten Transzendenzerfahrungen, die jeder ›ausgearbeiteten‹ Religion vorausgehen.[22]
Es ist offenkundig: Gott wird durch die Gruppe selbst ersetzt – die intakte Natur ist für sie zerstört, ein Jenseits nicht erfahrbar, vergangene Paradiese sind verloren und zukünftige Heilswelten nicht zu erhoffen. Die Transzendenz vollzieht sich *im* – der Erlösungswunsch bezieht sich *auf das* – Diesseits: Punk ist *eine* der gegenwärtigen konkreten Erscheinungsformen der von Plessner analysierten »Weltfrömmigkeit« und des in ihr sich artikulierenden innerweltlichen Erlösungswunsches.[23] Im Stil und Symbolsystem der Punks – aber auch, wenn auch in anderer Weise, in öffentlichen Darstellungsformen der Friedens- und Ökologiebewegungen – verschafft sich eine, nun wahrhaft postlutherische und post-liberal-katholische, innerweltliche Religiosität ihren weltanschaulichen Ausdruck.
Gott ist, wie gesagt, daraus verschwunden, nicht aber die zuvor mit ihm verbundenen Vorstellungswelten, die darin auftretenden Heiligen und Sünder, Helden und Schurken, die Bilder von goldener Vorzeit, schlechter Gegenwart und entweder düster-apokalyptischer oder utopischer Endzeit. Plattencover, Buttons, Kleidung, Pseudonyme (»Papst Pest«), sind voll von – überwiegend apokalyptischen – Motiven und Anspielungen. Unschuldige, leidende Heilige und Helden haben darin ihre gute – hoffnungslose – Position.[24] Hier geht einerseits erkennbar der formale, ästhetisch-antithetische Stil der Punks über in eine Lebenshaltung, andererseits aber tut man sich schwer, inhaltlich klar artikulierte ›Botschaften‹ zu entdecken, die mit dieser Haltung verbunden oder gezielt darauf aus sind, Proselyten zu machen und missionarisch eingesetzt zu werden.

22 Vgl. hierzu Schütz, Alfred/Luckmann, Thomas (1982), Strukturen der Lebenswelt, Bd. 2, a.a.O. Zum Problem der Transzendenzen im Alltag vgl. S. 139ff.,; Halbwachs, Maurice (1925), a.a.O., S. 256ff.

23 Plessner, Helmuth (1959), Die verspätete Nation. Über die politische Verführbarkeit bürgerlichen Geistes (= Gesammelte Schriften VI), hg. von G. Dux et al., Frankfurt 1982.

24 Vgl. die von Thomas Lau zusammengestellte, umfangreiche Dokumentation.

Ein Stil muß *dargestellt* – eine Haltung *gelebt* werden. Zumindest dem Anspruch nach. D. h. Repräsentanten einer Haltung, die sich in Stilisierungen ausdrückt, müssen den Stil so inszenieren, daß dieser über sich selbst hinausweist auf einen – auch ihn selbst legitimierenden – Hintergrund. Der jeweilige Stil wird so zu einem System von Hinweisen und die jeweilige Inszenierung zu einer Andeutung. Die Darsteller verstehen sich dementsprechend als Animateure für Beobachter und Interpreten.

Ein Beispiel: Im Provokationsmilieu der öffentlichen Plätze, Bahnhöfe und Parks inszenieren Punks regelmäßig ein Stück, das den Titel »Jugendalkoholismus« oder »Dauergelage« tragen könnte. Bierflaschen rollen den Vorübergehenden vor die Füße. Es wird laut gerülpst. Hin und wieder bespritzt man sich oder Passanten mit Bier.[25] Unsere – öffentlichen – Interviews mußten, so der ausdrückliche Wunsch der Punks, mit Bier ›bezahlt‹ werden. – Aber trotz der permanent zur Schau gestellten Saufinszenierung, sahen wir bisher kaum einen völlig betrunkenen Punk. Öffentliche Darstellungen dieses Zustands bleiben ›normalen‹ kleinbürgerlichen Freitagssäufern, Reservistengruppen der Bundeswehr etc. vorbehalten. Punks verlassen nach ihrer ›Darbietung‹ in aller Regel aufrecht und unauffällig die Bühne. Sie nutzen für ihre Provokation ein bekanntes Muster: das der ›Penner‹ oder ›Berber‹, die in ähnlichen öffentlichen Milieus anzutreffen und gleichzeitig Empfänger milder Gaben und öffentlichen Ekels sind. Punks inszenieren mit der Übernahme dieses Musters durchaus kein sozialkritisches Stück zum Thema ›öffentliche Armut‹, ihr Hinweis gilt nicht einer Gruppe der ›Erniedrigten und Beleidigten‹ dieser Gesellschaft, sondern letzterer selbst: der öffentlich dargestellte Alkoholismus zielt auf eine Gesellschaft »heimlicher Säufer« (Zitat), die weniger das ›Saufen‹ an sich als vielmehr das wortwörtliche öffentliche ›Ruchbar‹-Werden der Fahne fürchten. Sie bringen damit Henscheids provokatives Motto wieder in Erinnerung: »Lieber ein stadtbekannter Säufer als ein anonymer Alkoholiker!«

25 ›Härtere‹ Getränke spielen kaum eine Rolle, ebensowenig ›harte‹ Drogen – nimmt man die Einnahme von ›Wachmachern‹ (Captagon, Preludin) aus.

Die gezielte Provokation durch ›obszöne‹ Aufnäher auf der Kleidung (s. o.) nutzt das gleiche Verfahren. Wer in diese Aufnäher und Hinweiszeichen Promiskuität, wilde Exzesse, »schädliche Neigungen« und »Verfallserscheinungen«[26] bei einer jugendlichen Randgruppe hineinphantasiert, hat, was seine Beobachtungsgabe angeht, erhebliche Sehschäden. Anders als die seriell hergestellten und ausgestellten tierischen Playmates: die Playboyhasen, die koitierenden Karnickel als Autoaufkleber etc., sind die sehr klaren und personal formulierten Punksprüche (»Willi Wucher hat mich gefickt«; »Ich fick wie ein Biest«) reine Provokation – und nicht Ausdruck jener an illustrierte Fabeltiere angeklebten kollektiven Wünsche, auf die jene Punk-Attacken zielen.
Auch die Provozierung öffentlicher Gewalt folgt dem gleichen Muster. Man fällt auf durch Rüpelei und ›schlechtes Benehmen‹ – ›Delikte‹, für die eigentlich Erzieher zuständig wären. Diese – von der Familie über die Schule bis zur Kirche – reagieren nicht oder besser: mit diffusem und daher nichtssagendem Verständnis. Das gewünschte und notwendige Gegenüber entzieht sich jeder Wertediskussion. Ein material-normativer Gegner ist nicht in Sicht: Säufer beschimpfen Säufer als Säufer, Libertins beklagen die Libertinage, politische Opportunisten und Lobbyisten warnen vor dem moralischen Verfall und fordern die ›Wende‹. – Die Punks haben, nicht nur aus ihrer Sicht[27], diese Wende – nach einem alten Konversionsmuster – in einem gewissen Sinn vollzogen. Es bleibt ihnen nun zu zeigen, welche ›Stützen‹ der Gesellschaft noch bleiben, worauf die soziale Ordnung beruht.
Diese ›Stützen‹ der Gesellschaft sowie die Ordnung, als deren Garanten sie auftreten, sind – so die in den Interviews erkennbare Hypothese der Punks – lediglich als Hülsen auszumachen: das gesellschaftliche Ordnungssystem stellt sich dar als formales Regelwerk – nicht als Wertesystem. Dementsprechend werden die Sachwalter dieses Regelwerks als nicht nur entpersonalisierte, sondern auch ›entwertete‹ Funktionäre einer nur noch formalen Ordnung begriffen, hinter deren vordergründigem Funktionieren

26 Äußerungen von Staatsanwälten und Richtern in Jugendgerichtsverhandlungen.
27 Vgl. »So sieht die Wende aus« oder »Weil die Wende eine geile Aktion werden soll«, Titel der Flugblätter zum Deutschlandtreffen der Punks in Hannover 1983.

ein mit allen Mitteln geführter Kampf um Macht und Pfründe geführt wird. – Die Konsequenz dieser Hypothese ist, daß man den für eine Normenentwicklung notwendigen Gegner, der sich – in Elternhaus, Schule und Kirche – der Auseinandersetzung entzieht und in eine inhaltlich nebelhafte, dafür aber formal antrainierte ›Kommunikations‹-Mechanik flüchtet, an einer Stelle sucht, wo man sicher sein kann, Reaktionen zu erhalten: Beim gesellschaftlichen Sachwalter formaler Ordnung – bei der Polizei.

Wer die Tendenz beobachtet hat, in der sich in vielen Familien die notwendige normative Auseinandersetzung zwischen Eltern und Kindern verflüchtigt hat, – nicht zuletzt durch den Einfluß von Handbüchern, in denen ›Do-it-yourself-Wissen‹ für die Familientherapie vermittelt und das seiner Natur nach intime Familienleben in eine kommunikations- und sozialtechnologische »Familien*konferenz*«[28] verwandelt wird –, wird sich über das von den Punks entwickelte Provokationsmuster und die Wahl des stellvertretenden Gegners nicht sonderlich wundern. Es ist *eines* der möglichen Reaktionsmuster auf eine Normendiffusion, die – angefangen bei der Familie über die vorwiegend nur noch unterrichtstechnologisch orientierte Schule bis hin zur Kirche – die ›klassischen‹ sozialisatorischen und normenbildenden Instanzen ergriffen hat. Besonders deutlich wird diese Tendenz bei den Kirchen: die Einrichtung psychotherapeutischer Beratungsstellen zunächst durch die protestantische und nun auch bei der katholischen Kirche und die Angliederung dieser Beratungsstellen an die jeweiligen Gemeinden geben Anlaß zu der Frage, welchen religiösen und theologischen Inhalt Kirchen vertreten, die Seelsorge durch Therapie und – ohne weiter nachzudenken – traditionelle Glaubensinhalte und Formen kirchlicher Religiosität durch neue Institutionen innerweltlich orientierter Religiosität ersetzen.

Diese – nur kurz skizzierte – Tendenz der traditionellen Sozialisationsinstanzen zur inhaltlich leeren oder wattierten, dafür aber oft formal gut ausgearbeiteten Technologie ›kommunikativen‹ Verhaltens – läßt die ›Punks‹ ein Gegenüber suchen und finden, das keine Sozialisationsinstanz sein kann, an dem sich aber symbolisch der vermutete, rein formale und als defizitär empfundene Charakter der eigenen Gesellschaftsordnung veranschaulichen

28 Vgl. den gleichnamigen Bestseller.

läßt. Eine Normendiskussion ist – entsprechend der oben genannten Hypothese – nicht möglich, also geht es darum, Regeln zu brechen, und zwar solche, die einerseits relativ belanglos, andererseits aber von ›öffentlichem‹ Interesse sind. Was ist also zu tun? Die klassische Antwort der Avantgarde und auch der Punks: sich kollektiv in der Öffentlichkeit ›schlecht benehmen‹.
So sitzen Punks biertrinkend und pöbelnd in den öffentlichen Parks, an Bahnhöfen und in den Fußgängerzonen der Städte. Sie vergreifen sich nicht etwa an den großen Symbolen der Gesellschaft – Regierungsgebäuden, Fahnen, Denkmälern, Kirchen etc. –, sie treten lediglich auf die Spitzendeckchen der Nation. Die herausgeforderte – formale – Ordnungsmacht erscheint erwartungsgemäß und ebenso erwartungsgemäß kommt es zu Scharmützeln. Die mit diesen Scharmützeln verbundenen Schlägereien sind – zumindest auf seiten der Punks – weit entfernt von der Brutalität üblicher Kneipen- oder Jahrmarktsraufereien einerseits oder ›politisch‹ motivierter Massenkeilereien (z. B. mit Skinheads) andererseits. Anfangs ließ man sich mehr schlagen, als daß man zurückschlug. Ziel dieses im Ablauf einem festen, ›rituell‹ geregelten Muster folgenden Scharmützel und eines in den provozierten Treibjagden erkennbar werdenden ›Räuber-und-Gendarm‹-Spiels ist es, die eigene Hypothese über die Gesellschaft für alle sichtbar zu verifizieren, zu zeigen, was bisher nur andeutungsweise sichtbar war: In dieser Gesellschaft geht es um nichts als um die Erhaltung des schönen Scheins.
Gerade im Hinblick auf die Zerstörung des ›schönen Scheins‹ ist nicht nur der antithetische Charakter des Punk-Stils besonders gut erkennbar, seine Wirkung geht auch besonders tief. Hier spielt eine ›Jugendbewegung‹ mit der Ideologie und dem Werbedesign der Gegenwart, mit den Bildern der ›Jugendlichkeit‹, ›Attraktivität‹, ›Dynamik‹, ›Schönheit‹, ›Unverfälschbarkeit‹ und einer Zukunft mit ›Packen-wir's-an!-Mentalität‹. Dieser von der Werbung mitgetragenen und gestylten Jugendlichkeit setzen die jugendlichen Punks stilisierte Häßlichkeit, Schäbigkeit und Zynismus entgegen: eine andere Form der Jugendlichkeit, die das Werbebild karikiert. Nirgendwo sonst wird das Spiel der Punks mit der Mehrdeutigkeit und der semantischen Palette des englischen Ausdrucks ›punk‹ so deutlich wie hier: Im Stil der Provokation ist Punk (1) »Zunder« für die Öffentlichkeit, die man eben dadurch provoziert, daß man »Mist« (2), und »Quatsch« macht und sich

als »Schund« (3) und Auswurf der Gesellschaft darstellt: als die (4) ›nouveaux misérables‹. Das ganze findet statt in Form einer ›Jugendbewegung‹, die ihre eigenen romantischen oder romantisierenden Vorformen – den Wandervogel z. B. – gleich mitparodiert.

So beeindruckend der antithetische Stil, die ästhetisierte Schäbigkeit, der distanziert-parodistische, moralische Protest und das Zitieren religiöser Traditionen im Sinne einer innerweltlichen Frömmigkeit auch sein mögen – Expressivität, ästhetisches Spiel und Provokation der Punks erscheinen nahezu allen ihren Interpreten als defizitär. Der Grund: man ist bei sozialen Bewegungen – zumal in unserer Zeit – an ›Botschaften‹ gewöhnt. Hier findet man keine. Außer einer – wie es scheint – Provokation an sich. Es fehlt die gewohnte Predigt, der Appell. Mehr noch: es fehlen die Sprecher, die Wortführer – Führerfiguren ganz allgemein. Was bleibt, ist eine Gruppe von Jüngern ohne Meister: Eine hierarchische Ordnung innerhalb der Gruppe ist ebensowenig auszumachen wie ›Zentralorgane‹ oder autorisierte Verlautbarungen. Und dennoch erhalten sich die Gruppe und ihr Stil seit Jahren, gelingt es, Proselyten zu machen und Kontinuität zu sichern. Wo – oder was – also ist die Botschaft?

Die Antwort ist einfach: Punk *hat* keine Botschaft, Punk als Lebenshaltung und gelebter Stil *ist* die Botschaft. Die Gruppe ›missioniert‹ nicht durch Lehren, Appelle oder Botschaften, sondern durch die Demonstration einer in sich geschlossenen, moralisch aufwendigen und riskanten, weil ständig sanktionierten Lebenshaltung. Die Gruppe hat keinen charismatischen Führer: Sie lebt von der *Selbstcharismatisierung* der Gruppe und ihres Lebensstils. Ihre Ausdrucks- und Missionierungsmittel sind Stil und Haltung statt Lehre. Es geht um ›Nachfolge‹, nicht um Dogmen. Die Gruppe ist Bewährungsfeld, Bewährungsinstanz und Ziel in einem. Sie transzendiert sowohl den Alltag als solchen als auch jedes einzelne Individuum. Kollektive Darstellung und Orientierung werden gesichert durch die Medien des Stils – Emblematik, antithetische Ästhetik, Musik – und durch den gezielten Einsatz des Stils in der Öffentlichkeit: Die öffentliche Bühne und ihre Reaktion garantieren so im Gesamtarrangement den Zusammenhalt der Gruppe.

Der Alltag der Gruppe wird, indem er bewußt auf die öffentliche Bühne gebracht wird, zum Ungewöhnlichen und Außeralltägli-

chen, und solange die Öffentlichkeit im Parkett mit den erwarteten Sanktionen reagiert, ist Punk vor der »Veralltäglichung«[29] sicher.
Was diese Gruppe mit ihren Darstellungsmitteln, vor allem aber mit ihrer Selbstcharismatisierung vorführt, einem Darstellungstyp, den sie *strukturell* mit der ebenfalls ›führerlosen‹ – jedoch im Gegensatz zu Punk auf die Masse als Ornament und Träger ausgewiesenen – Friedensbewegung teilt, ist nicht nur der Wunsch nach ›innerweltlicher Erlösung‹, sondern – tendenziell – auch dessen Erfüllung: Das ›schlechte Diesseits‹ wird nicht durch die Hoffnung auf ein ›besseres Jenseits‹, sondern – aus der Gruppenperspektive – durch ein gelebtes ›besseres‹ Diesseits überwunden.
Die Überhöhung des Alltags und des Individuums durch eine charismatische Gruppe ist jedoch mehr als die Reaktion auf bestimmte vorfindbare Strukturen und Lebensstile der gegenwärtigen Gesellschaft: Sie ist auch Reaktion auf den ihr historisch vorausgehenden Wertekanon von ›Emanzipation‹, ›Selbsterfüllung‹, ›Kreativität‹ und ›Autonomie‹ bzw. selbstversorgter Subjektivität, wie ihn der bürgerliche Teil der historisch vorausgehenden Generation vertrat, jener Generation, die heute z. T. die Elterngeneration der Punks darstellt: Dem subjektorientierten Antiritualismus der sich in der Tradition der Aufklärung darstellenden sogenannten 68er Generation stehen heute mit den Punks – und nicht nur mit ihnen – gesellschaftliche Erscheinungsformen eines gemeinschaftsorientierten Ritualismus gegenüber.
Beide Erscheinungsformen – subjektorientierter Antiritualismus und gemeinschaftsorientierter Ritualismus – stehen in einer langen europäischen Tradition religiöser Darstellungsmuster. Die Ziele der Subjektorientierung – Kreativität, Selbsterfüllung, Autonomie (Selbstversorgtheit) – sind leicht erkennbar als diejenigen Eigenschaften, die im Mittelalter nur einem zukamen, dem einzigen, der – der Qualität nach – ›Subjekt‹ war: Gott. Die – zumeist unbewußte – Übertragung der Attribute des göttlichen Subjekts auf einen innerweltlich konstituierten menschlichen Subjektbegriff[30], die damit verbundenen Omnipotenzphantasien,

29 Vgl. Weber, Max (1972), Wirtschaft und Gesellschaft, S. 142 ff.
30 Vgl. Soeffner, H.-G. (1983), ›Typus und Individualität‹ oder ›Typen der Individualität‹?, a.a.O., S. 38 f.

Illusionen und Enttäuschungen und der durch die Egozentrik der subjektiven Perspektive fundierte Antiritualismus kennzeichnen den einen – den gemeinhin als ›aufklärerisch‹ gekennzeichneten – Traditionsstrang. Der andere – die Selbstcharismatisierung der Gruppe – geht zurück auf die ›urchristliche‹ Gemeinde, auf die erweiterte Gruppe der Jünger, die ihren ›Herrn‹ verloren hatte und als *Gruppe* ihr Pfingsterlebnis – allerdings in einer Stellvertreterfunktion – erfuhr. Wenngleich es sich also hier gewissermaßen um ein geliehenes Charisma handelt, so ist der Typus der charismatisierten Gruppe doch gut erkennbar als historische Zwischenstufe zwischen der ›realen‹ Führerschaft Jesu, seiner später folgenden jenseitigen und der ›in der Welt‹ dann noch später folgenden stellvertretenden Führerschaft. Auch für jene legendäre urchristliche Gemeinde galt im übrigen der Grundsatz, daß die beste Predigt die sichtbar gelebte Haltung – und damit in gewisser Weise *die durchgehende Sakralisierung* des alltäglichen Lebens – sei.

Beide Erscheinungsformen jedoch – und das ist das soziologisch Bemerkenswerte – zeigen an, was in ihnen fehlt und was durch sie weiterhin bedroht ist: Das Wertesystem, bestehend aus den Idealen der ›außeralltäglichen Gemeinschaft‹, ›Solidarität‹ und ›überpersönlicher, gemeinschaftserzeugter Freundschaft‹, *überschreitet* – und gefährdet dadurch – die primären alltäglichen Lebensgemeinschaften: Familien, persönliche Freundschaften und nachbarschaftliche Nahgruppen. Hier gilt – mehr noch für die ›universalistisch‹ orientierten Massenbewegungen unserer Zeit als für Punk – nach wie vor Hegels Erkenntnis:

»Die Menschenliebe, die sich auf alle erstrecken soll, von denen man auch nichts weiß, die man nicht kennt, mit denen man in keiner Beziehung steht, diese allgemeine Menschlichkeit ist eine schale, aber charakteristische Empfindung der Zeiten, welche nicht umhin können, idealistische Forderungen, Tugenden gegen ein Gedankending aufzustellen, um in solchen gedachten Objekten recht prächtig zu erscheinen, da ihre Wirklichkeit so arm ist.«[31]

Das konkurrierende Wertesystem mit den Idealen: ›Emanzipation‹, ›Selbstverwirklichung‹, ›Autonomie‹, ›selbstversorgte Sub-

31 Hegel, Georg Wilhelm Friedrich, Der Geist des Christentums, Werke 1, Frühe Schriften, Theorie Werkausgabe, Frankfurt 1970, S. 362.

jektivität‹ *unterschreitet* dagegen die primären alltäglichen Lebensgemeinschaften und gefährdet sie dadurch ebenfalls.
Beide Entwicklungen gehen auf Kosten der ›Nahgruppen‹ – in einem Fall zugunsten der illusionären Abstraktheit alltäglich unerfüllbarer subjektiver Autonomie, im anderen zugunsten der ebenso illusionären Abstraktheit einer vom Alltag losgelösten, sich selbst tragenden und charismatisierten ›höheren‹ Gemeinschaft. Im einen wie im anderen Fall haben die alten Götter neue Kleider übergezogen, ihren Platz im alltäglichen Leben aber – noch – nicht gefunden.

Rituale des Antiritualismus – Materialien für Außeralltägliches

I

»nach altem brauch« überschreibt Ernst Jandl das folgende Gedicht:

> »keiner schließlich hat es gewollt.
> jeder schließlich hat es getan.
> das hört sich an wie eine lüge und ist es auch.«
> (Jandl, E., 1980, S. 34)

Versteht man wie Malinowski unter dem Ausdruck Brauch »jede traditionell geregelte und standardisierte Form des körperlichen Verhaltens« (Malinowski, B., 1944, S. 104), dann beschäftige ich mich in meinem Beitrag mit einer bestimmten Klasse von Bräuchen – den Ritualen: Anhand zweier ausgewählter Beispiele werde ich versuchen, sowohl den gesellschaftlichen Gebrauch kollektiv ›hergestellter‹ oder kollektiv gemeinter und gebilligter Rituale als auch die Wirkung und die durch Rituale gesetzten Wirklichkeitsakzente zu beschreiben. Die Frage nach Wahrheit oder Lüge werde ich dabei nicht stellen, wohl aber die nach dem ›subjektiv gemeinten Sinn‹, den Personen ihrem rituellen Verhalten beimessen und nach der objektiven Bedeutung und Wirkung, die sich oft als ungewollte Beigabe rituellem Handeln aufzwingt.

Mein Anknüpfungspunkt ist eine These von Mary Douglas. In ihrer Arbeit über ›Ritual, Tabu und Körpersymbolik‹ (Douglas, M., 1974) beschreibt sie die Grundzüge zweier kollektiver, jeweils in spezifischen Gesellschaftsstrukturen verankerter Äußerungs- und Selbstdarstellungsformen: (1) den ›Ritualismus‹ – eine auf hochgradige Ordnung und Gliederung sozialen Verhaltens und eine gemeinsame Weltsicht hin orientierte Darstellungsform, die diese Weltsicht und Ordnung zugleich symbolisch repräsentiert; (2) eine die vermeintlich starre und oberflächliche oder ›bloß äußerliche‹ Form des Ritualismus bekämpfende, ebenfalls in spezifischen Gesellschaftsstrukturen (eher gelockerten, wenig hierarchisierten Sozialverbänden) verankerte Gegenbewegung – den ›Antiritualismus‹. Am Ende ihrer Arbeit äußert Mary Douglas die Vermutung, daß wir, die modernen oder schon ›postmodernen‹ Menschen und Gesellschaften, uns in unterschiedlichen Formen eines Antiritualismus bewegten, wofür eine – zumindest oberflächlich erkennbare – Destabilisierung oder Umordnung überkommener gesellschaftlicher Ordnungsmuster und Hierarchien spräche.

Meine These dagegen lautet: Wir leben nicht in der Zeit eines engagierten Antiritualismus, auch wenn einige unserer politischen und/oder religiösen Bewegungen dies gern sähen oder für sich in Anspruch nehmen. Wir bewegen uns vielmehr in einem *undurchschauten Ritualismus*, der sich an zwei Extremformen veranschaulichen läßt:

a) an einem ritualisierten Antiritualismus;

b) an der Veränderung eines überkommenen Ritus durch naiven, inflatorischen Ritualismus.

Die erste Form läßt sich zeigen an Ritualen gegenwärtiger ›sozialer Bewegungen‹ in Mitteleuropa, insbesondere in Deutschland – die zweite in einer Beschreibung der Reise des Papstes durch die Vereinigten Staaten (1987).

Bevor ich zu meinen Fallbeispielen komme, erlaube ich mir einige allgemeine Bemerkungen, in denen ich – sehr kurz – den theoretischen Rahmen, genauer: die Perspektive, zu charakterisieren versuche, innerhalb derer die dann folgenden Beschreibungen zu sehen sind.[1]

1 Ich habe diesen theoretischen Rahmen nicht erfunden, er stieg nicht wie Morgensterns Nasobem ›aus meiner Leier zum ersten Mal ans Licht‹. Er geht vielmehr zurück auf Überlegungen Plessners, Gehlens und Luckmanns, und er steht in der Tradition ethnologischer, sozialphilosophischer und soziologischer Zeichen- und Symboltheorien. In scholastisch ritualisierter Form sei verwiesen auf Darwin, Wundt, Mead, Bühler, Malinowski, Schütz, Lévi-Strauss, Bourdieu, Geertz.

II

In sozialer Interaktion zeigt sich unser Körper für uns selbst und für andere als sichtbarer Akteur, Medium, Material und ›Gestalt‹. Er fungiert als sichtbarer Interpret und Interpretiertes. Plessner hat dieses Phänomen als »(im) Körper sein« und »Körper haben« (Plessner, H., 1970, S. 162 ff.) beschrieben und unsere Zugangsweise zur Welt und zu uns selbst als »vermittelte Unmittelbarkeit« (Plessner, H., 1929, S. 321 ff.) charakterisiert. In einem ziemlich weiten Sinne sind wir zugleich Subjekte, Objekte, Materialien und Zeichen der Kommunikation. Insofern macht es in konkreter, pragmatisch ausgerichteter Kommunikation wenig Sinn, zwischen Kommunikation einerseits und ›Materialien der Kommunikation‹ andererseits zu unterscheiden. Zugleich aber erklärt die unmittelbare Verknüpfung von Handlung und Deutung in menschlicher Interaktion, daß letztendlich alle menschlichen Gesellschaften aus hochspezialisierten Deutern ihrer jeweiligen Darstellungsformen und Realitäten bestehen.[2]

Innerhalb des für die menschliche Art charakteristischen Zusammenhanges von Mehrdeutigkeit des Verhaltens und dem damit gegebenen Zwang zur Deutung konstituieren Gesten und Zeichen, die ›signifikant‹ einzusetzen wir in den unterschiedlichen Phasen der Sozialisation gelernt haben, die spezifische Beziehung der Individuen untereinander. Gesten, Zeichen, Sprache sind Hilfsmittel, die Grenzen zwischen den Individuen zu überwinden. Zugleich jedoch fungieren sie als Markierungen und Hinweisschilder, die auf diese Grenzen hinweisen. Wann immer ich Gesten, Zeichen, Sprache einsetze, überschreite ich den Bereich

2 Wenn also zu bestimmten Anlässen, innerhalb spezialisierter Arbeits- und Deutungszusammenhänge die abstrakte Unterscheidung zwischen Kommunikation einerseits und deren Materialien und Zeichenhaftigkeit andererseits vorgenommen wird, so zeigt dies auch an, daß die Privilegien wissenschaftlicher Arbeit und Einstellung immer verbunden sind mit der Versuchung, die Erfahrung der materiellen Welt der Praxis zu vernachlässigen und zu übersehen. In dieser Loslösung von Materialität und Praxis, d. h. von der *Anschauungsform des konkret Sozialen*, wird es dann möglich, über Kommunikation, Zeichenkonstitution und Zeichensysteme ›an sich‹ zu sprechen: über eine immateriale Welt mit abstrakt-luftigen Gegenständen, in der soziales Leben und seine Phänomene nur noch als Schatten erkennbar sind.

meiner unmittelbaren, ›individuellen‹ Erfahrung: ich verallgemeinere bereits auf einer sehr frühen Stufe. Andererseits zeige ich meinem Gegenüber an, indem ich Zeichen und Gesten zur Verständigung einsetze und damit seine Aufmerksamkeit auf mich zu ziehen suche, daß sie als *meine* Gesten auch etwas repräsentieren, was sich sowohl räumlich und zeitlich als auch bezogen auf die individuelle Erfahrungs- und Erlebnisqualität außerhalb *seiner* Erfahrung und Reichweite befindet (vgl. Schütz, A./Luckmann, Th., Bd. 2, 1979, S. 178 ff.).

Durch eine, u. a. im institutionalisierten Gebrauch von Zeichen konstituierte »natürliche Künstlichkeit« (Plessner, H., 1929, S. 309 ff.) findet die menschliche Gesellschaft als eine Gesellschaft von Zeichenbenutzern zu einer spezifischen künstlichen Natürlichkeit: Was die Art für sich herauszustellen und zu sichern sucht, ist nichts anderes als »die Wiederherstellung des fundamentalen Verhältnisses von Instinkt und Auslöser auf der höheren Ebene der willkürlichen, erlernbaren, aber zu stabilisierenden Verhaltensformen« (Gehlen, A., 1973, S. 26). Sind diese Verhaltensformen schließlich in kollektiven Gewohnheiten gefestigt, so können letztere ihre eigenen Antriebe bereitstellen (vgl. Gehlen, A., 1973, S. 35) – vorausgesetzt, ihre Form ist bekannt und sozial gebilligt. Ist dies der Fall, so gilt der Satz: »forms are the food of faith« (vgl. Gehlen, A., 1973, S. 24) – sie sichern die gesellschaftlichen Konstruktionen der Wirklichkeit. Sie sind das Korsett menschlicher Gesellschaften, deren Figur sie formen.

In diesem Zusammenhang von Ritualen[3] zu sprechen, bedeutet, einige Plastikstangen – die Zeiten des Fischbeins sind ja vorüber – des gesellschaftlichen Korsetts zum Gegenstand zu machen.[4] Wie

3 Wenn von ›Ritualen‹ oder ›rituellem Verhalten‹ als spezifischen Darstellungsformen menschlicher Koorientierung, Kooperation und Kommunikation die Rede ist, wird oft übersehen, daß die *Beobachtungskategorie* ›ritualisiertes Verhalten‹ keineswegs ausschließlich auf eine spezifisch menschliche Verhaltensform bezogen ist, daß sie vielmehr aus guten Gründen für die Beschreibung sowohl menschlichen als auch tierischen Verhaltens eingesetzt werden kann.

4 Viele, aber längst nicht alle, vermutlich nicht einmal die meisten ritualisierten Gesten sind mit Sprache (im engeren Sinne) verknüpft. Innerhalb des menschlichen Zeichenrepertoires spielt die Sprache zwar eine bedeutende, möglicherweise aber nicht die dominante Rolle, die wir ihr zuschreiben. Sicher ist, daß wir dazu neigen, die Sprache und ihren

es sich für ein ansehnliches Korsett gehört, so ist auch das gesellschaftliche mit Spitzen und Ornamenten besetzt. Hinter einer spielerisch verzierten Fassade verbergen sie die Stangen, ohne daß deren Druck verringert würde. Und sie lassen uns im Ungewissen darüber, ob es sich lohnt, die Haken und Schnüre zu öffnen oder ob es nicht doch besser wäre, sich mit den Spitzen zu begnügen und es beim schönen Schein zu belassen. Die evolutionären und historischen Übergänge von leicht zu überschauenden sozialen Organisationsformen wie Clans, Sippen, Stämmen und kleinen Gemeinschaften zu Stadtkulturen, Nationen und Großgesellschaften verändern nicht nur den Umgang, sondern auch die Bedeutung und das *Wissen* um die Bedeutung kollektiv geleisteter Verhaltensrituale. Während kleinere Gesellschaftsformen sich gewöhnlich – aufgrund einer unmittelbar in der face-to-face-Kommunikation stattfindenden sozialen Kontrolle – durch einen ausserordentlich bewußten, kollektiven Umgang mit Verhaltensritualen auszeichnen, scheinen komplexere Gesellschaften auf den ersten Blick Rituale und rituell geprägtes Verhalten eher abzubauen.

Sobald man jedoch – wie Goffman dies getan hat – das alltägliche Leben von Mitgliedern jener sogenannten ›komplexen Massengesellschaften‹ beobachtet, findet man schnell heraus, in welch hohem Maße das Zusammenleben in diesen Gesellschaften von ›Interaktionsritualen‹ durchsetzt ist. Allerdings: von einem bewußt kontrollierten und kultivierten Umgang mit jenen Ritualen kann hier kaum mehr die Rede sein. Sie werden nun eher implizit eingesetzt, und das Wissen um ihren Einsatz gerät selten in den Blick des Bewußtseins. Obwohl also ritualisierte Verhaltensgewohnheiten – wenn auch weniger auffällig – unser alltägliches Leben durchgliedern, gehört es fast schon zum guten Ton gegenwärtiger soziologischer Abhandlungen, davon zu sprechen, daß wir in einer komplexen, diffusen, flüchtigen, wenig strukturierten, im

Einfluß auf unser Verhalten zu überschätzen. Wir tun dies zum einen, weil uns mit der Sprache ein sehr gut ausgearbeitetes, vor allem aber gut beschriebenes Potential zum Umgang mit anderen Menschen, mit unserer Umwelt, mit unseren Erinnerungen, der Sammlung und der Weitergabe von ›Wissen‹ etc. zur Verfügung steht. Zum anderen aber auch, weil unser Beruf sowohl mittelbar als auch unmittelbar durch Sprache definiert ist: Wir gehören einer lesenden, sprechenden, erzählenden und schwadronierenden Profession an.

Großen wie im Kleinen ›unübersichtlichen‹ Welt leben – verglichen natürlich mit der sogenannten ›einfachen Welt‹ vergangener und/oder einfacher Gesellschaften.

Dabei ist eines offensichtlich: der Übergang von kleinen, überschaubar gegliederten zu komplexen Gesellschaften ist – gleichzeitig – der Übergang von sozialer Interaktion und Organisation ›erster Hand‹ im dauerhaften unmittelbaren Zusammenleben, zu einer sozialen second-hand-Organisation und Interaktion, in der die Interaktionspartner häufig wechseln, außerhalb der Primärgruppe kaum mehr genauer gekannt werden und in vielen Fällen (aufgrund weitgehend anonymisierter Kommunikation wie im Umgang mit Behörden, Presse, Medien etc.) einander überhaupt nicht mehr ›face-to-face‹ begegnen: die Organisation der Rituale muß sich nun – sofern diese, was sie ja tun, fortbestehen – selbst tragen können, während sie im ersten Fall von allen Beteiligten unmittelbar kontrolliert und aufrechterhalten wird.

Im ersten Fall formiert und tradiert die Gemeinschaft die Rituale, wodurch sie sich selbst stabilisiert. Im zweiten Fall etabliert der Gebrauch von Interaktionsritualen den Möglichkeitshorizont für den Aufbau temporärer Interaktionsgemeinschaften, indem von allen Beteiligten ein eher impliziter und anonymisierter Ordnungszusammenhang für soziales Handeln aufrechterhalten wird.[5]

Je stärker in komplexen Gesellschaften der Anteil medial erworbenen Wissens wächst und den Anteil des in konkreter eigener oder gemeinschaftlicher Erfahrung erworbenen Wissens überlagert, um so weniger erhält dieses eine ›persönliche‹ Beimischung. Es wird unpersönlich – im guten wie im schlechten Sinne. Innerhalb dieses Entwicklungszusammenhanges entfalten diejenigen ritualisierten Gesten und Darstellungsformen, die nicht durch dauerhaft institutionalisierte Zusammenhänge oder bewußte Traditionen gefestigt und gesichert sind, zunehmend eine eigene,

5 An dieser Stelle wird zwar die sowohl *Routinen* als auch *Ritualen* gemeinsame Ordnungsleistung betont. Dennoch besteht ein erheblicher Unterschied zwischen Routinen als solchen und Ritualen. Während erstere ganz allgemein als erfolgreich erfahrene und daher beibehaltene Verhaltensgewohnheiten beschrieben werden können, gehören letztere – auch die Interaktionsrituale! – zum Bereich *symbolischen* Handelns: Rituale sind *symbolisch durchgeformte* Routinen der Grenzüberschreitung (s. u.).

scheinbar frei schwebende, in sich selbst ruhende Existenz. Von ihrem Traditionszusammenhang abgetrennt und weit entfernt von ihren ursprünglichen Entstehungsgründen transportieren sie nun strukturelle Bedeutungen und Wirkungen, die wenig mit den neuen Verwendungssituationen, in denen sie auftreten, zu tun haben und die denjenigen, die sie nutzen, nahezu unbekannt sind. Gleichzeitig kann die durch die Ablösung von den Entstehungsgründen entstandene Leerstelle mit neuem, ›aktuellem‹ symbolischen Inhalt aufgefüllt werden, ohne daß der grundlegende – nun in Vergessenheit geratene – Bedeutungshorizont notwendig davon berührt würde.

Gehlens Beobachtung, daß die Entstehungsgründe von Institutionen – hier: von institutionalisierten Verhaltensgewohnheiten – in der Regel ganz andere sind als diejenigen, aus denen man sie konserviert (Gehlen, A., 1973, S. 34), wird durch dieses Phänomen nicht nur gestützt. Sie muß vielmehr ergänzt werden um den Befund, daß es offenkundig auch institutionalisierte Formen rituellen Verhaltens gibt, bei denen *weder* die Entstehungs- *noch* die Verwendungs- oder Konservierungsgründe explizit bewußt werden.

Die – notwendige – Suche nach einer konkreten inhaltlichen Bedeutung einzelner Rituale verstellt hier oft genug den Blick auf eine eher formale, für soziale Organisationsformen jedoch grundlegende Orientierungsstruktur[6], die nicht zuletzt durch Rituale etabliert und gefestigt wird: rituelles Verhalten ist durchgeformtes, vorhersagbares, in gewisser Weise *kalkulierbares, Orientierungssicherheit* gewährleistendes Verhalten. Es ist – was seinen Stellenwert im menschlichen Zusammenleben angeht – ein Vorläufer, eine Art älterer Verwandter des rationalen Kalküls, mit dem es zumindest die genannten Struktureigenschaften, nicht allerdings den Grad der Bewußtheit und Planung teilt.

Das Eigengewicht solcher abgelöster Rituale, die sich nun selbst ihre Motive geben, zwingt letztlich allen, die sich ihnen unterwerfen, einen spezifischen Bedeutungshorizont auf – auch wenn die Betroffenen kaum mehr als eine diffuse Ahnung darüber verspüren, warum sie sich einem bestimmten Ritual unterwerfen, oder

6 Zu einer genaueren Beschreibung der Ordnungsleistungen rituellen Handelns vgl.: Soeffner, H.-G., Emblematische und symbolische Formen der Orientierung. In: Soeffner, H.-G. (Hg.) (1989), S. 158-184.

gar der Meinung sind, sie bewegten sich ›spontan‹: fernab von jeder Form ritualisierten Verhaltens. Gleich welche Haltung sie einnehmen, sobald sie Rituale handelnd nachvollziehen und sich damit in deren Bedeutungshorizont eingliedern, liefern sie sich deren spezifischem Einfluß aus: Sie wissen nicht, was sie übernommen oder wohin sie sich ausgeliefert haben: Sie halten einen fremden Willen für ihren eigenen (vgl. Scheler, M., 1957, S. 271). Massenrituale liefern hierfür das beste Beispiel. Wer sich in sie hineinbegeben und dann auch nur für einen Moment versucht hat, sich ihnen wieder zu entziehen, wird jenen fremden Willen verspürt haben – und sich ihm nur ungern wieder aussetzen.[7]

III

Bevor ich an meinem ersten Fallbeispiel – einer kollektiv inszenierten, ritualisierten Geste – eine gesellschaftliche Selbst-Darstellungsform zu beschreiben versuche, die ich als ›ritualisierten Antiritualismus‹ bezeichne, skizziere ich – in, wie ich weiß, mehr als groben Zügen[8] – die Handlungs- und Inszenierungszusammenhänge, innerhalb derer diese Geste zu beobachten ist.

Seit der zweiten Hälfte der sechziger Jahre lassen sich sowohl in den Vereinigten Staaten als auch in West- und Mitteleuropa politische Demonstrationen beobachten, die im wahren Sinne des Wortes ›Massenbewegungen‹ – sich für eine ›Bewegung‹ bewegende Massen – genannt werden können: 100 000 oder 300 000, in einigen Fällen sogar 1½ bis 2 Millionen Menschen versammeln sich für eine relativ kurze Zeit (meist nur für einen Tag) in scheinbar gelockerter, mehr oder weniger ›selbstorganisierter‹ Form, um für und/oder gegen etwas zu demonstrieren – um sich selbst zusammen mit vielen anderen als Teilhaber einer kollektiven Gesinnung zu zeigen. Anders als bei den großen politischen Massenveranstaltungen zwischen den beiden Weltkriegen oder bei ge-

7 Vgl. hierzu Halbwachs, M. (1967), Das kollektive Gedächtnis, Frankfurt/M. 1985, S. 19: »Eine soziale Denkströmung ist gewöhnlich ebenso unsichtbar wie die Luft, die wir einatmen. Im normalen Leben spürt man ihre Existenz nur, wenn man ihr Widerstand leistet«.

8 Eine genauere Beschreibung des Gesamtzusammenhanges habe ich auf dem 22. Deutschen Soziologentag in Dortmund (9.-12. Okt. 1984) gegeben.

werkschaftlich organisierten ›Großkundgebungen‹ ist bei den neueren Massendemonstrationen weder ein allgemein anerkannter Führer auszumachen – das Charisma ist je nach Geschmacks- und Gesinnungsrichtung in kleinere Portionen aufgeteilt – noch ist eine dauerhafte, straff geführte und zentral gesteuerte Dachorganisation erkennbar. Statt dessen setzen sich die Bewegungen, nur scheinbar zufällig, zusammen aus kirchlichen Gruppierungen (beider Konfessionen), Flügeln der ›großen‹, aber auch der kleinen und kleinsten, oft miteinander verfeindeten Parteien, Feministinnen, Gewerkschaftlern, Homosexuellen, ›Grauen Panthern‹ etc., nicht zu vergessen die vielen Familien, die ihre Klein- und Kleinstkinder in das Gesamtunternehmen mit ›einbringen‹.[9]

So bunt und zufällig das Gesamtarrangement auch wirkt, es ist nicht nur Ausdruck einer – trotz inhaltlicher Differenzen – vermutlich strukturell gleichen Welt- und Selbstsicht der Teilnehmer, sondern es läuft auch in immer gleicher Ordnung ab: in sorgsam arrangierter, ›lockerer‹ Form, Buntheit und ›Spontaneität‹. Angesichts dieser als Arrangement erkennbaren, aber nicht durch eine zentral organisierte Steuerungsinstanz oder charismatische Führer und Animateure geschaffenen, kollektiven Darstellungsform stellt sich zwangsläufig die Frage nach dem Kitt, der einerseits die unterschiedlichen sozialen Bausteine für eine begrenzte Zeit zusammenhält, der sich andererseits offensichtlich aber auch leicht wieder lösen und erneut verwenden läßt. Die übliche Antwort auf diese Frage – von den ›Bewegungsmitgliedern‹ gegeben und von Sozialwissenschaftlern oder Journalisten fraglos übernommen – lautet: Das Bindemittel sind gemeinsame Ideen und eine gemeinsame Werthaltung. Sie *allein* liefern angeblich die Beweggründe dafür, für Frieden und Abrüstung, für das Recht auf Leben (bedrohte Völker, Tier- und Pfanzenarten), für das Recht auf Abtreibung, gegen Umweltverschmutzung etc. zu demonstrieren. All diese Antworten sehen im Rückgriff auf eine Idee das einzige oder zumindest tragende Motiv der Bewegungen. Sie berühren jedoch nur einen – wie ich vermute – stark überschätzten Aspekt des

9 Vgl. hierzu Neidhardt, F., Einige Ideen zu einer allgemeinen Theorie sozialer Bewegungen. In: Hradil, S. (Hg.) (1985), Sozialstrukturen im Umbruch. Karl Martin Bolte zum 60. Geburtstag, Opladen, S. 193 ff. Neidhardt findet für diesen Zusammenhang den Ausdruck »mobilisierte Netzwerke von Netzwerken«, a.a.O., S. 197.

Gesamtarrangements: Ideen, die nicht in stabilisierte Formen sozialen Wissens und Handelns eingegossen und dadurch gesichert sind, bewegen außer vorübergehenden kollektiven Phantasien nichts und niemanden dauerhaft. Phantasien mögen das Parfum sein, durch das man angelockt wird – aber schließlich ist es ja nicht das Parfum, das die Wünsche erfüllt, die es weckt. Die Erfüllung bedarf vielmehr einer konkreten und materialen Basis: relativ stabiler und gefestigter Erwartungen und damit Formen, in denen sich das Versprochene als gesichert Erwartbares vollziehen und Gestalt annehmen kann. Rituale aber, bewußt oder unbewußt vollzogene, sind Bauelemente und Materialien jener Formen, in denen menschliche Akteure – Individuen, Gruppen, Ansammlungen – ihren Erwartungen den entsprechenden Ausdruck verleihen und sie damit zu einer ›Gestalt‹ formen.

Das Gesamtarrangement der Gestalt setzt sich aus unterschiedlichen Elementen zusammen, von denen ich im folgenden nur eines näher untersuche, während ich andere lediglich kurz skizziere. Als Beispiel wähle ich zunächst die ›Gestalt‹ der Friedensbewegung.[10]

Ich beginne mit der Kleidung. Am Anfang der Bewegung, deutlicher als in der Gegenwart, in der sich jedoch weiterhin ähnliches findet, konnte man Bauernkittel aus Süddeutschland und Westfalen, gestreifte holländische und friesische Fischerhemden, Arbeitskleidung wie Overalls, Latzhosen, ›blauen Anton‹, Arbeitermützen, selbstgestrickte Pullover und Pudelmützen, Handar-

10 Soziologie ist Wirklichkeitswissenschaft: sie beschreibt und analysiert die realen Möglichkeiten und die möglichen Realitäten gesellschaftlichen Handelns und gesellschaftlicher Organisationen. Zwangsläufig gilt ihre Aufmerksamkeit – zumal dann, wenn sie sich als *materiale* Wissenssoziologie versteht – den Strukturen, Bauformen *und* Elementen gesellschaftlicher Wirklichkeitskonstruktionen. Sozialwissenschaft als Beruf zu betreiben bedeutet, aus einer strukturell auferlegten Distanz und notwendigen Perspektivenvielfalt heraus zu beobachten, zu beschreiben und zu interpretieren, d.h. mit engagiertem Desinteresse an die Beobachtungsgegenstände und mit interessiertem Disengagement an die Erscheinungs- und Äußerungsformen des Sozialen – dessen Teil man ist – heranzugehen. Soziologie als von Menschen betriebene Humanwissenschaft ist – beinahe zwangsläufig – den Menschen und Gesellschaften, die sie beschreibt und zu verstehen versucht, mit nüchterner oder ernüchterter Sympathie verpflichtet.

beiten aus der ›Dritten Welt‹ wie Kappen aus Peru, Ponchos aus Mexiko, Palästinenser-Halstücher etc. beobachten. All dies vermittelt das Erscheinungsbild einer politischen Trachtengruppe: Mitten in einer westlichen Industriegesellschaft und darstellerisch umgesetzt durch eine überwiegend städtische Mittelschicht artikuliert sich hier ein Romantizismus, der sich darin gefällt, daß er in der Kleidung den Lebensstil entfernter, ›einfacher‹ ländlicher Hirten- und Bauerngesellschaften oder allmählich aussterbender Handwerksberufe und proletarischer Traditionen zitiert.

Ebenso auffällig ist der extensive Einsatz emblematischer Ausdrucksmittel: Buttons, Aufkleber, Poster. Nahezu die gesamte Umwelt der Bewegung wird zur Litfaßsäule: die Kleidung der Teilnehmer, Autos, Fenster und Türen von Wohnungen und Büros[11] (vornehmlich im Freiraum von Universitäten), Verkehrszeichen – nahezu alles wird behängt, beklebt und zusätzlich durch Spruchbänder und ›originelle‹, tragbare Tafeln begleitet. Der öffentliche Raum wird zur Werbefläche für Spruchweisheiten und Slogans. Gleichzeitig weist ein riesiger Schwarm weißer Tauben auf unterschiedlich koloriertem Grund auf die Skala der verschiedenen möglichen Mitgliedschaften innerhalb der Bewegung hin: blauer Grund für die »normalen« Anhänger der Bewegung, Lila – unterstützt von entsprechenden Halstüchern – für ›christliche‹ Gruppen, nicht zu vergessen die weiße Taube der Gegenrichtung, die sogenannte ›Geißler-Taube‹ auf schwarz-rot-goldenem Grund: Hinweis auf jene andere nationale ›Friedensbewegung‹ im Dienste der NATO. Es gab sogar Flugblätter, auf denen eine weiße Taube zu sehen war, der man Boxhandschuhe über die Flügel gestülpt hatte: sehr kämpferisch! – aber wie fliegt sie?

All das Aufklebbare und Gedruckte wird – zusammen mit einem reichhaltigen Angebot an gesunder Nahrung – verkauft von einem Schwarm eifriger Kleinhändler und Gesinnungsmarketender, dem Ökotroß, der die Bewegung begleitet und mit eben jener vorgestanzten emblematischen Artikulation beliefert, deren Leistung darin besteht, daß sie die ›inneren‹ Gefühle und Überzeugungen,

11 Unfreiwillige und gewollte (?) Parodien gehen hier eine hinreißende Allianz ein, etwa dann, wenn neben einzelnen Büroräumen auch die Herrentoilette – warum nur diese? – zur ›atomwaffenfreien Zone‹ erklärt wird. (Die betreffende Universität möchte ich aus Mitgefühl nicht nennen.)

die Gruppenemotionen, nach außen kehrt: So wird jedermann instand gesetzt, die ›inneren‹ Überzeugungen der Demonstranten sofort und ohne Umstände an deren Äußerem abzulesen. Im emblematischen Ausdruck – vorwiegend in ihm – artikuliert sich so die ›Gruppenseele‹ (Scheler). Eingekleidet in die Emblematik der Bewegung formen die Akteure ihr jeweils spezifisches ›Ornament der Masse‹ (vgl. Kracauer, S., 1963), und sie tun dies – was die eigene Rede angeht – abgesehen von vereinzelten Sprechchören weitgehend sprachlos: Was spricht, ist die Emblematik.
Die Ornamentik der Bewegung setzt sich aus einem relativ weit gestreuten, dennoch leicht als bewegungstypisch identifizierbaren Repertoire an Ausdrucksfiguren zusammen, wobei bereits die Bezeichnungen für jene Ausdrucksfiguren auf charakteristische Weise Humanistisch-Friedfertiges mit Aggressiv-Militärischem verknüpfen: ›Friedensmärsche‹, ›symbolisches Massensterben‹, ›Mahnwachen‹, ›Menschenketten‹[12], ›Sitzstreiks‹, ›friedliche Blokkaden‹. Die Ambivalenz dieser Ausdrücke ist nicht zufällig. Sie repräsentiert – auch sprachlich – einen Teil der inneren Widersprüchlichkeit der Bewegung, die das Unvereinbare zu vereinbaren sucht im ›gewaltlosen Widerstand‹, ›kämpferischen Pazifismus‹ und ›Kampf für den Frieden‹. All diese unterschiedlichen Ornamente und Ausdrucksgestalten sind der Zement, der die Akteure zusammenhält. Aber einige der Elemente jenes nun als ›rituell‹ erkennbaren Gesamtarrangements scheinen ein Eigenleben zu führen: *Sie erscheinen in derselben gefrorenen Form in sehr unterschiedlichen Zusammenhängen.* Sie verweisen auf ein Motiv, das sich jenseits der artikulierten Inhalte und Gesinnungen etabliert und von diesen unabhängig zu sein scheint. Um eben diese Elemente und um die von ihnen konstituierte soziale Wirklichkeit geht es mir: um das *strukturelle* Motiv jenseits des *intendierten.*
Aus dem Gesamtarrangement greife ich ein – wie es scheinen mag – unbedeutendes Detail heraus, eine jener signifikanten ritualisierten Gesten, in denen sich das Arrangement des Spontanen Ausdruck verschafft: die Menschen reichen einander die Hände,

12 Im Ausdruck ›Menschenkette‹ verbinden sich geradezu exemplarisch Ornamentales (Schmuck) und Zwang. Die einzelnen Glieder der Kette sind gefangen in einer ornamental ausformulierten, symbolischen Gemeinschaft.

strecken sie zum Himmel und beginnen, zunächst die ineinander verschränkten Hände und Arme, schließlich sich selbst zu bewegen wie miteinander verbundene Halme eines großen Kornfeldes, das, vom Wind bewegt, Wellen formt. Das menschliche Kornfeld wiegt sich im Rhythmus – sehr unterschiedlicher – Lieder und Hymnen. Fragt man die einzelnen Teilnehmer an jener kollektiven Wellenbewegung nach der Bedeutung der Geste, so erhält man Antworten, die sich in zwei Grundtypen unterscheiden lassen. (1) Ich mache das, weil ich mich hier wohlfühle – zusammen mit den anderen; wir drücken hier unser gemeinsames Erleben aus. (2) Wir zeigen deutlich, daß wir alle unterschiedslos zusammengehören.

Das Interessante an diesen Antworten ist, daß man sie auf sehr unterschiedlichen ›Veranstaltungen‹ von sehr unterschiedlichen Gruppierungen und vor dem Hintergrund sehr unterschiedlicher Empfindungen der Gruppenmitglieder erhält. Das einzige, was den Veranstaltungen, Gruppierungen, Situationen und Emotionen gemeinsam zu sein scheint, sind die Geste selbst und die Antworten auf die Frage nach deren Bedeutung. Beides findet man auf protestantischen Kirchentagen und Katholikentagen (wo sich insbesondere jüngere Leute, aber eben nicht nur sie, in jene bezeichnende ›Bewegung‹ versetzen), auf Friedens- und Umweltkundgebungen – aber eben auch in Pop Shows, bei Eishockeyfans im Stadion, bei der Abschlußveranstaltung der Olympiade (1984) in Los Angeles, beim Deutschen Turnfest, bei den Fußballfans – nicht nur in den berüchtigten Westkurven – und schließlich auch bei Karnevalssitzungen. Das Repertoire der Lieder und Hymnen, die das Ritual begleiten, ist ähnlich bunt. Es vereint in einer Art Patchwork »Ich bete an die Macht der Liebe«, »Ja, sind wir im Wald hier, wo bleibt unser Altbier?«, »Sultans of Swing«, »Brüder reicht die Hand zum Bunde«, »Aber eins, aber eins, das bleibt bestehen: Der FC (Schalke etc.) wird nicht untergehen«, »So ein Tag, so wunderschön wie heute«, »Freude schöner Götterfunke« und schließlich »We shall overcome«.

Ganz offensichtlich kann dieselbe ritualisierte Geste in all diesen unterschiedlichen Zusammenhängen auftreten, (1) weil ihre Form sich in einem relativ hohen Maße unabhängig gemacht hat von *spezifischen* Gesamtarrangements, und – dies ist entscheidend – (2) weil die Form selbst sich einen eigenen, inneren Kontext gegeben hat. Die Form verleiht sich selbst ihren Gehalt und ein selbständiges Motiv. Sie zwingt den Teilnehmern am Ritual Zwecke auf, die von den inhaltlichen intendierten Handlungsmotiven weit entfernt sein können. (3) So verschieden all die erwähnten Situationen sind, innerhalb derer die ritualisierte Geste auftritt, sie alle haben eines gemeinsam: Es sind Situationen, in denen sich eine große Anzahl von Menschen, die einander meist nicht kennen, in einem öffentlichen Rahmen trifft. Der Rahmen selbst hat Aufforderungscharakter: Man hat sich als Mitglied einer Glaubensgemeinschaft, als Fan, als Clubangehöriger, Frohsinniger etc., in jedem Fall als Gleichgesinnter kenntlich zu machen. Kurz: man hat sich innerhalb eines bestimmten zeitlichen Rahmens öffentlich als Mitglied einer transitorischen, gewissermaßen zeitlich begrenzten Gemeinschaft darzustellen.

In diesem Zusammenhang sind es gerade der unabhängige und unpersönliche Charakter sowie die leichte Transportierbarkeit des Rituals, die es jedermann erlauben, es zu ›benutzen‹ und sich damit in gemeinsamer Handlung mit allen anderen Anwesenden zu vereinen.

Einander nur vorübergehend zu gemeinsamem Handeln und/oder Erleben vereinigende Individuen verleihen hierdurch ihrer flüchtigen Gemeinsamkeit den Anschein einer relativ stabilen Gemeinschaft. Die mühelos nachvollziehbare Form und Durchgliederung des gemeinsamen Verhaltens steigern nicht nur die Bereitschaft der Teilnehmer zu Engagement, Glaubens- oder Überzeugungsbekenntnis und Empfindungsdemonstration, sondern sie stellen auch ein relativ standardisiertes und daher leicht ›lesbares‹ Ausdrucks- und Darstellungsrepertoire dar, mit dessen Hilfe sich das als *subjektiv erlebte ›Innere‹* jedes Einzelnen *kollektiv nach ›außen‹* kehren und ausdrücken läßt. Die von den Teilnehmern immer wieder erlebte und erstrebte Einzigartigkeit solcher Gemeinschaften lebt von der Illusion der Mitwirkenden, sich in einer Gemeinschaft von Einzelnen zu befinden, eben nicht das zu sein, was das Ritual schließlich sichtbar doch aus ihnen macht – eine zwar durchgestaltete, aber anonyme ›Masse‹: Existenz, Ausdrucksform und Intensität des zeitlich begrenzten Gemeinschaftserlebnisses verdanken ihre ›Halbwertzeit‹ dem Ordnungs- und Gestaltungsmuster des Rituals.

Zugleich aber weist die unterschiedliche Qualität der verschiedenen Gemeinschaften darauf hin, daß die *allgemeine* Bedeutung und Botschaft des Rituals weder im Glauben an einen Gott noch an die Dire Straits, den FC Schalke 04, Frieden und Freiheit etc. bestehen: Hier geht es weniger um den Glauben an etwas außerhalb der jeweiligen Gemeinschaften, sondern vor allem um das Erlebnis und die Erfahrung von ›Gemeinschaft‹ selbst innerhalb einer möglichst großen und einsinnigen, kollektiven Ausdrucksgestalt.[13]

Indem die Menge Arme und Körper der Einzelnen im Rhythmus und Gesang zu ›Meer, Feld und Wellen‹ verschmilzt, präsentiert sie in mimetischer Weise die Aneignung der Gemeinschaftsseele durch den Gemeinschaftskörper – und beide finden Gefallen aneinander: Die Menge liebt es, sich in den Arenen selbst zuzusehen. Sie selbst ist das ›Spiel‹, der Anlaß, zu dem sie gekommen ist.[14] Sie genießt es, auf sich selbst zu reagieren, ›innere‹ in ›äußere‹ Bewegung umzusetzen, zu steigern und die Form (das Ritual) zu wiederholen. Durch sie verschafft sich die Gemeinschaft Ausdruck, und sie erhält sich, solange sie die Form erhält. Zugleich wird aus dem Prozeß, in dem subjektive Gefühle und Erlebnisse durch die kollektive Darstellungsform in ein Gemeinschaftserlebnis transformiert und gesteigert werden, ein Prozeß der ›Selbstcharismatisierung‹ der Gemeinschaft als solcher.

Das Zusammenspiel von Rhythmus, strophischer Form der Gesänge, Invarianz und Wiederholung der Rituale verleihen der Flüchtigkeit und zeitlichen Begrenztheit der Gemeinschaft den

13 Daß auch ritueller Aktionismus dem gleichen Gesetz der formalen Bestimmtheit bei ›inhaltlicher‹ Leere folgt und nichts anderes als jene flüchtige, aber immer wieder beschworene Gemeinschaft zum Ziel hat, zeigt sich an folgender Äußerung eines ›Autonomen‹: »Was uns von anderen Leuten unterscheidet, ist der Stein in der Hand und der Knüppel im Nacken. Im Tränengasnebel fühlen wir uns nun mal am autonomsten. *Was uns darüber hinaus zusammenhält, wissen wir nicht*« (Hervorh. H.-G. S.). Zitat nach Zeitschrift »Der Spiegel«, Nr. 46, 41. Jg., 9. 11. 1987, S. 19. Die widersprüchliche Einheit von Autonomie und flüchtiger, zwangsläufig inhaltsleerer, bestimmter Gemeinschaft ist hier bereits gut erkennbar.

14 Die ›Menschenkette‹ bildet hier eine bezeichnende Ausnahme. *›Als Ganze‹* kann man sie nicht mehr unmittelbar, sondern erst am Abend in der Tagesschau sehen: Vom Hubschrauber aus aufgenommen, als Bildfolge über den Medienversand ins Wohnzimmer geliefert, erhält sie erst durch das Medium ihre intendierte Gestalt. Hier wird exemplarisch deutlich, was für alle erwähnten Arrangements gilt. Sie dienen auch als Medien für die Medien.

Anschein nicht nur von Dauer, sondern auch von Wiederholbarkeit. Auf diese Weise wird die – strukturell gegebene – Vergänglichkeit des Charismas, das die Gemeinschaft sich selbst gab, überhöht zum Charisma des dauerhaft Einzigartigen und Außergewöhnlichen, dem man paradoxerweise implizit unterstellt, daß es sich – bisweilen turnusmäßig wie bei Olympiaden und Kirchentagen, oder aufgrund erwartbar wiederkehrender Anlässe – planen und inszenieren lasse. Garant nicht nur für den Anschein der Dauer, sondern auch für die tatsächliche Wiederholbarkeit des Gesamtarrangements ist dessen rituelle Durchgliederung.

In der symbolischen Form und rhythmischen Ordnung des Rituals scheint sich die Zeit in sich selbst zurückzuwenden. In dieser zyklisch organisierten Zeit – verbunden mit dem Erlebnis des Außergewöhnlichen – geht es jedoch um mehr als den Anschein von Dauer: es geht um eine auf Dauer gestellte Gegenwärtigkeit der Gemeinschaft, die, so vergänglich sie sein mag, sich doch immer wieder herstellen lassen soll. An der zyklisch, auf Wiederholbarkeit hin orientierten Struktur rituellen Handelns wird die *zeitliche* Bedeutungsdimension des Gesamtarrangements erkennbar: Zunächst wird der Prozeß der Selbstcharismatisierung der Gemeinschaft wesentlich durch Rituale (wenn auch nicht ausschließlich durch diese) gestützt und vorangetrieben. Die *soziale* Dimension des Charismas ergibt sich damit aus der kollektiv abgesicherten Verbindung von Außeralltäglichkeit, Einzigartigkeit und Authentizität. Die zeitliche Dimension dieser spezifischen Verbindung wiederum ist die Gegenwart, genauer: die permanent mögliche Gegenwärtigkeit des Außergewöhnlichen.

Die Rituale kollektiver Großarrangements bringen jedoch nicht nur eine besondere Zeitstruktur hervor, sie konstituieren ebenso die kollektiv produzierte Bedeutungsdimension des Gemeinschafts*raumes:* Massenversammlungen und -arrangements ›benutzen‹ nicht eigentlich den Raum – sie besetzen und bedecken ihn, sie eignen ihn sich an, machen ihn zum sichtbaren Bestandteil der Gemeinschaftsgestalt. All jene Massenaggregationen, deren einzelne Elemente sich in formal ritualisierter Weise im Raum bewegen, gestalten das zunächst ungeformt und spontan Erscheinende zum *Monument.* In dieser charakteristischen Tendenz zur Monumentalität zeigt sich – ebenso wie bei der Zeitstruktur der Gesamtarrangements –, daß das Vergängliche der Aggregation überwunden werden soll: im einen Fall durch die Illusion des auf

Dauer gestellten Augenblicks, im anderen durch die Illusion der *Festigkeit* des Monumentalen – dargestellt durch eine und in einer kollektiven *Bewegung*. Allerdings: trotz der in ihnen erkennbaren Ritualisierungen sind all jene kollektiven Gesamtarrangements solange instabil und davon bedroht, unwiederholbar zu werden, solange sie nicht – wie z. B. Kirchentage, Olympiaden und Karnevalszüge – institutionalisiert und in dauerhafte Organisationsformen eingelassen werden. Bedroht vom eigenen transitorischen Charakter sind kollektive Großarrangements, und damit auch alle Teilnehmer an ihnen, geradezu gezwungen, sich und der Gemeinschaftsgestalt in den Ritualen den Anschein von dauerhaftem Zusammenhalt und Festigkeit zu geben. Dem Außenbeobachter dagegen zeigt sich das Monument gegen die Flüchtigkeit als eben deren Denkmal.

Der strukturelle Sinn des exemplarisch beschriebenen einzelnen Rituals verweist auf den strukturellen Sinn kollektiver Großarrangements insgesamt. Er besteht in der Tendenz und dem Versuch, die Alltäglichkeit sozialen Zusammenlebens auf dreierlei Weise zu überschreiten: (1) In der Transzendenz individuellen Erlebens und Erfahrens durch die Evidenzillusion einer kollektiv dargestellten Intersubjektivität. Diese gibt zwar – für sich selbst glaubhaft – vor, sich an konkreten Inhalten und Ideen zu orientieren, drückt jedoch schließlich nichts anderes aus als den – transitorisch – erfüllbaren Wunsch nach einer höheren Gemeinschaft, die vor allem sich selbst als Idee und Inhalt hat.

(2) In der Transzendenz des individuellen Raumes und der individuellen Reichweite durch die aktive Mitarbeit des Individuums, das sich als Teil des Gemeinschaftskörpers und der Gemeinschaftsseele darstellt und im Monument der Gemeinschaft aufgeht.

(3) In der Transzendenz von Zeit und Vergänglichkeit durch die Illusion, im Ritual die Zeit anzuhalten, die permanente Gegenwärtigkeit der ›höheren‹ Gemeinschaft sichern und das flüchtige Gemeinschaftserlebnis auf Dauer stellen zu können.

Da jedoch Gemeinschaftsseele und Gemeinschaftskörper als Repräsentanten der ›höheren‹ Gemeinschaft in ihren Handlungen und Darstellungsformen weitgehend auf ritualisierte und damit symbolische Materialien des Handelns und der Darstellung verwiesen sind, läßt sich die erstrebte ›höhere‹ Gemeinschaft auch leicht mit Symbolen und symbolischen Handlungen abspeisen.

Denn »Wenn (...) nur in Symbolen der Gott sich äußert, so kann er auch mit Symbolen statt mit Realitäten zufriedengestellt werden« (Weber, M., 1972, S. 248).
So erklärt sich, warum der Bereich praktischen, politischen Handelns *in* den gesellschaftlichen Institutionen und Organisationen so stark vernachlässigt, die monumentale Präsentation der Bewegung dagegen bevorzugt wird: Die Gründung von Organisationen oder gar die kontinuierliche Mitarbeit in ihnen wird als stereotyp, rituell-leer und unbefriedigend ›empfunden‹. Und tatsächlich würde sich das Charisma der Bewegungen in den praktischen Zwängen und Routinen des Alltages verflüchtigen. Wenn auch die gegenwärtige politische ›Kultur‹ und ihre Träger erfolgreich bemüht sind, Stereotype und Leere zu vermitteln, so ist doch unübersehbar, daß die neuen sozialen Bewegungen sich auch ohne diese Unterstützung – gern – erschöpfen in ›symbolischen Aktionen‹. An die Stelle des politischen Programms tritt so die kollektive Gesinnung, an die des politischen Handelns die Darstellung der Gemeinschaftsempfindung. Die Bewegungen *haben* kein Programm, sie *sind* das Programm.
Die Existenz solcher programmatisch höheren Gemeinschaften hat nicht nur für das öffentliche Leben politische Konsequenzen, sondern auch für das alltägliche Zusammenleben der Menschen, die sich solchen Gemeinschaften verpflichtet fühlen. Zwischen dem Universalismus der ›höheren‹ Gemeinschaft und dem – abgewerteten – Alltag des Zusammenlebens-wie-gewöhnlich erscheint dem Einzelnen eine tiefe Kluft, die zu überbrücken ihm um so schwerer fällt, je stärker in seinem Leben das Außeralltägliche für sich in Anspruch nimmt, das ›eigentliche‹, ›wichtige‹, ›erfüllte‹ und ›authentische‹ Leben zu sein.
Dem Beobachter dieses gesellschaftlichen Erscheinungsbildes drängt sich der Schluß auf, daß die Bemühungen um eine authentische Darstellung der Emotionen, Überzeugungen und Gesinnungen, so wie sie in den neuen ›Massenbewegungen‹ zum Ausdruck kommen, einerseits, und die Anstrengung des Individuums, für sich auch im ›Privaten‹ ein ›authentisches‹, erfülltes, ›wahres‹ Leben zu führen, andererseits, zwei Seiten derselben Medaille zeigen: zwei Ausdrucksformen einer an Selbstvollendung und Selbsterfüllung orientierten Subjektivität. Hier wird der gegenwärtige Typus eines geistesgeschichtlich durchgehenden Arguments deutlich: eingekleidet in das Vokabular der Aufklärung

suggeriert es auf paradoxe Weise, den Menschen dadurch von der Religion zu befreien, daß es ihn zum alleinigen und selbstversorgten Gegenstand der Religiosität macht, allerdings so, daß er diesen Akt der ›Selbstbefreiung‹ nicht als religiösen erkennt (vgl. Luckmann, Th., 1980, S. 173-189, und Soeffner, H.-G., Luther-Aufsatz, (in diesem Band, S. 20-75). Die Kosten dieser Entwicklung zahlen vermutlich die alltäglichen, ›primären‹ Lebensgemeinschaften.

Der Eigentlichkeits- und Einzigartigkeitsanspruch dieser Subjektivität kann einen bewußten Ritualismus nicht zulassen, muß in ihm geradezu den Feind des ›Authentischen‹, Singulären und der unverwechselbaren Empfindungen sehen. Tatsächlich jedoch läßt die Struktur sozialer Interaktion – ob wir dies nun für paradox und beklagenswert halten oder nicht – ›Einzigartigkeit‹ und ›Spontaneität‹ kollektiver Handlungen nur im Rahmen geordneter Koorientierung und Handlung zu. Kollektiv gewollte und/oder geplante Einzigartigkeitsveranstaltungen sind daher auf Ordnungselemente wie Rituale verwiesen. In ihnen kann man sich und seine Ideen nur zu gut einem als solchem nicht bewußten ritualisierten Antiritualismus ausliefern. – Die Alternative wäre, zu versuchen, den Ideen den Platz im Alltag zu schaffen, der ihnen einen gewissen Wirklichkeitsakzent verleihen könnte.

IV

Wenn Papst Johannes Paul II. reist – diese Tätigkeit ist zu einem seiner Kennzeichen geworden –, warten die Kameraleute in den Besuchsländern auf jene Geste, deren Beschreibung ich einer seiner Chronistinnen überlasse:

Das Flugzeug ›Ciudad de Mexico‹ ist gelandet. An der Tür beim Cockpit erscheint eine Gestalt ganz in Weiß. *Das repräsentativ zusammengesetzte Volk* (Heraushebung H.-G. S.), das seit Stunden auf den Tribünen des Flughafens wartet, jubelt auf: Viva el Papa. Der Papst grüßt lachend zurück, geht die Treppe hinunter, kniet auf dem roten Teppich nieder, küßt den Boden, schwankt beim Aufstehen, weil die über den Kopf gewehte Mozzetta ihm für einen Augenblick Sicht und Orientierung nimmt. Dann steht er aufrecht. (Lüning, H., o. Jg., S. 26)

Waren dem Papst vielleicht nicht erst bei jenem Besuch in Mexiko, sondern schon bei Wahl des rituellen Bodenkusses als Begrüßungsgeste ›Sicht und Orientierung‹ genommen? – Als er dieses Ritual zu seinem individuellen Wahrzeichen machte (»Near Eastern people kissed the hands, feet, and clothing of sacred images. Pope John Paul II kisses the ground of the countries he visits.« Eliade, M., 1987, S. 463), hat er wahrscheinlich die besten Absichten, nicht aber die Einsicht in dessen möglichen Sinnhorizont und Bedeutungsstruktur gehabt. Ob er sich bei der Wahl dieses Rituals auf dem sicheren Boden des römisch-katholischen Ritus fühlte, durch den er es abgesichert glaubte[15], weiß ich nicht. Aber der Kontext, in den er dieses Ritual setzte und auf den es zu antworten scheint, ist bekannt: die Reise.
Ganz und gar neu sind Papstreisen nicht. Wenn es allerdings ins Ausland geht, sind sie, sofern sie freiwillig und häufig durchgeführt werden, zumindest in den letzten Jahrhunderten, außergewöhnlich. Weltreisen des Papstes schließlich können als ein neues Signum gesehen werden, von dem noch nicht auszumachen ist, ob es individuellen Charakter hat oder von den Nachfolgern Johannes Pauls des Zweiten übernommen wird. Wie man diesen reisenden Papst interpretieren soll und für was genau er reist, ist – auch innerhalb seiner Kirche – nicht so ganz klar. Ist er Apostel und Missionsreisender[16], ›Eroberer‹ und Friedensbringer gleichzeitig[17], »Marienpilger«[18] oder Repräsentant einer »Weltkirche«?[19] Ist er all dies zusammengenommen? Ein Eroberer, dessen Kirche

15 Nachfragen bei theologischen Fakultäten in der Bundesrepublik und den USA, was die spezifische Bedeutung dieses Bodenkusses und der Grund für die Wahl dieser Geste seien, wurden mit Unsicherheit und Spekulationen beantwortet. Auch die Fachlexika ›schwiegen sich aus‹ – zumindest in dieser Hinsicht, in anderer gaben sie Auskunft (s.u.).

16 Vgl. Ein Papst erobert die Welt. Johannes Paul II. reist für den Frieden, hg. v. R. A. Krewerth, Offenburg 11/80, S. 158 ff. »Gehet hinaus in alle Welt ...« Die sieben Reisen um den Erdball.

17 Ebd., vgl. Titel und Untertitel.

18 M. Malinski/H. Pauels, »Maria wir preisen Dich«. Johannes Paul II. als Marienpilger um die Welt, Juni 1983: Der Papst auf Besuch zu Hause, Pattloch Verlag.

19 Der Papst kommt, Johannes Paul II. besucht am 1. und 2. Mai 1987 Stadt und Bistum Münster, Aschendorff Verlag, Münster 1987, S. 14.

die zu erobernden Territorien bereits verwaltet? Ein Apostel, Gemeindegründer und Gesandter, dessen Gemeinden schon gegründet sind und dessen Gesandtschaften blühen? Ein Pilger im Jet, also genau das, was Ambrose Bierce in »Des Teufels Wörterbuch« unter ›Pilger‹ eingetragen hat, nämlich »ernstgenommener Tourist« (Bierce, A., 1986, S. 82)? Ein häufig reisender Papst, zudem einer, der Messen an extravaganten Plätzen wie z. B. auf einem Alpengipfel zelebriert, stellt sich und die Anhänger des überkommenen Ritualismus seiner Kirche vor einige Probleme.

Der Heilige als Prophet, Pilger und Religionsstifter wandert und reist missionierend, bis er am Ende seines Weges, eines Weges von Prüfungen, zur Ruhe kommt. In der Institutionalisierung seiner Religion, in der Organisation der Gemeinde und des Klerus kommt auch der Glaube zur Ruhe: zur festen Form und Kanonisierung. Die Stationen der Wanderschaft verwandeln sich in Heilige Stätten, die von nachfolgenden Pilgern bereist werden. Das zur Ruhe gekommene Heilige selbst dagegen, genauer: seine Erinnerungsmale und Stellvertreter, die Geburts-, Todes- und Wirkungsstätten sowie sein höchster Repräsentant bleiben unbewegt. Das Heilige reist nicht, man reist zum Heiligen.

Die Pilgerfahrt als solche war und ist immer mehr als pures Mittel zur möglichst raschen Erreichung eines Zieles. Sie ist Teil des Ritus, Einstimmung auf das Ziel, Zeichen des Glaubens, der Opferbereitschaft und der Zugehörigkeit zur Glaubensgemeinschaft. Auf dieser Reise wachsen die einzelnen Pilger in die Gemeinschaft, die sie dadurch wiederum stabilisieren. Insofern ist für die Glaubensgemeinschaft die Pilgerfahrt als solche ebenso wichtig wie die Ankunft am Ziel. Das Heilige kann eben nicht ohne Mühen erreicht werden. Und wenn es wie in den unzähligen Legenden, den Gläubigen oder Ungläubigen buchstäblich entgegenkäme, dann überraschend – d. h. weder nach Fahrplan noch als Epiphanie mit Angaben von Erscheinungszeiten in Fernsehzeitschriften. Das Heilige entzieht sich einer flüchtigen, eher vorübergehenden und im Zeittakt des gewohnten Musters von Tourneen arrangierten Annäherung.

Nicht nur für die ›Stellvertreter‹ eines Gottes selbst, sondern eben auch für seine Gemeinde und Kirche ist das Umherreisen des Stellvertreters als eine Art inflationärer Epiphanie problematisch, ebenso das Hinterherreisen des ›Heiligen Vaters‹ hinter seinen verlorenen Söhnen und Töchtern: Es war die Rückkehr des Soh-

nes und nicht die Fahndung des Vaters nach dem Sohn, mit der die Versöhnung zwischen beiden geleistet wurde.
Wenn nun aber das/der Heilige schon beschlossen hat, umherzureisen und Anhänger wie Nichtanhänger zu besuchen, müßte aus der Sicht eines bewußten Ritualismus, aus der Einsicht in Struktur und Bedeutung symbolischen und rituellen Handelns, sehr genau darauf geachtet werden, daß der Heilige als Reisender nicht in Konkurrenz zu anderen prominenten Reisenden gerät, d. h. nicht zur weißen V. I. P. innerhalb der bunten V. I. P.-Wandertruppe wird.
Zwangsläufig, d. h. sofern nicht genauer nachgedacht wird, drängt sich für den Papst als Oberhaupt des Vatikans – da es ja bewährte zeremonielle Rahmungen für institutionell reisende Heilige noch nicht gibt – jenes Besuchsarrangement auf, das für umherziehende Präsidenten und ihre Staatsbesuche entwickelt wurde: Präsidentenjet, Sonderzug, Staatslimousine, roter Teppich, Ehrenformation, Hymne, Flaggen, Blumensträuße haltende Einzelkinder, beflaggte Kinderchöre etc. – Was sich aufdrängte, geschah. Die Ritualien der Staatsbesuche schmücken – in leichter Verkleidung zwar – auch die Papstreisen. Jet, Sonderzug, roter Teppich, Flaggen und Kinder bleiben relativ unverändert. Ehrenformationen und Hymnen stellt die Kirche auf die ihr eigene Weise mit eigenem Personal. Aus der schwarzen Staatslimousine allerdings wurde das weiße ›Popemobile‹.
Anders als bei Präsidentenbesuchen ist bei ›Auftritten‹ des Papstes jener Teil des Rahmens entscheidend, der sich nicht so genau kalkulieren läßt: die ›Menge‹, die den Besuch verfolgt. Während ein Präsident auf eine je nach seiner Prominenz jeweils größere oder kleinere Anzahl von Menschen, immer jedoch auf jene typische Mischung aus Gelegenheitszuschauern, Interessierten, Anhängern und Neugierigen rechnen kann, konnte der Papst bisher sicher sein, daß sich z. B. die zu ihm gekommenen Teilnehmer an der Ostermesse in der ›Heiligen Stadt‹ überwiegend als Mitglieder der Kirche und Glaubensgemeinschaft verstanden. Präsidentenbesuche sind im Prinzip nicht auf die Zuschauer an sich angewiesen, sondern auf die politische Demonstration, der die Zuschauer als Mittel zum Zweck dienen. Anders ist es beim Papst und seiner Gemeinde. Hier bilden alle eine Gemeinschaft, die sich dem gleichen Glauben, dem gleichen Ritual und einer dauerhaften, gegenseitigen Verpflichtung unterwirft. Würde sich diese Gemeinschaft

in jenes Gemisch auflösen, das sich zu Präsidentenbesuchen und Celebrity-Shows einfindet, so müßte zwangsläufig die Glaubensgemeinschaft selbst daran Schaden nehmen.

Der dem Arrangement des Staatsbesuches unterworfene Reisepapst wird diese Gefahr gesehen oder geahnt haben. Aber wie ihr begegnen, wenn schon das Reisen sein soll? Es mußte förmlich etwas her, was über das sich gerade auf Reisen und in dauerhafter Medienpräsenz allzu schnell verflüchtigende Amtscharisma und seine Insignien hinausreichte und das ›weltliche‹ Arrangement des Staatsbesuches sprengte. Dieses Etwas ist für Johannes Paul II. der Bodenkuß: ein Bedeutsamkeitssignal, mit dem der Reise *und* dem Ankunftsland der Stempel des Außergewöhnlichen, Heiligen und Verehrungswürdigen aufgedrückt werden soll.

Den Bedeutungshorizont jener durch Wiederholung und Vorhersagbarkeit zum Ritual geformten symbolischen Handlung des Papstes hier vollständig zu beschreiben, ist unmöglich. Bei der folgenden Skizze kann es nur darum gehen, die tragenden Bedeutungsstrukturen herauszuarbeiten. Daß sowohl der Berührung des Heiligen als auch der Berührung durch das (den) Heilige(n) in allen Religionen und Kulturen eine besondere Bedeutung zukommt, liegt nicht zuletzt daran, daß im Berühren Empfindung und Handlung, Berührendes und Berührtes unmittelbar und reflexiv miteinander verknüpft werden: Etwas rührt mich an, indem ich es anrühre. Zu Recht gilt: »Touch is the mother of the senses« (Crooke, W., 1961, S. 739). Der Kuß als eine spezifische, aus dem Füttern, Essen und Schmecken abgeleitete (vgl. auch Hastings, J., 1961, Bd. 4, S. 189) symbolische Aneignungsform drückt diese Verknüpfung sehr interessant aus. Affekt, Liebe, Verehrung und Besitzenwollen gehen hier eine – in je nach Zusammenhang und Anlaß unterschiedlichen Mischungen – enge Verbindung ein: Liebende küssen einander (in unseren Kulturen) – unter anderem – auf den Mund. Gleiche küssen (in griechischen und jüdisch-christlichen Kulturen) einander auf die ›Wangen‹: nichts drückt besser die Anmaßung des Judaskusses aus. Unterlegene und Niedrigerstehende küssen Hände, Füße und Kleidung der Höherstehenden und geben damit das Vorbild ab für die symbolische Selbsterniedrigung des Höherstehenden etc. Repertoire, Vokabular und Bedeutungsschattierungen des Küssens repräsentieren die möglichen Mischungsverhältnisse der genannten Gefühlsbeigaben von der Liebe bis zum Haß, von der Verehrung bis zur Verach-

tung, von der Erhöhung bis zur Erniedrigung, vom Besitzenwollen bis zum Verschenken, vom unmittelbaren Affekt bis zur abstrakt stilisierten Geste, von der Orgie bis zur Zeremonie.
Der Bedeutungshorizont des Boden-, Erde-, Staub-, Landküssens setzt demgegenüber engere Grenzen, fügt dem bisherigen Repertoire aber neue Bedeutungen hinzu. Den Boden heiliger Stätten (Tempel, Gräber, Steine etc.) zu küssen, ist in vielen Kulturen ebenso Brauch wie das Küssen der Schwelle des Hauses vor dem Eintritt oder das Berühren heiliger Gegenstände mit dem Mund: So wie *spezifische* Stätten durch den Kuß des Göttlichen oder Heiligen selbst geheiligt werden, erwirbt der Gläubige, indem er die geheiligten oder geweihten Stätten und Gegenstände küßt, seinerseits eine Teilhabe am Heiligtum. »Gott, Himmel, Geister küssen (...) die Erde weihend, sich zu eigen machend« (Grimm, S. 2874) – so wie Eichendorffs Himmel die Erde still küßt – und die Menschen küssen verehrend den geweihten Boden, um sich selbst zu heiligen. Segens- oder Weihekuß einerseits und Verehrungskuß andererseits sind aufeinander bezogen.
›Den Boden‹, ›die Erde‹, ›den Staub küssen‹ sind jedoch auch Synonyme für ›Sterben‹[20], sei es als Metapher für einen verlorenen Zweikampf oder als Bild des Todeswunsches. – Sowohl der Ausdruck von Verehrung und Dankbarkeit als auch die Bedeutungsbeigabe von – überwundenem – ›Tod‹ und ›Sterben‹ vermengen sich im Bodenkuß des Schiffbrüchigen, der das rettende Ufer erreicht hat oder – etwas gemildert – im Bodenkuß des nach langer Irrfahrt Heimkehrenden. Schließlich sei noch ein Mischungsverhältnis erwähnt, das in den ältesten und ubiquitären Bräuchen zum Ausdruck kommt: das magische Küssen der Erde (Gärten, Äcker, Weinberge, gold- und schatzverdächtiger Plätze, Wege, Brücken etc.) oder bestimmter Gegenstände (Talisman, Amulett, Werkzeug, Karten, Würfel, Roulettekugeln, Boxhandschuhe etc.).[21] Hier geht es um die glückbringende Wirkung des Kusses. Verehrung und Furcht, Hoffnung und Angst verschmelzen in der magischen Handlung.
Den Bodenkuß des Papstes innerhalb des skizzierten Bedeutungs-

20 Vgl. Encyclopedia of Religion and Ethics, vgl. III, a.a.O., S. 741, S. 744; ebenso Grimm, Wörterbuch der Deutschen Sprache, a.a.O., S. 2874.
21 Vgl. Encyclopedia of Religion and Ethics, vgl. VII, a.a.O., S. 743; ebenso Grimm, a.a.O., S. 2869.

spektrums unterzubringen, ist nicht so einfach, wie es zunächst scheint. Zwar scheidet der ›Schiffbrüchige‹ – auch als Metapher – schnell aus. Den ›Heimkehrer‹ aus dem Bedeutungshorizont auszugrenzen, fällt dagegen schwer: Gottes Schöpfung ist – zumal für seinen Stellvertreter – nicht an ein bestimmtes Land gebunden, sondern überall. Der Stellvertreter kehrt heim, wo auch immer er hingeht und die Kinder des Heiligen Vaters haben seine Heimkehr vorbereitet.

Aber wenn Gottes Schöpfung überall verehrt werden kann und muß, warum dann – immer wieder – auf mit rotem Teppich bedeckten Flughafenpisten? Weil der Papst zum *erstenmal* diesen Boden, den Boden dieses Landes betritt? Ist das einzelne Land als solches gemeint, so wäre die Anonymität internationaler Flughafenarchitektur am wenigsten geeignet, dieser Besonderheit Rechnung zu tragen. Wären die Menschen dieses Landes gemeint, so könnte man sich ihnen unmittelbar zuwenden. Ebenso wäre eine Geste der Demut – wie das biblische Vorbild unmißverständlich deutlich macht – nicht an rote Teppiche, sondern unmittelbar an die Jünger bzw. die Gemeinde zu richten. Hier hält es Johannes Paul II. anders: Er kniet auf dem Teppich, aber er steht, sitzt oder thront über der Gemeinde, sei es auf den eigens für ihn errichteten Monumentalaltären – oder im ›Popemobile‹, das so gar keine Ähnlichkeit mit jener neutestamentarischen Eselin oder der traditionellen Sänfte hat. Anzunehmen, daß – was ja (s. o.) auch noch möglich wäre – jener Bodenkuß als Weihekuß verstanden werden sollte, verbietet sich ebenfalls: Es wäre Blasphemie – Gottes Schöpfung kann durch seinen Stellvertreter kaum nachgeheiligt werden. Auch das Weihen von Rollbahnen macht wenig Sinn. Beließe man es schließlich bei der Feststellung, daß der Bodenkuß Johannes Pauls II. nicht mehr als eben jene Mischung aus ›Affekt, Liebe, Verehrung und Besitzenwollen‹ (s. o.) repräsentiere, die ›den Kuß‹ ganz allgemein charakterisiert, so würde man der Spezifik dieses neuen Rituals nicht gerecht.

Nein, spezifisch an diesem Bodenkuß ist seine Diffusität und Mischung: jenes ambivalente symbolische Verweisungsnetz, das ebenso Elemente der Demut und Dankbarkeit wie das ›des sich zu eigen Machens‹ der geküßten Erde enthält, ebenso Anbetung wie den Beigeschmack von Blasphemie, ebenso Elemente des traditionellen Ritus wie des magischen Denkens. – Diese Diffusität ist das Ergebnis einer Entscheidung, die ein *Individuum* für sich getroffen hat, ein Individuum, das von der Mehrheit seiner Gläubigen und/oder Interpreten nicht als solches, sondern vielmehr als ›konservativer‹ Papst verstanden wird, als ein Repräsentant der Kirche also, dessen Handeln in Wissen und Kenntnis der Tradition eben diese bewahrt und fortsetzt. – Der ›Bodenkuß‹ jedoch bewahrt nicht die Tradition, er gefährdet sie. Er ist das Ergebnis einer individuellen, nicht traditionsgebundenen Entscheidung für ein diffuses Ritual, das in traditionelle zeremonielle Zusammenhänge eingefügt wird. Dabei wird das Ritual als solches zunächst durch das Amtscharisma des Papstes überhöht und abgesichert.

Diese Überhöhung durch einen traditionsgebundenen überindividuellen Repräsentanten des Heiligen erweist sich jedoch bei näherem Hinsehen als Hervorhebung des konkreten Individuums Johannes Paul II. durch das zunächst nur für ihn bezeichnende und ihn charakterisierende Ritual: der Ausdruck des kollektiv Sakralen verdünnt sich zur Kundgabe des Individuellen, Eigentümlichen. Starrheit der Lehre – wie sie diesem Papst zugeschrieben wird – und Veränderung des Ritus ergänzen einander. *Beide* sind Ausdruck für den nicht mehr bewußten und daher nicht mehr souveränen Umgang mit der Tradition. Die Tendenz dieser Entwicklung verweist auf eine grundlegende Umformung des überkommenen Ritus durch naiven, inflatorischen Ritualismus: die Suche nach Sicherheit und Stabilität im – neuen – Ritual führt zur Destabilisierung des hergebrachten Ritus. War Johannes XXIII. noch der repräsentative Mensch innerhalb eines von ihm beherrschten traditionellen Ritus, so geht Johannes Paul II. den Weg über den ritualisierten Menschen als Repräsentanten hin zur zeremoniellen Selbstrepräsentation eines Individuums innerhalb des hergebrachten Ritus.

Zugleich erhält die in diesem Ritual angelegte symbolische Grenzüberschreitung eine doppelsinnige Struktur: Im Überpersönlichen eines kollektiv gesicherten und bewußt ausgeübten Rituals tritt das Individuum als solches im Allgemeinen zurück. Hier dagegen tritt der Einzelne wegen seiner individuellen, traditionell nicht mehr stimmigen Wahl geradezu hervor. Im kollektiven, sakralen Ritual überschreitet das Individuum – gesichert durch die Kollektivität der Form – die Schwelle zum Heiligen, in dem es aufgeht. Im individuell gewählten und begründeten Ritual überschreitet das Individuum die eigene Alltäglichkeit und überhöht sich selbst in der rituellen Heraushebung der eigenen Singularität. –

Damit überschreitet das Individuum Johannes Paul II. die Grenze eben jenes Ritus, dessen Repräsentant es zu sein hätte. Ein Papst aber – ›Stellvertreter‹ eines Gottes, Repräsentant eines kollektiven Glaubens –, der die Grenzen des kollektiven Symbolismus in Richtung auf individuelle Singularität passiert, bewegt sich ins Nichts. Mehr noch: die repräsentative Zentralfigur einer Glaubensgemeinschaft erweist sich hier strukturell als ›Abweichler‹.

Festzuhalten bleibt: die zentrale Sinnfigur gegenwärtiger menschlicher Selbst- und Weltdeutung innerhalb der ›westlichen Kulturen‹ – jene an Selbstvollendung und Selbstdarstellung orientierte Subjektivität (s. o., 111) – hinterläßt ihre Spuren auch da, wo ihr Einfluß am wenigsten zu vermuten war, in den Schutzgehegen eines religiösen Traditionalismus und Symbolismus.

Das Ergebnis des naiven, undurchschauten Ritualismus und Dogmatismus, den Johannes Paul II. verkörpert, läßt sich an den Reaktionen auf seine letzte Amerikareise gut ablesen. Die Mischung aus inflationärem Umgang mit dem Sakralen einerseits – sowohl die an den Außenminister eines mitteleuropäischen Landes erinnernde Reisefreudigkeit als auch die ›ganztägige Präsenz‹ des Papstes auf wichtigen Fernsehkanälen stehen hierfür – und aus rituell dogmatischer Stereotypie andererseits, hinterläßt eine unzweideutige Wirkung. Die erwarteten großen Mengen der Gläubigen bleiben – nicht nur in den USA – zunehmend aus. »Well, the man was here in this country once already in 1979, and I think, the thrill is gone.« (San Francisco Chronicle, Sept. 19th, 1987, A 12) Anstelle der Gläubigen kamen die Schaulustigen: Fotoreportern gelingt es, inmitten von Zoom-bewaffneten Amateurphotographen einen betenden Gläubigen zu entdecken (San Francisco Chronicle, Sept. 19th, 1987, A 10). Der Besuch des ›Heiligen Vaters‹ wird zu einer Tournee, einer Mixtur aus Staatsbesuch und Celebrity-Show.

Der Jet jagt von Stadt zu Stadt, das Popemobile von Kirche zu Kirche, der Papst von Messe zu Messe. In den Stadien (!) dreht das Popemobile seine Runden ebenso wie die Daimler der siegreichen Footballteams und der Popstar bei Open-Air-Konzerten. Und in Carmel, der Stadt, in der Clint Eastwood – »Dirty Harry«-Darsteller – Bürgermeister ist, bringt ein Button mit dem Bild Johannes Pauls II. die Interpretation dieses Papstbesuches in einem einzigen Imperativ vollendet zum Ausdruck: »Go ahead – bless my day!« Dirty Harry (»Go ahead – make my day«) und Johannes

Paul II. (offizieller Button: Bild des Papstes mit der subscriptio »bless you!«) gehen hier eine bezeichnende Verbindung ein. – Im übrigen genießt man beide Darsteller am liebsten in den Medien, möglichst zu Hause: »I think Catholics are probably turning into couch potatoes like the rest of us« (Julius Duscha, Direktor des ›Washington Journalism Center‹, in Washington DC im San Francisco Chronicle, Sept. 19th, 1987, A 12). In den Medien trifft Johannes Paul II. – nun als eine Art Seriendarsteller – auf eine interessante Konkurrenz: »KGO – TV (Channel 7) said the pope outpulled some daytime soap operas, but did not do well against others« (a.a.O.). Die Schlußbewertung des Besuches aus dieser Sicht, einer Sichtweise, für die Johannes Paul II. mitverantwortlich ist: »The whole visit was hyped as the *greatest show* (Hervorh. H.-G. S.) on earth and heaven and in the end that's bound to disappoint« (a.a.O.).

V

Bei den von mir exemplarisch beschriebenen zwei Erscheinungsformen gegenwärtig beobachtbaren sozialen Handelns, dem (1) ritualisierten Antiritualismus und (2) der Veränderung eines überkommenen Ritus durch naiven, in seiner Wirkung inflatorischen Ritualismus, wurde als Hintergrund eine der herausragenden kollektiven Sinnfiguren gegenwärtiger Selbst- und Weltdeutungen sichtbar: die gesellschaftliche Orientierung der Individuen an einer erfüllten, sich selbst tragenden Subjektivität.[22] Subjektivität, Einzigartigkeit und je besondere Sinngestalt werden so paradoxerweise sowohl zur kollektiven Rolle als auch zum kollektiven, innerweltlich religiösen Leitbild. Gehlen vermutete, daß eine solche »Kultur der Subjektivität ihrem Wesen nach nicht stabilisierbar (ist). Sie muß in einer massenhaften, ephemeren Überschußproduktion enden« (Gehlen, A., 1973, S. 23). Die vorausgehenden Fallbeispiele verweisen zwar zunächst ebenfalls auf eine solche Tendenz, zeigen dann aber auch einen anderen Aspekt. Zunächst wird jene Subjektivität, die vorgeblich in sich selbst ruht und dort Gefallen findet, kollektiv abgesichert. Besonderheit oder Abwei-

22 Die Zeiten, in denen jemand (Marlene Dietrich in einem Fernsehinterview) auf die Frage, wie sie sich fühle und interpretiere, antwortete: »Ich gehe mich einen Dreck an!«, sind damit wohl vorläufig vorüber.

chung (innerhalb *dieses* Rahmens) sind nicht länger gefahrvoll, sondern von wechselseitigem Wohlwollen der Einmaligen begleitet.

Zugleich wächst der Widerstand der primär an sich selbst orientierten Subjekte gegen die funktionale, arbeitsteilig organisierte, regelhaft agierende Arbeits- und Verwaltungswelt, d. h. gegen eine öffentlich-gesellschaftliche Sphäre, die nur noch als ›uneigentliche‹, von ›Systemzwängen‹ beherrschte Zone der Sozialität erlebt wird, und die damit einer Selbsterfüllung der Individuen im Wege steht. Die Massenbewegungen der miteinander verbundenen Subjekte, Gruppen und Grüppchen antworten – unter anderem – hierauf ebenso wie die subjektive Übersteigerung eines traditionellen Ritualismus. Beide verweigern sich einem *pragmatischen* gesellschaftlichen Konsens und einer wechselseitigen Argumentations- und Rationalitätsverpflichtung. Statt dessen berufen sie sich auf den Universalismus höherer Gemeinschaften und Ziele, die so weit vom alltagspraktischen Zusammenleben der Einzelnen entfernt sind, daß sie weder von Argumenten noch von Kooperationsverpflichtungen eingeholt werden können.

In ähnlicher Weise wie der Universalismus der Gemeinschaften als Bindemittel ebenso gegen die Partialisierung der Einzelnen wie gegen die Anonymität funktionalen und öffentlichen Rollenhandelns eingesetzt wird, schließen die Massenrituale die gefährliche Kluft zwischen subjektiv-persönlichem und kollektivem Sinn. Im Ritual des öffentlichen Arrangements wird Nähe und Gefühlsgleichheit suggeriert. Im ›Privatbereich‹, im Ausdruck des Subjektiven dagegen appräsentiert es den kollektiven Sinn. Die ›Überschußproduktionen‹ des Subjektiven und/oder des Universellen werden – hier im Ritual – eingefangen, domestiziert und, was ihre ›öffentliche‹ Wirkung angeht, verflüchtigt und unschädlich gemacht.

Der fliegende Maulwurf (Der taubenzüchtende Bergmann im Ruhrgebiet)

Totemistische Verzauberung der Realität und technologische Entzauberung der Sehnsucht

1.

Als ich zehn Jahre alt war, zog meine Familie von einer kleinen Universitätsstadt in Süddeutschland in eine der Großstädte des Ruhrgebietes. Nur wenige Straßen von unserem Haus entfernt lag eine Bergmannssiedlung. Die meisten meiner Schulfreunde wohnten dort. Zwanglos wurde ich zum Mitglied ihrer ›street corner society‹. Ich trieb mich nach der Schule mit ihnen herum, profitierte von den Nachkriegssegnungen des Bergmannsstandes (Kohle-, Holz- und Lebensmittelzuweisungen) und sah, wie am Abend viele der Bergleute unmittelbar zu denen gingen, die sie am meisten anzuziehen schienen: zu ihren Tauben.

Die Tauben, ihre Zucht und Gesundheit, Futter, Preise – und vom Frühling bis zum Herbst Wettflüge, Flugleistungen und die Wetten –, waren die Themen, denen andere Gesprächs- und ›Lebens‹-Inhalte wie Fußball, Politik und Beruf ganz selbstverständlich nachgeordnet wurden.

Der Blick aus meinem Zimmerfenster zeigte eine – damals noch qualmende – Kohlenhalde, Förderturm und Werksmauern. Abends sah ich die Bergleute – frisch geduscht – aus dem Zechentor kommen: unterwegs von den dunklen, staubigen, unterirdischen Gängen, Flözen und Höhlen zu den Taubenschlägen, zu ihren weißen oder blaugrauen Vögeln. All dies zog sich, als ich längst nicht mehr dort wohnte, zusammen zu *einem* Bild, dem meine bedeutungs- und symbolversessenen Erinnerungsphantasien den Namen ›der fliegende Maulwurf‹ gaben.[1]

1 Ich habe Didi Paus dafür zu danken, daß sie auf dem Dortmunder Soziologentag (1984) diese Erinnerungen wiederbelebte und mir so das Vergnügen schenkte, meinen eigenen Phantasien ebenso nachzugehen wie denen der Bergleute und ihrer (anderen) Interpreten.

Diese Formulierung spielt mit dem Widerspruch. Sie spielt sich auf als Paradox: als etwas, das durch sein Auftreten den gewöhnlichen Erfahrungen (Mauthner 1980, S. 231 f.) oder zumindest durch seine sprachliche Fassung dem allgemeinen Sprachgebrauch widerspricht. In ihrer Erscheinungsweise geben sich Paradoxe als spezifische rhetorische Figuren. Sie sind jedoch mehr als das. Sie veranschaulichen bildhaft eine (neben anderen) grundlegende Form des Umgangs mit Widersprüchlichkeit und Gegensätzlichkeit: Sie repräsentieren *gleichzeitig* einen punktuellen Widerspruch und den Prozeß seiner Harmonisierung. Sie markieren einen bedeutsamen Schritt innerhalb eines Problemüberwindungsprozesses, an dessen Anfang die Erfahrung von Unsicherheit, gefolgt von reflexiv festgestellter Widersprüchlichkeit und Zweifel stehen, die dann aber von uns in angestrengter Arbeit der Vorstellungskraft zu einem spielerisch aufgehobenen Gleichgewicht der Gegensätze, zu einer ästhetischen Balance der Widersprüche geglättet werden. Kurz: Paradoxe verweisen auf jene praktisch vollzogenen Harmonisierungsprozesse, die uns durch unsere ›exzentrische Positionalität‹ (Plessner 1929, S. 288 ff.) aufgezwungen werden. Sie verweisen auf die Notwendigkeit, mit und in Widersprüchen zu leben und zugleich auf eines der Hilfsmittel, mit diesen Widersprüchen umzugehen.
Die Formulierung von Paradoxen ist Teil der symbolischen Arbeit, durch die wir unsere sichtbaren und unsichtbaren Konstruktionen der Welt mit einem Netz von Bedeutungen überziehen.[2] Und es sind nicht zuletzt die Symbole, die diese Konstruktionen sichern. Diese Fähigkeit verdanken sie der Eigenschaft, Paradox und Ambivalenz zu betonen, aber zugleich auch auszuhalten und die Dissonanzen des Gegensätzlichen in ästhetische Konsonanzen umzuformen. Wir nutzen diese ungewöhnliche Eigenschaft der Symbole, um unterschiedliche, miteinander scheinbar unverträgliche Bedeutungen, Gefühle, Werte und Tendenzen zu einer bild-

2 Auch das Sprechen über Symbole bedient sich der Symbole: entweder bewußt – indem es deren Potential nutzt (vgl. die Überschrift dieses Artikels) – oder unbewußt, indem es sich entweder keine Rechenschaft über den eigenen symbolischen Ausdruck ablegt oder der Illusion erliegt, die Verwendung einer von Bildern und Metaphern ›befreiten‹, zur ›Sprache des Begriffes‹ ausgedünnten Wissenschaftssprache reiche aus, das Denken in Symbolen abzustreifen: Sprache *und* Denken werden so zwar dünn, weben aber dennoch ein eigenes symbolisches Muster.

haft ausgeformten widersprüchlichen Einheit zu verknüpfen.[3] Andererseits – und dies steht nicht im Gegensatz zum Vorangegangenen – dient das ›Symbolon‹ (die ursprüngliche Einheit [Münze, Muschel, Ring etc.], die zerbrochen wird und dann wieder zusammenfinden soll) getrennten Freunden, Verwandten, Liebenden als identifikatorisches Erkennungszeichen: als Zeichen der *unverbrüchlichen* Gemeinschaft. Die besondere Betonung, die symbolischem Handeln und Ausdruck, insbesondere bei der Darstellung und dem Erleben des Sakralen, zukommt, macht unmißverständlich deutlich, wie sehr unsere Sinndeutungen und unser Zusammenleben nicht nur als Leben *mit*, sondern auch als Leben *in* Symbolen verstanden werden müssen. Eine der unsichersten Währungen im sozialen Haushalt, die sozialen Gefühle, hätten ohne Symbole nur eine labile und flüchtige Existenz (Durkheim 1912, S. 316). Symbole, insbesondere diejenigen, die wir als Kollektivsymbole bezeichnen, sind die immer wieder neu zu bestätigenden Produkte und Instrumente menschlicher Arbeit *an* und *mit* den Bedingungen des Zusammenlebens in Gruppe, Gemeinschaft und Gesellschaft. In dieser Hinsicht konstituieren Kollektivsymbole das Gefühl der Gemeinschaft ebenso wie sie deren (Kollektiv-)Bewußtsein und Fortbestehen zu sichern helfen.

Anders als die reflexive Syntax und Abfolge der Kausalität konstituieren Symbole Unmittelbarkeit. Sie ziehen das Widersprüchliche zur Einheit, das Ungleichzeitige zum Simultanen, das Nebeneinander zu *einer* Gestalt zusammen. Wo das Symbol seine eigene Wirklichkeit postuliert, zielt es darauf ab, dem Argument das Recht zu entziehen. Überdeterminiert und ambivalent, wie es ist, repräsentiert es einen Aspekt menschlicher Wirklichkeitskonstruktion, die an ihrer Widersprüchlichkeit nicht zerbricht, sondern von ihr lebt, sie ausdrückt und die Einheit der Widersprüche suggeriert.

Diese Struktur nutzend repräsentieren zentrale Kollektivsymbole einen Mythos, in dem alle Details lebensweltlicher Erfahrung zu

3 Es ist hier und im folgenden ausschließlich von ›Real‹- bzw. ›Transparenzsymbolen‹ die Rede. Vgl. dazu auch: Soeffner, Hans-Georg (1989), Emblematische und symbolische Formen der Orientierung, in: ders., *Auslegung des Alltags und der Alltag als Auslegung*, Frankfurt, S. 158-184.

ganzheitlicher, höherer Bedeutsamkeit zusammengebunden, der Zufall ausgerottet und jedes Einzelphänomen zur Chiffre der Macht und Wirksamkeit eben dieses Mythos verzaubert werden. Die Bedeutung von Kollektivsymbolen als elementaren Bestandteilen konkreter gesellschaftlicher Wirklichkeitskonstruktionen leitet sich weniger daraus ab, daß sie auf bestimmte Gegenstände, Ereignisse, Personen etc. bezogen werden: *Die entscheidende Bedeutung eines Kollektivsymbols besteht vielmehr in der sozialen Reaktion, die es hervorruft*, in seinem Einfluß auf die kollektive Wahrnehmung, Orientierung und kollektives Handeln. Es stiftet, wie Karl Jaspers formulierte, »Gemeinschaft ohne Kommunikation« (Jaspers 1932, Bd. II, S. 26).

Das konkrete historische Phänomen, daß um die Mitte des 19. Jahrhunderts jene diffuse Masse von Bauern, Handwerkern, Landarbeitern, die aus unterschiedlichen Ländern, Kultur- und Sprachräumen kamen – zusammengetrieben und zusammengehalten lediglich durch einen bestimmten Typus industrieller Arbeit – die Taube zu ihrem Kollektivsymbol ›wählt‹, drängt dem Beobachter den Verdacht geradezu auf, daß dieses romantische Bild eher Brüche und Dissonanzen als Harmonie repräsentiert und daß das romantische Wappentier der Bergleute das Erzeugnis kollektiver Arbeit an Widersprüchen, unerfüllten Wünschen, enttäuschten Hoffnungen oder Illusionen ist: Der offensichtliche Kontrast zwischen den schwarzen, unterirdischen Maulwürfen und ihrem luftigen Symbol verweist darauf, daß die intersubjektive Konstruktion und das subjektive Erleben dieses kollektiven Idealbildes symbolischer Ausdruck der konkreten historischen Struktur einer spezifischen Form sozialer Existenz und Lebensweise ist.

Es geht im folgenden also um Antworten auf die Fragen: was läßt den chthonischen, erdigen Maulwurf in der Taube als Wappentier seine fliegende Idealgestalt finden? Was läßt ihn abheben? Welche besonderen Flugtechniken und Flugziele wählt er? – Ich nähere mich den Antworten auf diese Fragen, indem ich in einem ersten analytischen Schritt die semantischen Beigaben zu beschreiben suche, die den Bedeutungsgehalt des Symbols ›Brieftaube‹ und dessen Beziehung zum Bergmann des Ruhrgebietes strukturieren.

II.

Anders als viele ihrer symbolischen Verwandten ist die Taube zugleich Wappen- und Haustier: praktischer und symbolischer Umgang mit ihr, pragmatische und ideale Bedeutung sind eng miteinander verbunden. Hinzu kommt: nahezu jede Kultur kennt dieses Tier. Es ist auf jedem Kontinent zu Hause. Seine Kulturgeschichte umspannt einen Zeitraum von 7000 Jahren, und es wird geschätzt, daß gegenwärtig etwa 80 Millionen Tauben zwischen dem Markusdom in Venedig, dem ›Inneren Palast‹ in Peking, dem Kapitol in Washington und den Fördertürmen von Wanne-Eickel umherfliegen. Es gibt ungefähr 800 unterschiedliche Haustauben- und 650 Wildtaubenarten. Sie alle stammen ab von der Felstaube: der Mutter der Reisetaube und der Großmutter der Brieftaube.[4]

Wer sich einmal eingelesen hat in Geschichte und Geschichten der Tauben, fühlt sich versucht, die Geschichten weiterzuspinnen, zu erzählen von all den Kunststücken, deren Tauben – dressierte oder wilde – fähig sind: Geschichten über ihren immer noch rätselhaften Orientierungssinn, über Flug- und Geschwindigkeitsrekorde, Höhen-, Tief- und Langstreckenflüge, Loopings, Luftpurzelbäume etc. All dies ist natürlich Teil ihrer Kulturgeschichte, die ich hier aber lediglich kurz, eher dürr, und ausschließlich im Hinblick auf meine Fragestellung streifen werde.

Die ältesten überlieferten Zeugnisse dieser Kulturgeschichte finden sich ca. 5000 Jahre v. Chr. Mit ihnen beginnt die lange Reihe der Bilder, Inschriften, Plastiken, Erzählungen. Die Fundorte – beginnend in Mesopotamien – sind verstreut über alle Kontinente. Frühe Spuren finden sich in Ägypten, Babylonien, Griechenland, Indien, China, Zentralamerika. Die weißen Tauben der babylonischen Göttin Istar/Astarte, die geheimnisvollen Klänge, die von den Tauben in Java und Bali ausgehen, die Brieftauben, die als Liebesboten König Salomons zur Königin von Saba flogen und

4 Eines der schönsten und zugleich materialreichsten Bücher über Tauben hat Hilmar Hoffmann geschrieben. Wenn ich auch Hoffmanns Interpretationen der Tauben züchtenden Bergleute für zu empathisch und romantisierend halte, so verdanke ich ihm doch eine Fülle von Kenntnissen, Anregungen, Geschichten und Anekdoten. Er hat mir einen großen Teil eigener Recherchen abgenommen und zugleich eine der angenehmsten Lektüren geschenkt. Hoffmann, Hilmar (1982), Das Taubenbuch, Frankfurt.

jene, die Brutus zu seinen Mitverschwörern aussandte, die berühmte Taube, die das Ende der Sintflut anzeigte, aber auch Hans Albers' ›La Paloma‹, Picassos Friedenstaube (gemalt im Geburtsjahr seines vierten Kindes, 1949, einer Tochter, die den Namen ›Paloma‹ erhielt) – und schließlich die Brieftauben von ›Taumvatter Jupp‹ und ›Kumpel Karl‹ im Ruhrgebiet – sie alle sind Glieder in einer langen Kette des praktischen und symbolischen Umganges von Menschen mit Tauben.

Manchmal finden sich innerhalb der langen Kette gleichartige Perlen, die ein eigenes Muster ausbilden: Im Jahre 444 v. Chr., dem Jahr der 84sten Olympiade (keine Olympiade ohne Tauben – bis heute) sandte einer der Olympiasieger, Taurosthenes, Brieftauben zu seiner 160 km entfernten Heimatinsel Ägina, um Freunde und Anhänger möglichst schnell von seinem Triumph zu unterrichten (Hoffmann 1982, S. 105). Seinem Vorbild folgten – noch in den fünfziger Jahren unseres Jahrhunderts – die Fans der SpVg Erkenschwick, des STV Horst Emscher, der Sportfreunde Katernberg und von Hamborn 07. In den Halbzeitpausen unterrichtete man Fans und Spieler über die Halbzeitergebnisse der Konkurrenten: Auch in der Kulturgeschichte dauern 2000 Jahre oft nicht länger als ein Flügelschlag.

Über Tauben im Dienst von Information und Desinformation ließe sich bis in unser Jahrhundert hinein eine eigene Geschichte schreiben, zu der das Informationssystem des Bankhauses Rothschild eine bezeichnende Episode beisteuerte: Nach Napoleons Niederlage bei Waterloo unterrichtete das Bankhaus seine Londoner Filiale mit Hilfe von Brieftauben drei Tage früher als dies die reitenden Boten für den englischen Hof schafften; Zeit genug, um durch Gerüchte und Fehlinformationen Aktien und Geld ›arbeiten zu lassen‹.

Schon früh waren Training und Zucht der Brieftauben Voraussetzung für deren erfolgreiche Botentätigkeit. Methodisiert und auch instrumentalisiert wurde die Zucht zuerst in Indien durch Akbar den Großen (16. Jahrhundert). Sein Hof soll sich an 20 000 Tauben erfreut oder unter ihnen gelitten haben. Der Mogul sonderte – wissenschaftlich präzise – siebzehn unterschiedliche Arten aus seinen Beständen aus und züchtete acht neue Rassen, indem er die ›besten‹ Eigenschaften der bestehenden Arten durch Kreuzung zu isolieren und zu veredeln suchte. Die Neuen bedankten sich, indem sie den Hof dadurch erfreuten, daß sie die Hofkapelle durch

artistische Darbietungen – Luftrollen, Innenloopings – begleiteten.
Schon 1760 schreibt der Persische Dichter Sayzid Mohammed Musari die erste Geschichte der Tauben. Seitdem werden Taubenzucht und Training methodisch weiterentwickelt – nun vor allem in Westeuropa. Dabei folgt die symbolische Deutung, die den Tauben von den jeweiligen Gesellschaften zugeeignet wird, jeweils den sozialen und politischen Zuständen und Veränderungen, die diese Gesellschaften kennzeichnen: In der vom Bürgertum getragenen Gesellschaft der Niederlande erlebt die Taubenzucht ihren Höhepunkt im 18. Jahrhundert. Am Ende eben dieses Jahrhunderts werden in Frankreich (1789) die Taubenschläge als Symbole von Feudalismus und Kirche zerschlagen. Vier Jahrzehnte später (1818) finden im Königreich Belgien, das sich gerade anschickt, eine eigene Kohle- und Stahlindustrie aufzubauen, die ersten Taubenwettflüge statt – Belgien wird auf dem Europäischen Kontinent zum Heimatland sowohl des industriellen Bergbaus als auch der Brieftaube und der Taubenzucht. Bis heute nimmt die ›Belgische Zuchttaube‹ innerhalb der Hierarchie edler Taubenrassen den ersten Rang ein.
Dem ersten größeren Wettflug Toulouse–Brüssel (1818) folgten rasch weitere. Zunächst waren es noch Flüge von Paris oder London nach Brüssel, dann aber, nach einigen Zwischenstationen, vergrößerte man die Distanzen: 1850 führt der Weg von Rom nach Brüssel. Heute bevölkern oder verdunkeln 3½ Millionen Tauben den belgischen Wochenendhimmel (vgl. Hoffmann 1982). Die Deutschen beginnen demgegenüber mit einem Spätstart. An den Höfen – dann am Hof – schätzt man Tauben vor allem als Vorspeise. Dennoch wird 1845 der erste Taubenzuchtverein in Buchholz (Sachsen) gegründet, es folgt Frankfurt (1869) – und dann, wie es sich für die deutsche Vereinsmentalität schickt, wird das gesamte ›Taubenvereinswesen‹ gewissenhaft zusammengefaßt zum »Verband Deutscher Brieftaubenzüchtervereine« (Köln 1884). Heute pflegen, füttern und trainieren die Mitglieder von etwa 8000 Vereinen sechs Millionen ›deutsche‹ Brieftauben aus der 15 Millionen Tauben starken europäischen Luftflotte. Neben den Artisten der Wett- und Botenflüge[5] dürfen jene anderen Tauben –

5 Brieftauben als ›Informationsmedium‹ der Presse im 19. Jahrhundert oder auch im Jahr 1972 (Olympische Segelregatta in Kiel), in dem eine

es sind meist weiße Lavatauben – nicht vergessen werden, die Zauberkünstler aus ihren Zylindern aufsteigen lassen: Zwölf oder sogar mehr Tauben finden ›Platz‹ in den weiten Fräcken jener Trick-Spezialisten, die sich des ganz anderen Zaubers weißer Tauben bedienen.

Ein eigener Stellenwert kommt der militärischen Karriere der so vielfältig verwendbaren Brieftaube zu. Schon der Pharao Djozer (1. Dynastie, 2600 v. Chr.) soll Brieftauben als Kuriere eingesetzt haben. Julius Caesar, chinesische Kaiser, christliche Kreuzritter, türkische Sultane und viele andere folgen ihm: die Niederländer lassen Brieftauben gegen Alba fliegen, die Briten bedienen sich ihrer gegen die Buren, Brieftauben fliegen und ›kämpfen‹ für jede Seite während des Ersten Weltkrieges, die Résistance wehrt sich mit ihrer Hilfe gegen die Deutsche Wehrmacht, Britische Fallschirmjäger tragen eine zeitlang Springerjacken mit einer auf der linken Seite angebrachten Taubentasche, Tauben, denen man kleine automatische Kameras wie Rucksäcke vor die Brust schnallte, werden als Aufklärungsflieger eingesetzt, und die Streitkräfte der Vereinigten Staaten von Amerika vereidigen ihre tierische Airforce auf ›stars and stripes‹ (Hoffmann 1982, S. 133). Wo es Militär gibt, bleiben, so will es dessen Selbstdeutung, Helden nicht aus. So zum Beispiel die Taube ›G. I. Joe‹, vom Lord Mayor Londons mit der ›Dickin Medal for Gallantry‹ ausgezeichnet, weil sie durch ihren Botenflug über tausend britischen Soldaten das Leben gerettet hatte. ›Cher Ami‹ (ebenda, S. 124 f.), Weltkrieg-1-Teilnehmer, hatte das zweifelhafte Glück, nach der Heldentat sichtbare Spuren der Tapferkeit am ganzen Körper vorweisen zu können: Sie war die letzte von sechs Brieftauben – fünf waren bereits von deutschen Scharfschützen abgeschossen worden, die ein eingeschlossenes amerikanisches Bataillon vor der eigenen, zu kurz liegenden Artillerie retten sollte. ›Cher Ami‹ stieg auf, wurde getroffen, fiel zu Boden, stieg überraschend wieder auf und verschwand mit der Botschaft aus der Sichtweite der Eingeschlossenen wie auch der Scharfschützen. Und der Bote kam an: Brust und linker Flügel durchschossen, das linke Bein fehlte. Die Eh-

Brieftaube Pressephotos schneller von Kiel nach Kopenhagen beförderte als die Königlich-Dänische-Post, machten ebenso Geschichte(n) wie jene, die von Schnapsschmugglern, während der amerikanischen Prohibition, eingesetzt wurden.

rung an der gesundgepflegten Taube übernahm General Pershing persönlich, und er ordnete an, daß ›Cher Ami‹ bei der Fahrt über den Atlantik eine Offizierskabine erhielt. 1919 starb der Held, wurde ausgestopft und kann nun (wie die angeschossene Tabakdose des ›Alten Fritz‹ auf Schloß Hohenzollern) im National Museum Smithsonian, Washington D. C., bewundert werden.
Noch heute setzen Armeen einen Teil ihrer Hoffnungen auf Brieftauben. So trainiert etwa die Schweizer Armee nach wie vor Brieftauben. Zum einen, weil diese durch Radar nicht erfaßt werden können, zum anderen, um selbst dann noch ein ›funktionierendes‹ Informationssystem übrigzubehalten, wenn im Falle eines Atomkrieges alle elektronischen Nachrichtensysteme versagen, weil sie durch den sogenannten NEMP (nuclear electronic impuls) gestört wurden. Was aber wäre ein militärisches Gerät, und sei es auch ein Held, ohne eine entsprechende Handbuchdefinition, an die sich der wohlinformierte Soldat halten kann? Genauer: was also ist die ›Schweizer Militärbrieftaube‹? Antwort: sie ist »ein sich selbst reproduzierender Kleinflugkörper auf biologischer Basis mit fest programmierter, automatischer Rückkehr aus beliebigen Richtungen und Distanzen« (Hoffmann 1982, S. 134).

III.

Die mehr oder weniger profanen, praktisch verwertbaren Qualitäten der Tauben und der hieraus ableitbare Bedeutungsgehalt sind – manchmal versteckt, häufiger deutlich erkennbar – verknüpft und gesättigt mit jenen Bedeutungen, die aus Mythen, Märchen, Legenden, aus Religion und Dichtung gespeist werden. Auch dieses Bedeutungsgeflecht kann ich nur in einigen seiner Grundmuster und Farben nachzeichnen.
Seine zentralen Motive sind eng verwoben mit Tauben-Mythen und Taubenkult um die erwähnte babylonische Gottheit Istar, die semitische Astarte und syrische Atargatis. Von hier aus lassen sich Fäden verfolgen zu den Mythen um Aphrodite/Venus, zu den Plejaden (πελειάς = wilde Taube[6]) – den Priesterinnen zu Dodona, der Orakelstätte des Zeus – aber ebenso auch zur indischen Rig-Veda und dem Mythos von der Geburt der Semiramis, die, als Kind ausgesetzt, von Tauben gefüttert und gerettet wurde.

6 Ursprünglich: ›die Graublaue‹.

Istar stirbt im Herbst mit dem Fallen der Blätter, mit der Natur. Mit ihr kehrt im Frühling das Leben zurück, wenn sie mit ihrem ewig jungen Geliebten Tammuz, dem späteren Adonis, die ›Heilige Hochzeit‹ feiert. Bereits in diesem frühen mythischen Zyklus vereinigt das ihn begleitende Symbol, die ›Taube‹, sehr unterschiedliche und widersprüchliche Elemente zu einer Gestalt: Vogel des Lebens und des Todes[7], Bote der Liebe und des Elends, Kennzeichen der heiligen Hetären (›Tempelprostitution‹) – der Priesterinnen der Astarte (vgl. ihre verarmten deutschen Urenkelinnen im Ausdruck »Asphalttaube« = Prostituierte) – und zugleich Seelenvogel.
Die christliche Mythologie übernimmt all diese Elemente von ihren historischen Vorläufern, aber jedes von ihnen – auch Tod, Elend und Leid – wird mit einem neuen, die Erlösung ahnen lassenden Akzent versehen: beginnend mit den Tauben, die Noah aussendet und die das Ende der großen Flut anzeigen, endend mit der Taube, die Johannes bei der Taufe Jesu und die später noch einmal zu Pfingsten den Jüngern die Anwesenheit Gottes (des ›Heiligen Geistes‹) und die Verheißung von Gnade und Erlösung ›sichtbar vor Augen führt‹. Dementsprechend legt das Konzil von Nikäa den Bedeutungsrahmen des Symbols ›Taube‹ wie folgt fest: Es ist Symbol des Friedens, des heiligen Geistes, der erlösten Seele, der Geistbegrabung. Bis heute verkörpert es im kultischen Symbolbestand der katholischen Kirche »den Heiligen Geist, die Inspiration der Heiligen Schrift, die im Frieden des Herrn hinscheidende Seele wie in der Zwölfzahl die zwölf Apostel« (Hermann 1960, S. 84).
Eingepaßt in das Gewebe überkommener Mythen folgt auch der Opfertod Jesu dem mythologischen Muster der jüdischen Tradition: in der symbolischen Gleichsetzung sowohl des unschuldig verfolgten Volkes Israel als auch des unschuldig leidenden Christus nicht nur mit dem Lamm, sondern auch mit der Taube – beide sind geheiligte Opfertiere – schließen sich die alten Mythen im neuen wie selbstverständlich zusammen und finden in der Kunst eine ebenso einfach klingende wie hintergründig durchgeformte

7 In der Darstellung eines jungen Mädchens, das eine Taube in seiner Hand trägt, vereinigten die Griechen (5. Jahrhundert v. Chr.) bereits die Vorstellung von Brautfeier und Tod: Eben jenes Mädchen war Sinnbild der ›Braut des Hades‹ – der Verstorbenen.

Gesamtgestalt – am vollkommensten wohl in Bachs Matthäuspassion:

> Am Abend, da es kühle war,
> Ward Adams Fallen offenbar.
> Am Abend drücket ihn der Heiland nieder,
> Am Abend kam die Taube wieder
> Und trug ein Ölblatt in dem Munde.
> O schöne Zeit! o Abendstunde!
> Der Friedensschluß ist nun mit Gott gemacht,
> Denn Jesus hat sein Kreuz vollbracht.[8]

Die christliche Taubensymbolik ihrerseits geht in Kunst, Volks- und Aberglauben neue Verbindungen ein oder nimmt alte Fäden des Bedeutungsgewebes wieder auf: Taubenfleisch oder gar Taubenblut gelten in – eher magisch – informierten Kreisen als Heilmittel gegen Magenschmerzen, Schlaganfall, Augenleiden, Warzen, Sommersprossen, Skorpionstiche; Taubenblut, pur oder in Küchlein, heute in Pizzen eingebacken, gilt als Aphrodisiakum (Wuttke 1900, S. 119). Jeanne d'Arc in Sage und Dichtung leiht sich über die Taube den Symbolhintergrund von Religion und Märchen ebenso aus wie die Parzivalsage, Wolframs Parzivalgedicht und nicht zu vergessen Wagners Parzivaloper, die jedem Regisseur die heikle Aufgabe aufzwingt, zur rechten Zeit (3. Akt, die erlösende Frage) eine weiße Taube über dem Haupt des Anfortas schweben zu lassen.

Mythen, Religionen und Volksglauben preisen – übrigens auch aus ethologischer Sicht nicht ganz zu Unrecht – Treue, Liebe und Friedfertigkeit der Taube: Tauben sind monogam, erfreuen sich sowohl eines unentwegten Fortpflanzungsdranges als auch einer ebenso bemerkenswerten Liebesfähigkeit, und sie sind – wenn auch nur innerhalb des Verbandes ihrer eigenen Artgenossen – erstaunlich friedfertig. So offenkundig lobenswerte Eigenschaften führen (vgl. etwa den Physiologus) zu unzähligen Geschichten, Gedichten und Liedern von der Antike über Plautus, dem nachgesagt wird, er habe das Kosewort ›mea columba‹ in die Dichtung eingeführt, bis hin zu Bert Brecht: »Mackie und ich, wir lebten wie die Tauben« [Eifersuchts-Duett, Lucy und Polly] (Brecht 1967, S. 451).

8 Bach, Johannes Sebastian, Matthäus-Passion, Grablegung, Nr. 74 Rezitativ.

In eben diesen Bezugsrahmen ordnet sich nahtlos der weltweit anerkannt gefühlsträchtige Schlager ›La Paloma‹ ein, zitiert doch auch er, der arme Vetter ›gehobenen Liedgutes‹, beinahe alle wesentlichen Elemente der Taubensymbolik. Selbst die Geschichte dieses Liedes versetzt uns in den Genuß jener gehoben weinerlichen Melodramatik, von der es lebt: Es wurde geschrieben von Sebastian de Yradier, dem Gesangslehrer der Kaiserin Eugénie, und erlebte seine Uraufführung 1864 im Theater von Mexico City. Vorgetragen wurde der später so erfolgreiche Tango von der berühmten Concha Mendezi. Ihr prominentester Zuhörer war Kaiser Maximilian – den man in Deutschland ›den Unglücklichen‹ nannte – ihm kamen die Tränen (Hoffmann 1982, S. 100). Der Deutsche, vom ›Blonden Hans‹ (Albers) unübertroffen eingetönte Text, läßt alles an Motiven anklingen, was den Seefahrer oder Strandurlauber mit dem Seelenvogel verbindet:

Falle ich einst zum Raube / empörten Meer, / fliegt eine weiße Taube / zu Dir hierher / lasse sie ohne Säumen zum Fenster ein, / mit ihr wird meine Seele dann bei Dir sein.

Natürlich besteht die Welt nicht nur aus Taubenliebhabern, natürlich hat die ›Ratte der Lüfte‹, die unsere Kunstdenkmäler mit ätzendem Grauweiß einfärbt[9], so viel Abscheu auf sich gezogen, daß ständig über die Sterilisierung der Liebesvögel nachgedacht wird, und natürlich kann man sich angesichts der Gefühlsausbrüche, die Tauben auslösen, vergnügt und mit guten Gründen der Aufforderung Georg Kreislers anschließen »Gehma Tauben vergiften im Park!« – Um Brieftauben handelt es sich bei diesen ordinären Tauben nicht.

IV.

Der lange, für die abschließende Argumentation notwendige Weg durch die Kulturgeschichte der Tauben führt nun zurück zu einem ihrer treuesten Verehrer, dem fliegenden Maulwurf. Vorerst aber geht es noch einmal darum, einige allgemeine Daten zur Taubenzucht der Bergleute im Ruhrrevier zusammenzustellen, bevor aus dem vordeutenden Erzählen eine erzählende Interpretation werden kann.

9 Schon früh heißt es dazu: »Wer sein Haus will rein erhalten, darf weder Weib noch Pfaff noch Tauben halten« (Hoffmann 1982, S. 102).

Nach wie vor halten ca. 30000 Züchter im Ruhrgebiet etwa zwei Millionen Tauben (Bundesrepublik: 90000 Züchter, 6000000 Tauben). Taubenzucht und ›Taubenrennen‹ wurden im Ruhrgebiet zur Liebhaberei und zum Sport der Bergleute in einer Zeit, als der Arbeitstag ›unter Tage‹ 12 bis 14 Stunden lang war, als die Lebenserwartung eines Bergmannes 40 Jahre betrug, seine Gesundheit und Arbeitskraft durch die Silikose (›Steinstaublunge‹) oder durch Arbeitslosigkeit oder durch beides bedroht waren.

Die ersten – im Ruhrgebiet nun bereits legendären – Züchter waren ›Taubenvater Gustav‹ (Pütt Baaker Mulde), ›Taumvatter Jupp‹ (Zeche Osterfeld), ›Kumpel Karl‹ (Kokerei ›Verlorener Sohn‹). Diese Namen, ebenso wie die Namen der Zechen und der Taubenzuchtvereine (»Ewig treu die Alten«, »Heimweh zum Schönefeld«, »Für's Vaterland«), gäben allein schon genug Anlaß zu einer wissenssoziologischen Interpretation der ›Mentalitätsgeschichte‹ des Ruhrpottkumpels. – Aber zurück zu den Brieftauben!

In den erwähnten ›guten‹ alten Zeiten vor der Industrialisierung diente es dem Vergnügen der Könige, Moguln, Adeligen und Reichen, Tauben zu züchten und zu halten. Nun übernimmt der Bergmann diese Kunst. Auch für ihn ist es – gemessen an seinen Mitteln – ein teures Vergnügen: eine gute Reisetaube kostet zwischen 300,– DM und 500,– DM; Spitzenpreise liegen bei 28000,– DM. Ein Taubenpaar benötigt mehr als einen Zentner Körnerfutter im Jahr, und es wird geschätzt, daß die Landwirtschaft allein durch die Taubenzucht einen Umsatz von 50 Millionen DM im Jahr macht.

Die Taubenschläge erfordern eine besondere Pflege. Sie müssen außerordentlich sauber gehalten werden, andernfalls werden die Vögel krank und sterben. Das bedeutet: die Schläge müssen täglich ausgekehrt, einer Sodawäsche unterzogen und zusätzlich wöchentlich mit Chinosol und Insektenpulver behandelt werden. Mit den Worten eines Züchters: »Da braucht bloß 'n Korn 'rumzuliegen, eine Taube scheißt d'rauf, und wieder 'ne andere frißt dat – und schon haste Malässe mit Krankheiten« (Hoffmann 1982, S. 26).

Hinzu kommen die Ausgaben der Clubs für den ›Kabinenexpreß‹, mit dem die Reisetauben zu ihren Startplätzen in Wien, Rom oder Kopenhagen transportiert werden. Diese Reisebusse (Kosten ca. 45000,– DM) sind komfortabel ausgestattet – Speise- und Schlafwagen in einem: Länge 9,40 m, Höhe 3,80 m; sie führen drei Zentner Körnerfutter mit sich und beliefern die Tiere mit fließendem Wasser und Spezialnahrung. Als ob diese Ausgaben nicht hoch genug wären, zeigen sich die züchtenden Bergleute auch noch bemerkenswert spendenfreundlich: Der »Verband Deutscher Brieftaubenliebhaber« (Sitz: Essen) sammelte und spendete innerhalb von zehn Jahren 5 Millionen DM allein für die ›Aktion Sorgenkind‹ (Lau/Voß 1988), einen nationalen Wohltätigkeitsbasar: der sogenannte ›kleine Mann‹ spendet für den noch kleineren.

Neben dem Wohltätigkeits- blüht das Wettgeschäft. Der Höchsteinsatz beträgt 30,– DM; einige Ruhrgebietsstädte limitieren ihn auf 10,50 DM; alle Einsätze werden ausgespielt. Dennoch ist ganz offensichtlich das Wetten selbst mehr eine soziale Veranstaltung als eine Passion. – Die in diesem Zusammenhang immer wieder bemühte Metapher von der Taube als dem ›Rennpferd des kleinen Mannes‹ mag witzig wirken, ist jedoch unzutreffend (Hoffmann 1982, S. 82): Anders als das Rennpferd bestreitet die Taube ihr Rennen ausschließlich aus eigenen Kräften und Fähigkeiten, ohne irgendeine Hilfe von außen. Es gibt weder Starthilfen noch eine abgegrenzte Rennbahn, noch irgendeinen Ersatz für den Jockey. Alles bleibt der instinktgeleiteten Navigation der Taube überlassen. – Natürlich hängt jeder Rennerfolg von Zucht, Pflege und körperlicher Verfassung der Taube ab. Das traditionelle Züchterwort »Form ist besser als Klasse« (ebd.) bringt dabei etwas zum Ausdruck, was für beide gilt, für die Taube wie für den züchtenden Bergmann: Leistung, nicht Herkunft entscheiden.

Die Rennkarriere einer Reisetaube beginnt gewöhnlich, wenn diese ein halbes Jahr und endet, wenn sie sechs Jahre alt ist. Die ›Lebenserwartung‹ der Vögel liegt jedoch bei dreißig Jahren, die auszuleben ihnen ihre Züchter durch liebevolle Pflege gestatten. – An den bedeutenden Rennen (z. B. Wien–Ruhrgebiet) nehmen bis zu 30 000 Reisetauben teil. Die schnellsten von ihnen benötigen 13 Stunden für den Heimflug. Wenn sie entsprechend gut trainiert sind, fliegen sie ohne jede Unterbrechung in einer Flughöhe von ungefähr 100 Metern. An ihren Beinen tragen sie ein schmales, elastisches Band, auf dem exakt die Startzeit – Tag, Stunde, Minute und Sekunde – angegeben ist, festgestellt durch eine spezielle Stoppuhr, die sogenannte ›Konstatieruhr‹. Bei der Ankunft des Wettfliegers kommt es für den Züchter darauf an, so schnell wie möglich das Zeitband vom Bein der Taube abzustreifen und – mit dem Band als Beleg – die Ankunft- bzw. Flugzeit auf der örtlichen Konstatieruhr festhalten zu lassen. Siegerin ist nicht die Taube, die als erste auf dem Dach ihres Hauses aufsetzt, dort womöglich unerreichbar auf dem First sitzenbleibt und sich so die Bezeichnung ›Dachscheißer‹ einhandelt, sondern diejenige, die sich als erste in die Hände des Züchters senkt.

Um die Tauben zur Höchstleistung zu ›motivieren‹, bedienen sich die Züchter nicht gerade feinfühlig eines delikaten Tricks. Nach der Devise: Wir machen der Sehnsucht Flügel, werden die ›Treue‹ und Monogamie des Taubenpärchens ausgebeutet. Der Euphemismus ›Schonmethode‹ steht für dieses Verfahren (Klein 1981): die beiden Liebenden werden getrennt. Erst kurz vor dem Rennen läßt man den physisch stärkeren Täuber, der das Rennen zu bestreiten und die Heldenrolle zu übernehmen hat, zu seiner Geliebten. Den beiden durch die Trennung schon nach einander Fiebernden gestattet man ein das Feuer noch steigerndes, vorspielendes Schnäbeln und Küssen, um dann gerade noch ›rechtzeitig‹ den Täuber von seiner Geliebten zu trennen und auf die Reise zu schicken. Diese hintersinnig gesteigerte Sehnsucht beflügelt den Geliebten auf seinem Rückflug bis zur Erschöpfung.

Neben Zucht, Pflege, Training und Wettkampfpsychologie haben die Bergleute noch ein eher technisches Problem zu lösen: die Entfernungen zwischen den einzelnen Taubenschlägen müssen so exakt wie möglich gemessen werden. Und siehe da, der Bergmann findet heraus, daß die üblichen Stadtpläne und Straßenkarten zu ungenau sind. Er geht unter die Erde, in sein professionell ausgearbeitetes und vermessenes Grabensystem und nutzt die Bergwerkskarten zur präzisen Kennzeichnung der Distanzen: Der Maulwurf bemißt die Oberfläche seiner Welt aus der Unterweltperspektive.

V.

An naturwüchsigen Selbstinterpretationen, mehr noch an liebevoll nachfühlenden Fremdinterpretationen der taubenzüchtenden Bergleute fehlt es nicht. Sie alle könnten überschrieben werden mit dem Michael Drayton entliehenen Motto des vorbereitenden Tagungsbandes für das Treffen in Dubrovnik (1989):

Exemplarisch kann hier Hilmar Hoffmann genannt werden, des-

Tauben im Ruhrgebiet
(Foto in: Hilmar Hoffmann, *Das Taubenbuch*, Frankfurt/Main 1982)

I build my hopes a world above the sky,
yet with the mole I creep into the earth.
(The Paradox)[10]

sen ›Taubenbuch‹ dieser Aufsatz so viel verdankt. Die Taubenzucht der Bergleute ist ihm ein »Akt der Befreiung« (Hoffmann

10 Vgl. – als historisches Dokument – den Reader zum Kolloquium »Paradoxes, Breakdowns, Cognitive Dissonance«, Dubrovnik, 29. 3.-8. 4. 1989, S. 1.

1982, S. 12), in dem sich die Sehnsucht nach räumlicher Freiheit verwirklicht.

Man hat sich oft gefragt, warum die Taube gerade unter den Bergleuten so viele Liebhaber hat – und ihre zärtlichsten. Ganz einfach: Wer jeden Tag in die Nacht hinabsteigt, in die hundert bis über tausend Meter tiefliegenden engen Querschläge eines Förderschachtes, der schaut, wenn er endlich über Tag ist, gern und oft in den wiedergefundenen Himmel hinauf. Dort fliegen seine Tauben. Ein Lichtblick über dem grauen Einerlei der Kokshalden und Fördertürme. Acht Stunden vor Ort und vor Augen schwarze Kohle, wer hielte nach absolvierter Schicht nicht gern etwas Helles, Leichtes in den Händen, eine weiße oder taubenblaue Taube? Wer sein Leben lang rauhen, toten Stein bewegt, der wird sich nach dem Kontrast sehnen, nach weichem ›Material‹, nach einem hellen Lebewesen, einem Kaninchen oder eben nach einer Taube. Schwere Hände können unsagbar zärtlich sein. Das spüren auch die Tauben (ebenda, S. 14).

Diese wie andere von Empathie getragenen Interpretationen leben von der Kontrastierung zweier Welten: der schlechten grauen Realität industrieller Arbeit im Pütt auf der einen und dem teils aktiv, überwiegend jedoch symbolisch verwirklichten Wunsch nach Freiheit, Wärme und Glück auf der anderen Seite. Sie speisen sich aus der rhetorischen Entfaltung des Paradoxes, der Gegensätze von schwarz und weiß, oben und unten, Himmel und (unter der) Erde, Zwang (Gefangenschaft) und Befreiung, Enge und Grenzenlosigkeit (Unendlichkeit), hart und weich – und nicht zuletzt auch Leben und Tod.[11] Die hellere Seite der Gegensatzpaare, die symbolisch geschaffene und ausgestaltete Welt der erfüllten Sehnsucht, besiegt den dunklen Teil der Welt, die graue Realität: die Rhetorik des Gegensatzes gibt sich paradox, gleichzeitig aber überhöht die darin enthaltene symbolische Überbrükkung der Gegensätze die Widersprüchlichkeit zu einer – zumindest im symbolischen Handeln und der es begleitenden Vorstellungswelt – harmonisierten Einheit. In ihr gelten die aus der schlechten Realität geborenen Sehnsüchte als erfüllt.

11 Zum immer mitschwingenden religiösen Hintergrund dieser Motive vgl. auch die folgende Passage aus Stefan Zweigs »Legende der Dritten Taube«. – »..., sie war ausgeflogen aus der Enge in die unendliche Weite, aus dem Dunkel in das Licht. Da sie aber die Schwinge nun hob in die lichtklare, vom Regen süß gewürzte Luft, wogte mit einemmal Freiheit um sie und die Gnade des Unbegrenzten.« Zweig, Stefan (1945, 1972), Legenden, Frankfurt, S. 224.

Durkheim (1912, S. 325) erkennt in dieser Form der Idealisierung ein allgemeines Kennzeichen kollektiver Selbstdarstellung. Ganz offensichtlich ist dieser Idealismus ein notwendiger Teil unseres Alltags, ein urwüchsiger Utopismus, der nach der Überzeugung verfährt:

> Heaven gives its glimpses only to those
> not in position to look too close.
> (A Passing Glimpse, Frost 1958, S. 311)

Aber dieser verklärend flüchtige Blick erfaßt eben nur eine Seite der sozialen Medaille. Die andere Seite der von der Glättung der Unvereinbarkeiten lebenden bürgerlichen Hochzeit von ›Realitätsprinzip‹ und ›Lustprinzip‹[12] zeigt den Prozeß dieser Glättung selbst und läßt auch deren Hintergrund sichtbar werden. Dabei rückt eine bezeichnende strukturelle Korrespondenz, das Prinzip der Wahlverwandtschaft zwischen dem Bergmann und seinem fliegenden Wahrzeichen, ins Blickfeld: Ein zunächst nur als Masse in die neuen Städte einrückendes Heer von Industriearbeitern, während der Arbeit in Trupps organisiert, wählt sich ein Lebewesen zum Wappentier, das – zumal in den Städten – in Massen auftritt und in Schwärmen fliegt. Der unvermeidbar schmutzigen Berufskleidung steht die Eleganz und Schönheit der Knappenuniform – und der Tauben gegenüber. Der Bergmann beginnt und beendet seine Arbeit wie die Brieftaube ihr Rennen mit der Stechuhr.[13] Die Flugzeit der Brieftauben bei den beliebtesten Wettflügen (z. B. Wien–Ruhrgebiet) – 13 bis 14 Stunden – entspricht der Arbeitszeit des Bergmannes zu Beginn des industriellen Bergbaus – und der Taubenzucht der Bergleute. Training, Disziplin und Arbeit im Zeittakt sind die Leistungen, die der Bergmann selbst zu erbringen hat und die er auch seinen geliebten Tauben abfordert. Er diszipliniert seinen Seelenvogel so, wie er sich selbst zu disziplinieren hat. Was er in der Taubenzucht und im

12 Zur Erinnerung an die Herkunft dieser Terminologie vgl. u. a. Freud, Sigmund (1920, 1975), Studienausgabe, Bd. III, Psychologie des Unbewußten, Frankfurt, »Jenseits des Lustprinzips«, S. 213(217)-272.

13 Zum Wandel von Zeitbegriff, Zeitempfindung und Organisation des alltäglichen Lebens im Zuge der Industrialisierung vgl. Thompson, E. P. (1967), Time, Work-Discipline and Industrial Capitalism, in: Past and Present 38, S. 56-97.

Flug der Vögel als seine Befreiung erlebt, besteht – auch – darin, daß er die eigenen Zwänge als Mitgift in seine Verbindung mit den Tauben einbringt: Das von ihm geschaffene Reich der Freiheit spiegelt all diese Zwänge nicht nur als deren ins Gute verklärte Gegenbild wider, es enthält sie leibhaftig.

Allerdings verläuft der Prozeß der Anpassung nicht nur in eine Richtung. Im gleichen Maße, wie der Züchter die Taube diszipliniert, wird er durch das von ihm selbst geschaffene Milieu – im wahren Sinn des Wortes – domestiziert. Der über achtzigjährige Rentner Anton Schapler aus Bottrop z. B. baute eine Alarmglocke in seinen Taubenschlag ein: »Damit er schnell genug vom Klo herunterkommt, wenn seine Taube heimkehrt vom Wettflug. ›Ich hab' noch nie in meinem Leben gereist (...), ich hab' nie Wert gelegt auf 'ne Reise, bis nach Dortmund war mir schon zu weit. Ich bin stets an Ort und Stelle geblieben, bloß wegen meiner Taum, (...) ich bleib immer auf mein Taumschlag sitzen‹« (Hoffmann 1982, S. 14).

Ähnlich wie er sind auch andere Züchter mit ihren Vögeln verwachsen, an ihre Taubenschläge gebunden. Kaum einer von ihnen wechselt – selbst unter dem Druck der Arbeitslosigkeit – den Wohnort. Ferienreisen entfallen. Die Tauben und ihre Züchter konditionieren sich gegenseitig. Wie das Taubenweibchen bleibt der Züchter daheim, während der Täuber die ihm aufgezwungene Reise unternimmt. Die Bergleute und ihre Tauben sind Liebende, die auch sich selbst einen lebenslangen gemeinsamen Bund an eben jenen grauen und engen Plätzen aufzwingen, denen die Sehnsucht (angeblich) zu entfliegen wünscht.

Der Ausdruck ›Identifikation‹, jenes Allerweltswort, in dem der Angleichungsprozeß selbst und dessen Hintergrund verschleiert oder psychologisierend wegerklärt werden, trifft den hier beschriebenen Sachverhalt nicht. Der Bergmann ›identifiziert‹ sich ebensowenig mit seiner Taube wie diese sich mit ihm. Beide werden durch ihre Interpreten zu Identifikationsopfern. Das Milieu der Bergleute und ihrer Brieftauben repräsentiert vielmehr *insgesamt* eine symbolisch durchgearbeitete und ausgedeutete Sozialform. Industriearbeit, soziale Herkunft, Wohnumgebung, mitgeführte Traditionen, Verhaltens- und Deutungsgewohnheiten: sie alle gehören zu den Bedingungen, unter denen dieses Milieu von den in ihm Hausenden im alltäglichen Leben als Antwort auf konkrete historische Probleme ausgestaltet, ausgedeutet und lebensfähig gemacht wurde. Anziehung und Abstoßung, Bevorzugung und Vermeidung von Handlungsmöglichkeiten vollziehen sich vor einem sozialhistorisch auferlegten Problem- und Wahrnehmungshintergrund, der Handeln, Deuten und soziale Organisation maßgeblich beeinflußt. ›Identifikationen‹ gehören bereits zu den Ideologismen, die den spezifischen Wahrnehmungsformen dieser historischen Situation entspringen.

Verglichen mit den Züchtern und Brieftaubenliebhabern vergangener Zeiten haben die Bergleute den ursprünglichen Zweck des Botenfluges in einer merkwürdigen Weise verändert: Die Brieftauben befördern keine Botschaften mehr, weder vertrauliche Liebesbriefe noch militärische Geheimnachrichten. Ihre neue Botschaft ist nun – wenn dies dann wirklich eine Botschaft ist – die Flugzeit, die ›sportliche‹ Leistung, der Rekord. Aber wer sich daran erinnert, daß jeweils bis zu 30 000 Brieftauben an den Wettflügen teilnehmen, wird an dieser Lesart zweifeln. Für die Mehrzahl der Züchter sind Flug, Ankunft und Beobachtung der Taube, vor allem aber das Gefühl, Teil dieses Gesamtarrangements – des gemeinsam gestalteten sozialen Ereignisses – zu sein, das Wichtigste.

Vergleicht man den Bergmann als Brieftaubenhalter mit seinen Vorgängern, den Liebhabern, Befehlshabern – ganz allgemein –, den Briefschreibern, so stellt man fest: Die Bergmannstauben sind Boten ohne Botschaft. Sie tragen außer der Startzeit ein ›Nichts‹ von irgendwo nach irgendwo. Aber wenn es innerhalb der mit Sinn, Bedeutungen und Deutungen überladenen menschlichen Welt irgend etwas gibt, das nicht existieren *kann*, dann ist dies eine symbolische Handlung ohne diejenige Sinnbeigabe, die eine soziale Gruppe, Gemeinschaft oder Gesellschaft unter ihrem Wahrzeichen vereinigt.

Was also ist – aus soziologischer Sicht – hier die konkrete Botschaft?

VI.

Ein Kollektivsymbol kann ganz allgemein gekennzeichnet werden als die Versammlung, Konzentration und Organisation individueller Stimmungen, Gefühle und Haltungen zu einer gemeinsamen Reaktion, Erlebnis- und Gefühlseintönung. Die figurative Gestalt solcher Symbole belebt die sozialen Welten nach dem Bild (den Bil-

dern) der sie jeweils tragenden konkreten Gesellschaften. Durkheim hat die Kraft, aus der diese Belebung der Welt gespeist wird, den »anthropomorphischen Instinkt« genannt (1912, S. 322).
Bei seinem Versuch, Wirkungsweise, Erscheinungs- und Ausdrucksformen dieser Kraft zu rekonstruieren, stößt er auf eine soziale Deutungs- und Organisationsform, die in einigen ihrer Grundzüge Parallelen zur Beschreibung meines ›fliegenden Maulwurfes‹ aufweist: auf den Totemismus. – Natürlich kann dieser Begriff nicht einfach auf das von mir beschriebene Phänomen übertragen werden. Die Unterschiede zwischen den von Durkheim, Malinowski und Firth als totemistisch organisiert beschriebenen kleinen, ›archaischen‹ Gruppen einerseits und der Masse industrieller Bergarbeiter im Europa des 19. und 20. Jahrhunderts andererseits sind zu offensichtlich. Dennoch, das allgemeine Prinzip der sich im Totemismus vollziehenden kollektiven, symbolisierten Selbstveranschaulichung einer Gesellschaft läßt sich auf den ›fliegenden Maulwurf‹ übertragen (womit ich den so bezeichneten Bergmann selbst nicht zum ›Totemtier‹ des Ruhrgebiets stilisieren will, auch wenn die Kohle- und Sozialpolitik unseres Staates sich in dieser Hinsicht bisweilen ›totemistisch‹ verhielt).
Die von den Bergleuten weitgehend kollektiv vollzogene Wahl der Taube zu einem der Symbole ihrer Gemeinschaft zeigt die Wirksamkeit eines Bedingungsgefüges, das so etwas wie eine ›totemistische Wahlverwandtschaft‹ hervorbringt. In ihr vollzieht sich mit der totemistischen Belebung auch die Verzauberung der industriellen Welt des 19. und beginnenden 20. Jahrhunderts – bis hinein in die ›postindustrielle‹ Zeit: In dieser Wirklichkeitsbearbeitung wirkt ein (Muster-)Stück der ›Alten Zeit‹ innerhalb der ›Modernen (oder – je nach Geschmack – ›Postmodernen‹) Zeit‹, die sich ihrerseits zur alten Zeit zurückwendet, indem sie sich, die Rückwendung verschleiernd, ›Neue Zeit‹ (new age) nennt.
Weder der Gott, das Totemtier oder die ›Klansfahne‹ eines Klans noch ganz allgemein das zentrale kollektive Symbol, in dem eine Gemeinschaft sich selbst darstellt, können etwas anderes sein als diese Gemeinschaft selbst, »allerdings vergegenständlicht und geistig vorgestellt« (Durkheim 1912, S. 284) unter einer symbolischen Form (Pflanzen, Tiergattungen, »seltener nützliche leblose Dinge«, Malinowski 1948, S. 6). Malinowskis Bemerkungen zum Totemismus weisen in die gleiche Richtung: In dem Glauben an die menschliche Macht über eine besondere Spezies drückt sich

nicht nur der Glaube an eine Wesensverwandtschaft zwischen Mensch und Tier oder Pflanzen, sondern auch eine Mischung aus »utilitaristischer Sorge um die notwendigen Dinge seiner Umgebung« einerseits und eine Beschäftigung mit Dingen, »die seine Einbildungskraft anregen« wie (u. a.) »schöne Vögel« andererseits aus (Malinowski 1983, S. 6).

Lévi-Strauss hat in seiner kleinen Streitschrift »Le Totémisme aujourd'hui« (1962) – der deutsche Übersetzer gab ihr den Titel »Das Ende des Totemismus« (1965) – Sinn und Unsinn im Umgang mit dem Ausdruck ›Totemismus‹ diskutiert. Er empfiehlt uns, ebenso wie der Übersetzer, die Debatte über den Totemismus zu beendigen und den Ausdruck ›Totemismus‹ wegen seiner Unschärfe zu vergessen oder zumindest beiseite zu legen. Aber während er einerseits dem Leser diese Empfehlung gibt, faszinieren ihn andererseits offenkundig sowohl das befehdete Wort als auch die damit charakterisierten Phänomene so sehr, daß er nicht müde wird, sie reflektierend zu umkreisen und zu versuchen, sie in *seine* Denkmethode einzuschließen.

Dabei kommt er zu dem gleichen Schluß wie ich bei der Beobachtung meines ›fliegenden Maulwurfes‹: »die Tierwelt und die Pflanzenwelt werden nicht nur herangezogen, weil sie da sind, sondern weil sie dem Menschen eine Denkmethode bieten« (1965, S. 22). Damit, dies ist meine Erweiterung dieser These, entsteht die Chance, mit Hilfe einer *symbolischen* Denkmethode ein gesellschaftliches Organisationsprinzip auszubilden, in dem sich diese Methode ihren praktischen Ausdruck verschafft. Firth (1930-1931) hat dieses Prinzip abstrakt bereits als ›Kern‹ des Totemismus beschrieben, und auch Lévi-Strauss kommt in seiner Firth-Interpretation nicht umhin, diesem und damit auch meiner These recht zu geben, wenn er feststellt, daß Totemismus zwar kein Phänomen sui generis sei, wohl aber »ein besonderer Fall im allgemeinen Rahmen der Beziehungen zwischen den Menschen« einerseits und den Elementen »seines natürlichen Milieus« andererseits (1965, S. 43).

So gesehen hat der Totemismus – ich behalte den Ausdruck bei – zwei Seiten: zum einen ist er zu verstehen als eine Organisationsform sozialer Gruppen und Gemeinschaften, ein Organisationsmodus, in dem den notwendigen Tätigkeiten und Routinen des Alltags Rechnung getragen wird; zum anderen ist er ein (religiöses) »System von Glauben und Zeremonien« (Malinowski 1948, S. 6).

Da die Unterschiede zwischen einer relativ anonymen Masse von Industriearbeitern auf der einen und einer überschaubaren Anzahl von blutsverwandten Klanmitgliedern auf der anderen Seite augenfällig sind, entstehen zwei Fragen: (1) Wie kommt es, daß die Bergleute in der zweiten Hälfte des 19. Jahrhunderts zurückfinden zu einem sehr alten Prinzip sozialer Organisation – und zu einem quasi-totemistischen, allerdings (vordergründig) religiös entleerten System von Überzeugungen? (2) Warum wählen sie gerade die Brieftaube zu ihrem Symbol?

Als in den achtziger Jahren des 19. Jahrhunderts die Kohleindustrie das Ruhrgebiet mit Zechen und Stahlwerken überzog, verfünffachte sich die Bevölkerungszahl innerhalb von 30 Jahren (von 605 000 auf 3 000 000). Die Arbeitssuchenden kamen vorwiegend aus den Ostgebieten oder ›Ostprovinzen‹ des Deutschen Reiches, sehr viele auch aus Polen, Italien und Holland. Sie sprachen verschiedene Sprachen, entstammten unterschiedlichen religiösen Traditionen, (Aus-)Bildungs- und Arbeitszusammenhängen. Ein großer Teil der Arbeiter waren Analphabeten. Die meisten von ihnen wußten oder ahnten, daß sie für lange Zeit, wenn nicht für immer, in der neu entstehenden Industrieregion bleiben würden. Die Bergwerksgesellschaften ließen zunächst in aller Eile ärmliche Massensiedlungen bauen. Es waren graue Ghettos, die außerhalb der gewachsenen Städte, Stadtkerne und Dörfer des Ruhrgebietes lagen. Diese Siedlungen wurden nicht nur von den Arbeitern und ihren Familien bevölkert, sondern auch von Hühnern, Schweinen, manchmal sogar Kühen, vor allem aber Ziegen und Milchschafen – den ›Bergmannskühen‹. Man hielt sie als lebenswichtige Lebensmittel(lieferanten) auf den engen Hinterhöfen. Neben der gemeinsamen Arbeit, der Armut und dem Zwang, eng aufeinandergedrängt zusammenleben zu müssen, verband diese Arbeiter und ihre Familien zunächst nichts, auch nicht jene später so oft beschworene Kameradschaft und ›Solidarität‹. Es gab nichts, was allen gemeinsam kostbar gewesen wäre, *obwohl* oder gerade *weil* es *nicht* Teil ihrer Arbeit und ihrer lebensnotwendigen Bedürfnisse war, und das sie gerade wegen dieser Eigenschaft hätte zusammenbinden können: Träume, Wünsche und Hoffnungen unzerstörbar und überdauernd in sich vereinigend.

Nach allem, was wir über menschliche Gemeinschaften und ihre Organisationsprinzipien wissen, würde ein solches ›Etwas‹ nur dann kostbar, unzerstörbar und überdauernd sein können, wenn es die jeweils konkret *notwendigen* Strukturen des Zusammenlebens und der lebenswichtigen Tätigkeiten nicht gefährdete – sondern förderte. Wenn ein solches ›Etwas‹ für die Bergleute insgesamt akzeptierbar sein sollte, so durfte niemand innerhalb ihrer Gruppierung wegen ethnischer oder religiöser Zugehörigkeit, wegen seines Bildungsstandes oder seiner Herkunft verletzt oder ausgegliedert werden. Zudem mußte dieses ›Etwas‹ sich in das ärmlich-graue Wohn- und Arbeitsmilieu einpassen lassen. – Andererseits aber hatte es fähig zu sein, all die unterschiedlichen Traditionen, Überzeugungen, Mythen, Legenden, Märchen, Glaubensvorstellungen und Hoffnungen der verschiedenen Gruppen zusammenzubinden und in sich zu vereinigen. Kurz: Es mußte alle Spannungen, Widersprüche und Differenzen dieser konkreten Gruppierung enthalten und sichtbar repräsentieren – gleichzeitig aber die Gegensätzlichkeiten aufheben und die Spannungen überwinden. Es mußte ein genau zu dieser Gruppierung stimmendes, ein von ihr für sich selbst passend zugeschnittenes konkretes Kollektivsymbol sein.[14]

Dem Interpreten als rückwärts gewandtem Propheten[15] bleibt nichts anderes übrig als festzustellen: Gesetzt den Fall (den es in dieser Form nie geben kann), die Bergleute hätten – etwa auf einer riesigen ›Betriebsversammlung‹ – bewußt den Versuch unternommen, dieses ›Etwas‹ zu finden, sie hätten keine andere Wahl gehabt, als die Brieftaube zum Wappentier auf ihrer ›Klansfahne‹ zu küren. Sie vereinigt all die unterschiedlichen Traditionen, die Träume von Freiheit, die Hoffnung auf Glück und Frieden in sich, sie verkörpert die Sehnsucht nach Ungebundenheit und Weite, sie führt die Aura des Heiligen, des Opfers wie der Erlösung mit sich.[16] Und vor allem: sie ist nahezu unbegrenzt an-

14 Die Parallele zum Totemismus wird auch hier deutlich: »Der Totemismus normt des Menschen praktische und nützliche Einstellung selektiven Interesses an seiner Umgebung.« Malinowski, Bronislaw (1948), a.a.O., S. 37.

15 Diese Charakterisierung Kierkegaards trifft nicht nur auf Philosophen, sondern auch auf Soziologen zu. Vgl. Kierkegaard, Sören (1964), Werke v, Philosophische Brocken, Hamburg, S. 73.

16 Und überträgt sie auf die durch Grubenunglücke heraufbeschworene ›Schicksalsgemeinschaft‹ in der Welt ›unter Tage‹: im schlimmsten Falle wird die Brieftaube buchstäblich zum Seelenvogel dieser Schicksalsgemeinschaft (Hinweis: Ulrike Krämer).

passungsfähig: wie ihr Besitzer, der Bergmann, der menschliche Maulwurf.

Aber mit der sich zunächst eher implizit vollziehenden Kür der Taube zum Gemeinschaftssymbol war mehr verbunden als das luftige Reich der Träume. In der Taubenzucht und der Organisation der Wettflüge schließen sich symbolische Deutung, symbolisches Handeln und praktisch-utilitarische Zwecke zusammen: Mit der Taubenzucht war ein *soziales Organisationsprinzip* gefunden: Von nun an konnte man ›problemlos‹ – unabhängig von ethnischer, religiöser, sprachlicher, ständischer Herkunft – in der Freizeit, insbesondere an den Wochenenden, miteinander umgehen, ja, diese Freizeit gemeinsam ›gestalten‹. Kneipen, Häuser (Dachstühle) und Gemeinschaftsfahrzeuge, Sonntage und Abende, Gespräche, Pläne, Gemeinschaftskassen, sie alle wurden nun organisiert unter dem Wahrzeichen der Brieftaube. Dieses Wahrzeichen drückte ganzen Familien durch seine Lebensweise, durch seine Flug- und Freßgewohnheiten ebenso wie durch Krankheiten seinen Stempel auf. Taubenzucht und Wettflug etablierten und garantierten eine ›neue‹ soziale Ordnung: der industrielle Bergarbeiter, im Stand, Prestige und historischen Abstand weit entfernt vom hoch eingeschätzten, z. T. sagenumwobenen ›Bergmann‹ des Mittelalters, war nun nicht mehr lediglich Arbeiter – er wurde zum ›Kumpel‹. In eben diesem Wort kennzeichnet sich die Masse der Bergleute als eine Gemeinschaft. Diese Basis existierte bereits weit vor der Einflußnahme der Gewerkschaften – sie war eine wesentliche Voraussetzung zu deren späterem Erfolg.

Alltagspraktische Orientierung, ein konkretes soziales Milieu und Arbeitszwänge einerseits, die utopisch aufwertende Umwertung der Zwänge und der eigenen Stellung innerhalb der Gesellschaft andererseits, veranschaulichen nicht nur den Prozeß der Überhöhung des Alltags, sondern verweisen auf das, *was tatsächlich sakralisiert wurde: die neue Gemeinschaft und die Leistung der Gemeinschaftserhaltung*. Auf diese Weise schafft der – hier quasitotemistische – kollektive Symbolismus den Triumph der gesellschaftlichen Sinngebung und Tradition: der Kultur (Malinowski 1948, S. 38) über die negative Reaktion des Menschen gegenüber den ihm auferlegten Zwängen.

Aus analytischer Sicht erweist sich der kollektive Symbolismus als eine Reaktion der Gesellschaft auf konkrete historische Problemsituationen, zu deren ›Lösung‹ sich zumeist Elemente aus den

Erfahrungsbeständen, den Symbolrepertoires und dem Rezeptwissen der Traditionen (vgl. Schütz/Luckmann 1979, S. 37) aufdrängen oder bemüht werden. Die in symbolischen Handlungen und Deutungen eingelassenen Lösungen enthalten Probleme und Widersprüche ebenso wie deren Harmonisierung und die ›Überhöhung‹ der Lösungen: der sich etablierenden kollektiven Überzeugungen. Symbolische Handlungen sind die Antworten auf Paradox, Widersprüchlichkeit und Grenzerfahrung, ein Rezept gegen ›breakdowns‹. Darüber hinaus: An den Symbolen, ihrer Verwendung und ihrer Einbettung in praktisches Handeln lassen sich die jeweiligen gesellschaftlichen Wirklichkeitskonstruktionen ebenso ablesen wie die historischen (und in unserem Fall die milieuspezifischen) Bedingungen der Konstruktion. Die Lebensform des fliegenden Maulwurfs wird zwar einerseits geprägt durch die historisch ökonomische Wetterlage, an die er sich anzupassen hat – Frühkapitalismus, Wirtschaftsliberalismus, Industrialisierung. Andererseits zeigt sich in der symbolischen wie in der gelebten Organisation seiner spezifischen Lebenswelt die Resistenz alltäglich praktischen Handelns gegen eine alles durchdringende ›Kolonialisierung‹.[17]

Allerdings läßt sich – in Anlehnung an Hegel – feststellen, daß die Entfaltung und Erkenntnis von Paradoxen fast immer die Folge einer reflexiv-analytischen Einstellung ist: erst sie spaltet die Harmonie in ihre oft widersprüchlichen Elemente und zeichnet Gründe und Prozeß der Harmonisierung nach. So sind – vor allem die Wissenschaften – manchmal die Kunst, Tummel- und Spielwiesen für Paradoxe. Im alltäglichen Leben fristet das Paradox sein Dasein allenfalls im Schatten, nie aber fliegt es frei über den Dächern.

17 Vgl. hierzu die Diskussion über die Habermasthese von der »Kolonialisierung der Lebenswelt« bei Richard Grathoff (1989), Milieu und Lebenswelt, Frankfurt, insbesondere S. 413 ff.

Die Inszenierung von Gesellschaft – Wählen als Freizeitgestaltung

1. Einleitung

Als Alfred Schütz 1946 seinen Vortrag über den ›gut informierten Bürger‹[1] hielt, suchte er nach einer Antwort auf folgende Frage: »Welche Motive (bewegen) erwachsene Menschen, die ihr Alltagsleben in unserer modernen Zivilisation leben, dazu (...), fraglos einige Teile des überlieferten relativ natürlichen Weltkonzeptes anzuerkennen und andere Teile in Frage zu stellen«?[2] Ich werde mich im folgenden nur mit dem ersten Teil der Frage beschäftigen und sie dabei auf konkrete Phänomene beziehen: auf wahlähnliche Prozeduren in Unterhaltungssendungen des deutschen Fernsehens.

Da ich zudem fürchte, in meinen Überlegungen nicht bis zu den ›Motiven‹ vordringen zu können, die Schütz zu entdecken suchte, behalte ich zwar seine Fragestellung bei, verenge jedoch die Frage ein weiteres Mal: Ich frage lediglich nach den Bedingungen dafür, daß gegenwärtig zu beobachtende erwachsene Menschen fraglos und in ganz selbstverständlicher, alltäglicher Weise einen ursprünglich auf den gesellschaftlichen Rahmen des ›politisch verantwortlichen Entscheidens‹ bezogenen, relativ gut ausgeformten Handlungstypus – den des Wählens – in der neuen Rahmung von Unterhaltungsveranstaltungen nicht nur akzeptieren und ableisten, sondern auch zu genießen scheinen.

Ich berücksichtige zwar nur wenige Aspekte des Schütz'schen Vortrages, dennoch läßt es sich nicht vermeiden, in sehr geraffter Form einige der Ausgangsüberlegungen darzustellen, die ich, in leicht abgewandelter Form, mit Schütz teile. Schütz beschrieb –

1 Schütz, Alfred (1972), Der gut informierte Bürger, in: Schütz, A., Gesammelte Aufsätze II, Studien zur soziologischen Theorie, Den Haag, S. 85-101.

2 Ebenda, S. 87.

anders als einige Gegenwartsanalytiker[3] – eher leidenschaftslos, vor allem aber ohne dramatisierendes Pathos als »hervorragende(n) Grundzug des menschlichen Lebens in der modernen Welt (...) die Überzeugung, daß die Lebenswelt als ganze« durch niemanden unter uns »vollständig verstanden« oder von »irgendeinem der Mitmenschen vollständig verstehbar ist«.[4]
Die strukturellen Ursachen für diese Überzeugung liegen nicht nur in der unverkennbaren und dementsprechend gut deklamierbaren, massenmedialen Nachrichtenproduktion und Informationsüberflutung, von der wir – wie beklagt wird – so bedrohlich umspült werden, daß wir uns vor ihr nur noch auf den Inseln festtäglich-ruhiger und innig-besinnlicher, fernsehfreier Sonntage auf Waldspaziergängen retten können. Sie liegen auch – so Schütz – in der weitgehend ökonomisch bedingten, nahezu alle Bereiche des alltäglichen Lebens umfassenden, sozialen Mobilität der Menschen, in der damit verbundenen Kurzfristigkeit und partiellen Irrelevanz sozialer Beziehungen und in der durch die anwachsende Kontakthäufigkeit bedingten, ebenfalls zunehmenden Unverbindlichkeit und Anonymität vieler uns »auferlegter«[5] sozialer Kontakte, die wir – je nach Talent – routiniert-freundlich und ›weltoffen‹ oder geschäftsmäßig, in jedem Fall aber weitgehend gleichförmig ableisten. Ebenso wie – bis auf wenige Ausnahmen – unsere Partner *uns*, so werden wir für diese mehr und mehr zu »anonyme(n) Typen, die keinen festen Platz im sozialen Kosmos haben«.[6] Gleichzeitig jedoch handeln und reagieren wir gerade durch unsere vielen sozialen Kontakte potentiell im Rahmen einer »versteckten Kontrolle jedermanns«.[7]
Innerhalb dieser – hier, wie ich zugebe, sehr holzschnittartig skizzierten – für moderne Industriegesellschaften charakteristischen Situation rekonstruierte Schütz die Möglichkeit, im öffentlich-politischen Leben die fraglose Übernahme der auferlegten Selbst-

3 Vgl. Habermas, Jürgen (1985), Die Neue Unübersichtlichkeit, Kleine Politische Schriften v, Frankfurt, und Beck, Ulrich (1986), Risikogesellschaft. Auf dem Weg in eine andere Moderne, Frankfurt.
4 Schütz, Alfred (1972), Der gut informierte Bürger, in: Schütz, A., Gesammelte Aufsätze II, a.a.O., S. 85.
5 Zum Problem der sozial auferlegten Relevanzen vgl. A. Schütz, ebenda, S. 95.
6 Ebenda, S. 95.
7 Ebenda, S. 95.

verständlichkeiten fragwürdig werden zu lassen durch die Konstruktion dreier Idealtypen. In ihnen kristallisieren sich in analytisch reiner Form die nach Handlungszusammenhang, Aufmerksamkeitsrichtung, Relevanzrahmen und Orientierung des Wissens jeweils anders strukturierten Zugangsweisen zum alltäglichen Leben heraus. Jeder von uns kann – je nachdem in welchem Handlungszusammenhang er sich befindet – *Tendenzen* dieser drei idealtypischen Konstruktionen realisieren. Schütz nannte in seinem Vortrag den Idealtypus des (1) »Experten«, (2) den »des Mannes auf der Straße« und (3) den des »gut informierten Bürgers«.[8]
Für den von mir behandelten Problemzusammenhang greife ich lediglich den Idealtypus des »Mannes auf der Straße« – Frauen sind hier selbstverständlich mitgemeint – heraus und frage danach, warum das an bestimmten Unterhaltungssendungen beteiligte, genauer: das im Studio anwesende Publikum, auch dann nicht den Handlungs- und Wissenstypus des »Mannes auf der Straße« verläßt, wenn es in eine Entscheidungssituation gebracht wird, die – rein äußerlich und formal – als Wahl (1) mit unsicherem Ausgang und (2) zwischen mehreren Alternativen deklariert wird. Eine solche Situation müßte – wiederum formal – eine gewisse Handlungsunsicherheit erzeugen, d. h. das einsinnig Selbstverständliche in unterschiedliche Selbstverständlichkeiten auflösen und dadurch tendenziell durchlöchern.
Hinweise für die Richtung, in der eine Antwort auf diese Frage zu finden sein könnte, enthält bereits die folgende Schütz'sche Charakterisierung: Der Idealtyp des »Mannes auf der Straße« bewegt sich in seiner (ebenfalls idealtypisch konstruierten) sozialen Welt mit Hilfe eines Rezeptwissens für vortypisierte Situationen. »Indem er den Vorschriften folgt, wie wenn sie ein Ritual wären, kann er die gewünschten Resultate erhalten, ohne zu fragen, warum ein einzelner prozessualer Schritt getan werden und warum dies gerade in der vorgeschriebenen Reihenfolge getan werden muß.«[9] Dieses durchaus vage Wissen ist für vortypisierte und bekannte praktische Zwecke »*genügend* präzise«.[10] »In allen Angelegenheiten (jedoch), die nicht mit solchen praktischen Zwecken von unmittelbarer Bedeutung verbunden sind, läßt (der

8 Ebenda, S. 87 ff.
9 Ebenda, S. 87.
10 Ebenda, S. 87.

Mann auf der Straße) sich von seinen Gefühlen und Leidenschaften leiten. Unter deren Einfluß errichtet er einen Komplex von Überzeugungen und ungeklärten Ansichten, auf die er sich einfach so lange verläßt, solange sie ihn nicht bei seinem Streben nach Glück behindern.«[11]

So einleuchtend diese Charakterisierung ist, sie enthält, wie sich dies für Idealtypen gehört, einerseits zu viel an allgemeinen Bestimmungen – hier für das Handeln – und zu wenig an Spezifika der im folgenden zu behandelnden, konkreten Situationen. Andererseits verweist sie auf ein Spektrum möglicher Entwicklungstendenzen, ohne die historisch konkret auftretenden Erscheinungsformen vorwegnehmen zu wollen. Um die Untersuchung einer solchen konkreten Erscheinungsform aber soll es im folgenden gehen.

II. Konkurrenten ohne Konkurrenz

Als die Dortmunder Aktienbrauerei (DAB) 1988 zur »Bundes-DAB-Wahl« aufrief, war das, abgesehen von dem für diesen Werbungstyp verpflichtenden Wortwitz, wahrscheinlich nur aus Versehen – wenn auch treffend – parodistisch auf die Bundestagswahlen gemünzt. Die Werbung griff hier ein Muster auf, das seinerseits politische Wahlen zitierte, dieses ritualisierte Entscheidungsschema jedoch einerseits mit einem anderen Rahmen umgab und andererseits den Wahlzettel mehr oder weniger originelle Metamorphosen durchlaufen ließ.

So wurde in Dietmar Schönherrs und Vivi Bachs Sendung »Wünsch Dir was!« vom Publikum in den eigenen Wänden über die Bildschirmkandidaten abgestimmt, indem man daheim Wasserspülungen oder Stromschalter betätigte. – Die Energiedebatte war damals noch nicht ›verinnerlicht‹ worden. Beim hölzern aber sorgsam arrangierten Meinungsgeraufe »Pro und Contra« stimmen die Zuschauer *im* Studio durch Knopfdrücken über den Wettstreit zwischen zwei ›Ansichten‹ und deren Protagonisten ab, wobei sie als Zuschauer von der Diskussion ausgeschlossen sind. Die Sendereihe »Wie würden Sie entscheiden?« macht den Studiozuschauer zum Feierabendrichter über ihm zuvor anschaulich vorgespielte juristische Fälle. Einige Hitparaden ersetzen die Ver-

11 Ebenda, S. 87f.

kaufsranglisten durch eine Art Briefwahl per Zuschauerpost oder durch das rechnergesteuerte TED-System, in dem Anrufe ausgewertet werden. Die Coca-Cola-Hörfunk-Werbung mag ihren Hörern noch weniger zutrauen als unser Staat dem politischen Wähler – sie halbiert die Wahlmöglichkeiten auf eine Entscheidung zwischen nur noch zwei Alternativen (hier: zwei Musiktitel). Das Briefwahlmodell steht darüber hinaus Pate für die BRAVO Otto Sieger-Wahl (beliebteste Popstars, Schauspieler etc.), und für Zeitschriften- oder Fernsehwahlen. Hier gilt die Prozedur dann dem »Sportler«, »Computer«, »Auto«, »Buch« etc. »des Jahres«.
Anders die Rudi-Carrell-Show, auf die ich später noch einmal zurückzukommen gezwungen bin: Sie läßt das Studiopublikum durch Knopfdruck, diesmal nicht über Meinungen, sondern über den ›besten‹ Vortrag von jeweils fünf Imitationskünstlern entscheiden. Scheinbar natürlich geht es in der Sendung »Wetten, daß?« zu, Leitung: vormals Frank Elstner, heute Thomas Gottschalk. Hier wird über die beste ›Saalwette‹ durch den Einsatz des traditionellen ›Artikulationsrepertoires‹ von Zuschauern – Klatschen, Pfeifen, Gröhlen, Stampfen etc. – entschieden. Diese, im Studio arrangierte und gut eingeübte, Urwüchsigkeit wird allerdings, wenn es um den Wettkönig geht, instrumentell gemessen: Die Wahlprozedur erfolgt mit Hilfe des hitparadenerprobten TED, des generalisierten Zuschauers »draußen im Lande« (sofern jener ein Telefon besitzt).
Die Liste der Wahlmöglichkeiten[12] ließe sich ohne weiteres noch lange fortsetzen. Als Erinnerungs- und/oder Anschauungsmaterial müssen diese Beispiele jedoch vorerst ausreichen, auch wenn es mehr als verlockend wäre, die telefonische Wahl des »Wunschfilmes der Woche« zum Thema eines Exkurses zu machen. Denn bei dieser Wahl zeigt sich – wie auch bei vielen anderen Wiederholungssendungen – exemplarisch die prinzipielle Tendenz der Medien zur Selbstreferenz: das kollektive, nicht nur Unterhaltungs-Gedächtnis des Publikums ruft aus den Vorratskammern der Medien Erlebniskonserven zum Genuß der eigenen Erinnerungen ab. Dabei werden beide Mahlzeiten aus einer nicht über-

12 Meine Mitarbeiter Thomas Lau und Andreas Voß haben da Erstaunliches zusammengetragen. Ihnen verdanke ich sowohl das Anschauungsmaterial auf Kassetten als auch so manchen erfolglosen Kampf gegen das Einschlafen bei deren ›Auswertung‹.

mäßig reichhaltigen und offensichtlich auch nicht wesentlich erweiterbaren Speisekarte ausgewählt, im gleichen Restaurant zubereitet und schließlich auch eingenommen.

Gewöhnlich findet sich bei der Beschreibung und Diskussion derartiger Phänomene die These, das Publikum – also tendenziell wir alle – begäbe sich, indem es sich ›den Medien ausliefere‹, in eine ›Scheinwelt‹. Der Mangel dieser These besteht zum einen darin, daß sie das nicht mitliefern kann, was sie zu ihrer Stützung dringend nötig hätte: jene ›Realwelt‹, deren ›Schein‹ die andere wäre. Zum anderen verdeckt sie die uns allen implizit vertraute Erfahrung, daß jede der – vielen – sozialen Welten, solange man sich ihr zuwendet, in »ihrer eigenen Weise real« ist.[13] Sie verdeckt damit auch die Möglichkeit zu beschreiben, aufgrund welcher Voraussetzungen, Handlungen, Zuwendungsweisen und Einstellungen[14] wir der Erfahrung unserer Umwelt einen Realitätsakzent erteilen – oder verweigern.

Sieht man sich an, welchen Stellenwert das Fernsehen – als *Tätigkeit* von Zuschauern – im Kontext der alltäglichen Tätigkeiten hat[15], wie man sich ihm zuwendet, welche anderen Tätigkeiten es, abgesehen vom schon sprichwörtlichen ›Bierholen in den Halbzeitpausen‹, begleiten, so fällt auf, daß Fernsehen als Tätigkeit nicht nur im Hinblick auf Informationsaufnahme oder schädliche/gute Einflüsse überschätzt, sondern daß auch die Konzentration überbewertet wird, mit der sich der ›normale‹ Zuschauer dieser Tätigkeit widmet: Sobald das Medium eingeführt ist und seinen Platz im Alltagsleben einer Gesellschaft hat, wird die Tätigkeit ›Fernsehen‹ – insbesondere bei dem aus vielen Subgenres zusammengesetzten Genre ›Unterhaltungssendung‹ (›Show‹, ›Quiz‹ etc.) – von Nebentätigkeiten begleitet.[16] Oder es ist selbst Nebentätigkeit. Gerade

13 Schütz, Alfred (1972), Don Quixote und das Problem der Realität, in: Schütz, A., Gesammelte Aufsätze II, a.a.O., S. 103.

14 Vgl. Soeffner, Hans-Georg (1988), Kulturmythos und kulturelle Realität(en), in: Soeffner, H.-G. (Hg.) (1988), Kultur und Alltag, Soziale Welt. Sonderband 6, S. 3-20.

15 Zur – unverändert – unerfreulichen Forschungssituation vgl. Deutsche Forschungsgemeinschaft (Hg.) (1986), Medienwirkungsforschung in der Bundesrepublik Deutschland, Teil I Berichte und Empfehlungen; Teil II Dokumentation. Katalog der Studien. Enquête der Senatskommission für Medienwirkungsforschung unter dem Vorsitz von Wilfried Schulz und der Mitarbeit von Joe Groebel, Weinheim.

dieser Typus von Sendungen mit seiner Mischung aus Musical-, Ballett-, Ratespiel- und Wettkampfelementen kommt einer Verknüpfung unterschiedlicher Tätigkeiten strukturell entgegen: er ermöglicht dem Zuschauer – allerdings leider nur dem zu Hause – den Ein- und Ausstieg an jeder Stelle.

Die Verdopplung der Zuschauer durch eine ›repräsentative‹ Zuschauergruppe im Studio hat neben vielen anderen Gründen auch *den*, wenigstens jenen kleinen, für die Inszenierung der Live-Situation notwendigen Teil des Publikums mit Hilfe von Eintrittskarten und kontaktpflegerischer Kamerazuwendung so an den Show-Platz zu binden, daß er nicht weglaufen kann. Er wird benötigt: Sein Applaus soll denen ›draußen‹ am Bildschirm Spannung, Stimmung, ›Akzeptanz‹ suggerieren. Der Kameraschwenk ins Publikum ist, wie alle Untersuchungen zeigen, eben doch wirksamer als die Applaus- und Lachkonserve.[16]

Am Applaus aber wird auch jene ursprüngliche Wahlsituation erkennbar, die immer schon mit Schauspiel, Bühnenkunst, Show verbunden war: die Bewertung eines Schauspielers, Dirigenten, Autors, Komponisten, Ensembles, Solisten etc. durch das Publikum. Dauerhafte Buhrufe und Pfiffe – allerdings nur dann, wenn sie tatsächlich auch das dauerhafte Ausbleiben des Publikums zur Folge hatten – bedeuteten die praktische Abwahl der Aufführung und der Darsteller. Das Studiopublikum heute hat diese Abwahlchance kaum. Im Gegenteil: es wird – nach außen – als Interessantheitsindikator für die Sendung selbst eingesetzt. Damit es die Aufführung *als Ganze* nicht ausbuhen kann, muß es – wenn auch nur sehr begrenzt (u. a. so richtig schön buhend) – selbst Akteur, d. h. ins Ensemble mit einbezogen sein.

Konstanter Akteur ist, neben dem weitgehend anonym bleibenden Publikum, dessen sogenannter ›Kommunikator‹: der Showmaster. Variabel dagegen sind – in unserem Zusammenhang der »Wahl«-Sendungen – die Stars und Prominenten. Auch bei ihnen ist, neben der allgemeinen, nicht personengebundenen ›Bekanntheit‹, die Mischung entscheidend: Personen des öffentlichen Le-

16 Vgl. Kreuzer, Helmut (1982), Sachwörterbuch des Fernsehens, Göttingen, S. 67.

17 Vgl. hierzu auch Oevermann, Ulrich (1979 a), Exemplarische Analyse eines Ausschnitts aus einem Protokoll einer Fernsehsendung ›Dalli Dalli‹, Ms., Frankfurt.

bens – heute – sind jene, die in Medien präsent sind (vgl. Selbstreferenz der Medien). Da muß jede Gruppe der so Präsenten, je nach Mediengenre oder Medientyp, ihren Vertreter entsenden: den prominenten Sportler, den Politiker, den Schauspieler, den Experten und – nicht zuletzt – den Showmaster einer anderen Show: Die Gesellschaft stellt sich in den Medien so dar, wie die Medien Gesellschaft darstellen. Anders ausgedrückt: die Medien sind ein *Realitäts*medium der Gesellschaft. Sie konstituieren Darstellungsformen, mit deren Hilfe sich die Gesellschaft sich selbst zuwendet und dieser Zuwendungsweise *an sich* einen spezifischen Realitätsakzent verleiht.
Da also die Abwahl des Ensembles nicht und die des Showmasters als Gesprächspartner des Publikums nur sehr schwer möglich ist, würden, wie in den meisten Talkshows, der Selbstbezug und die Selbstthematisierung der Ensemblemitglieder untereinander zu einer unaufhaltsamen Verödung dessen führen, was doch erreicht werden soll – der Show –, wenn nicht für ›Material‹ von ›außen‹ gesorgt würde: durch die zu Wählenden, die Kandidaten. – Wo findet man solche? Genauer: wo findet man *immer wieder* aufs neue jemanden, der die Spielregeln, Genres, die Prominenten und ihre Darstellungstechniken bereits gut kennt, ohne selbst in den ersten Reihen der Gesellschaft zu stehen? Unter den an vielen Fernsehabenden eingeübten Zuschauern! – Wahlsendungen vom Typ »Wetten, daß?« oder »Rudi-Carrell-Show« sind Aufführungen, in denen ein Bildschirmpublikum (Wähler der Einschaltquote) einem teilweise mitspielenden Studiopublikum zusieht. Dieses wählt seinerseits Mitglieder des ehemaligen Bildschirmpublikums als die jeweils Besten und Originellsten, als Wett-, Imitations- und Showkönige – als Könige für einen Abend in einer Monarchie von Eintagsfliegen.
Auch wer so gewählt werden will, muß immer noch etwas zu bieten haben. Und wenn er noch nicht in den Logen seiner Gesellschaft Platz genommen hat, bisher noch nicht durch das aufgefallen ist, was gewöhnlich mit Logen honoriert wird, muß er das punktuell darstellbare Ungewöhnliche als Sujet und Darstellungsgut wählen. Damit wird er zwar ›sichtbar‹, aber eben nur kurzfristig und im Sinne des Exotisch-Auffälligen. Die Konsequenz: in der Show tritt er heraus ans Licht, in der Gesellschaft bleibt er, wo er ist; allerdings nun versehen mit den Erinnerungsdevotionalien des großen Augenblicks: Plakette, Preis, Videoaufzeichnung.

Dem relativ kleinen, strukturellen Möglichkeitsausschnitt, kurzfristig gewählt zu werden, steht das beinahe grenzenlose Repertoire des Ungewöhnlichen gegenüber, durch dessen Darstellung man gewählt zu werden hofft. Die Verwandtschaft der Wettkönige mit den Rekordhaltern im Guinness-Buch der Rekorde erklärt sich aus der sozialen Abstammung, auf die beide Gruppen zurückgehen. Würde man die Wettkönige ins Guinness-Buch der Rekorde mit aufnehmen, so erweiterte man dieses ›Who is Who?‹ derer, die der Aufmerksamkeit einer medialen Öffentlichkeit nie teilhaftig geworden sind und auch nie hätten teilhaftig werden können, es sei denn, sie fielen durch eine bis an die Grenze der Unsinnigkeit gehende exotische und außergewöhnliche Anstrengung oder Leistung auf, lediglich um eine weitere Gruppe. Hier wird das üblicherweise Nicht-Honorierte einmal honoriert, und zwar dadurch, daß jemand etwas leistet, das die anderen keiner Anstrengung oder Leistung für wert halten: die größte Wurst essen, die meisten Zigarren gleichzeitig rauchen, auf den Händen die USA durchqueren.

Damit ist jedoch nur eine Seite der sozialen »Dramaturgie eines Absurditätenkabinetts«[17] beschrieben. Die andere verweist darauf, wie sehr die Herstellung von Monstren uns, der Gesellschaft als Publikum, zur Absicherung und Bestätigung der eigenen sozialen ›Normalität‹ dienen: zur Festigung des Glaubens an die Universalität des Normalen angesichts der Einmaligkeit des Außergewöhnlichen – aber auch dazu, den »Neuling klare Unterscheidungen zwischen den verschiedenen Faktoren der Wirklichkeit zu lehren, wie sie in seiner Kultur aufgefaßt werden.«[18]

Die Kandidaten unserer Wahlsendungen konkurrieren daher nicht tatsächlich mit jenem Gegner, den das gesellschaftliche Publikum als *wahrhaft* Prominenten längst gewählt hat, der also von jenen als Exoten verkleideten ›kleinen Leuten‹ gar nicht mehr zu schlagen ist. Sie konkurrieren auch nicht – im *klassischen* Sinne – miteinander, da sie in unterschiedlichen Disziplinen antreten: Hier wetteifern diejenigen, die Buntstifte – doch nicht – am Geschmack erkennen, mit jenen, die einen Lastwagen auf Biergläsern

18 Knilli, Friedrich (1976), Talk-Show: Das Kabinett des Dr. Biolek, in: Medium 6, Heft 12, S. 9.

19 Goffman, Erving (1977), Rahmen-Analyse. Ein Versuch über die Organisation von Alltagserfahrungen, Frankfurt, S. 42.

abstellen, ohne daß letztere zerbrechen: Hier treten Schwimmer gegen Alpinisten an. Wenn irgendwo, dann wird an dieser Stelle jener Grundzug moderner, hochgradig arbeitsteiliger Gesellschaften deutlich, der u. a. bei der Berufs*wahl* ein Hintergrundmotiv der zunehmenden Spezialisierung erkennen läßt: die Konkurrenzvermeidung[19] innerhalb eines nur scheinbaren Wettkampfes.

Dennoch sollen die Spielkandidaten in den Wahlsendungen von den Wählern verglichen werden. Wo also, wenn eben nicht in der Vergleichbarkeit der Disziplinen und der Leistungen, liegt der Maßstab? Die Antwort zu suchen im Vergleich der Superlative – des ›Außergewöhnlichsten‹ –, würde lediglich sichtbar machen, daß das Außergewöhnliche in seiner ständig neu inszenierten Häufung zum Erwarteten und Gewöhnlichen wird.

III. Container für ›rasch Verderbliches‹[20] – Die Rahmung macht die Botschaft

Im Verlauf des 17. Jahrhunderts entwickelte sich – im Zusammenhang mit der Ausbreitung und Organisation des internationalen Warenverkehrs – allmählich jenes Genre, das wir heute ›Nachrichten‹ nennen. Seine relativ feste, bis heute erstaunlich konstante Gestalt formte sich jedoch erst aus, als man im Zuge dieser Entwicklung dazu überging, aus dem reinen Austausch von Marktinformationen eine Mixtur zusammenzustellen, die neben ökonomischen und politischen Daten generell das – zunächst nur für die ›gebildeten Stände‹ – Interessante, Überraschende und Neue enthielt.

Schon ziemlich früh läßt sich das gemeinhin nur selten untersuchte Phänomen feststellen, daß der scheinbar unerschöpflichen Vielfalt und Buntheit der Neuigkeiten eine feste Form und ein kaum variierender Rahmen gegenüberstanden, durch die Mannigfaltigkeit und Disparatheit des Neuen zusammengebunden, nach

20 Eibl-Eibesfeld, Irenäus (1970), Liebe und Haß. Zur Naturgeschichte elementarer Verhaltensweisen, München ([12]1985), S. 85.

21 Vgl. Noelle-Neumann, Elisabeth/Reumann, Karl (1971), Nachrichtenwesen, in: Noelle-Neumann, E./Schulz, W. (Hg.) (1971), Publizistik, Frankfurt, S. 195 ff.

Sektoren klassifiziert und geordnet. Daß schon früh jene gesellschaftlichen Repräsentanten, die einige Berichterstatter oder sich selbst für interessant oder berichtenswert hielten, sich in ihrer Darstellung auf das neue Genre einstellten, und daß sie sich – seit der Verbreitung der Bildmedien und in Zusammenarbeit mit ihnen – einer spezifischen gesellschaftlichen Ikonographie unterwarfen[21], ist nur eine der sichtbaren Konsequenzen dieser festen Form.

Eine andere, erheblich bedeutsamere Folge dieser Rahmenkonstanz besteht darin, daß nicht die Nachricht selbst, sondern der Rahmen des Genres ›Nachrichten‹ die Glaubwürdigkeit des Berichteten beim Publikum etabliert:[22] Letztlich sind es nicht die neuen und interessanten Fakten, die eine Nachrichtensendung ausmachen, sondern es ist das Genre ›Nachrichtensendung‹, das aus ›Neuem‹ und ›Interessantem‹ ein Faktum und eine Nachricht macht.

So bietet das Genre selbst ein merkwürdiges Bild: während sich in den Berichten die Ereignisse zu jagen scheinen, sind der Rahmen selbst und seine in immer gleicher Weise durchgeführte Inszenierung zu stehenden Bildern erstarrt.[23] Wer sich die bildliche Rahmung der Nachrichtensendung des Fernsehens von Beginn an bis heute ansieht – und dies gilt mit zwar ländertypischen, genrebezogen jedoch nur geringfügigen Abweichungen –, dem scheint die Zeit stillzustehen. Da sitzen sie, die Sprecherinnen und Sprecher, die Welt- und Staatenkarten im Rücken, vor ihren Tischmikrophonen und kommentieren die einander begrüßenden, händeschüttelnden Staatsmänner, die Gruppenphotos von Konferenzen, die flach oder hoch eingeschossenen Tore der Länderspiele,

22 Vgl. hierzu die Diskussion über die »Ikonographie der Macht« in den Nachrichtensendungen des Fernsehens, u. a. bei Helmut Kreuzer (Hg.), Sachwörterbuch des Fernsehens, a.a.O., S. 150.

23 Eine der wenigen gelungenen strukturellen Analysen zur Gattung ›Information‹ findet sich bei Angela Keppler (1985), Präsentation und Information. Zur politischen Berichterstattung im Fernsehen, Tübingen.

24 Hans Ulrich Gumbrecht verweist auf diesen Sachverhalt (»Variation ohne Veränderung/ohne Geschichte«) in seinem Artikel: »›Ihr Fenster zur Welt‹ oder Wie aus dem Medium ›Fernsehen‹ die ›Fernsehwirklichkeit‹ wurde«, in: Soeffner, H.-G. (Hg.) (1988), Kultur und Alltag, a.a.O., S. 234–250.

die Ikonographie der Kriege, Erdbeben, Katastrophen etc. – immer in der gleichen Ordnung, im gleichen Zeitrahmen, zur festgesetzten Zeit mit dem unverwüstlich zeitresistenten Ansagerensemble.

Dieses Genre ist zugleich medientypisch und stilbildend. Es repräsentiert nicht nur die für tradierte Genres generell gültige Struktur der Rahmung, Formung, Zuordnung und Bewertung sozialen Wissens:[24] es verweist als eine spezifische Form, in der durch die Ordnungs- und Darstellungsprinzipien des Genres aus einem Allerlei wechselnder Zutaten regelmäßig das gleiche gewohnte Tagesmenü zusammengestellt wird, auf ein Muster, das für ähnliche Zwecke übernommen werden kann. Es demonstriert prototypisch, wie das stets ›Neu-sein-Müssende‹, ›Ungewöhnliche‹, das scheinbar Disparate (Wettkampf, Musical, Diskussion, Ballett, Wette, Videoclip) – und die daran beteiligten Ensembles, jeweils durch eine spezifische *Form* zusammengebunden werden können, die keinen Ausbruch erlaubt und dennoch die Illusion der Ungebundenheit aufrecht erhält.

Alles scheint in ständiger Bewegung zu sein. Das ›Noch-nie-Dagewesene‹ ist Verpflichtung – um kurz nach seiner Aufführung abgeheftet zu werden. Die gesamte Aufführungspraxis suggeriert Veränderung und Wandel, einen Wandel, der sich *außerhalb* jener Sendungen auch tatsächlich ereignet. Aber »während sich alles unaufhörlich wandelt, müssen ... [die] Mitglieder [der Gesellschaft] davon überzeugt werden, daß sich die Gesellschaft nicht wandelt – zumindest nicht während einer bestimmten Zeit und in bestimmten Punkten.«[25]

25 Vgl. Luckmann, Thomas (1986), Grundformen der gesellschaftlichen Vermittlung des Wissens: Kommunikative Gattungen, in: Neidhardt, F./Lepsius, M. R./Weiss, J. (Hg.) (1986), Kultur und Gesellschaft, Sonderheft 27 der Kölner Zeitschrift für Soziologie und Sozialpsychologie, Opladen, S. 191-211; und Bergmann, Jörg (1987), Klatsch. Zur Sozialform der diskreten Indiskretion, Berlin, insbesondere S. 35 ff.

26 Halbwachs, Maurice (1967), Das kollektive Gedächtnis, Frankfurt (1985), S. 155.

IV. Kopierte Kopien – Soziale Vervielfältigung ohne Original

Der verhältnismäßig großen Konstanz des Rahmens entspricht die Rollenkonstanz innerhalb des Ensembles. Sie läßt sich sehr gut gerade bei jener Gruppe zeigen, die den größten Personalwechsel aufweist und sich demnach am meisten zu verändern scheint: am Publikum. Hier heißt die Formel: Konstanz durch strukturelle Verdopplung!

Auf die – jeweils unterschiedlichen – Seh-, Rezeptions- und Handlungssituationen von einerseits Bildschirm-, andererseits Studiozuschauern habe ich schon hingewiesen. Diese Skizze des Handlungs- und Einstellungshintergrundes, vor dem sich das Studio- und Bildschirmpublikum als Wähler des Wettkönigs oder anderer Würdenträger bewegt, soll nun etwas komplettiert werden. – Ganz offensichtlich ist der stampfende, klatschende, pfeifende, gröhlende Zuschauer zwar Wähler, aber er ist nicht als einzelner wahrnehmbar, sondern lediglich als Mitglied eines kollektiven Lärmchores. Damit ist er auch nicht als einzelner, sondern nur kollektiv für die Entscheidung verantwortlich. Obwohl nicht gänzlich anonym – denn manchmal wendet sich die Kamera flüchtig-liebevoll einzelnen Gesichtern in der Menge zu –, repräsentiert das Studiopublikum *der Intention nach* und stellvertretend das anonyme Publikum an den Bildschirmen.

Zum partiellen Mitspielen verurteilt – niemand kann wissen, wann ihm der Kameramann und der Regisseur am Monitor ihre Aufmerksamkeit schenken –, kann er, wenn er sich nicht selbst ausbuhen will, nur am Erfolg der Sendung mitarbeiten. Zumal dann, wenn er – nun als Stellvertreter *beider* Zuschauergruppen, des Studio- *und* des Bildschirmpublikums – als gewählter Ein-Abend-Meister der Saalwette im Kreise der Prominenten auf der plüschigen Sitzgruppe in der Bühnenmitte Platz nehmen darf. Er ist nun – für ca. 120 Minuten – einer von ihnen, zumindest muß er während der Sendung so angesprochen und auch befragt werden, daß seine Anwesenheit nicht in Vergessenheit gerät. Die anderen Zuschauer, deren gewählter Vertreter er ist, könnten dies übelnehmen als Gleichgültigkeit gegenüber ›dem Mann auf der Straße‹. Wenn sie genauer hinsähen, bliebe ihnen allerdings nur eben dieses Übelnehmen: die Wahl, entweder Gleichgültigkeit oder peinlich freundliche Herablassung gegenüber ihrem Repräsentanten zu konstatieren.

Das sich selbst vervielfältigende und reproduzierende Repräsentationssystem zeigt nun folgendes Bild: ein für zwei Stunden entanonymisierter Zuschauer repräsentiert eine teilentanonymisierte Zuschauergruppe, die ihrerseits die anonymen Zuschauer ›im Lande‹ repräsentiert. Diese rekrutieren wiederum aus ihren Reihen die Wahlkandidaten, die für ein paar Minuten der kollektiven Anonymität entrinnen, endlich einmal nicht zuschauen, sondern handeln und dafür – bevor sie wieder ins Zuschauen zurücksinken – für die Delegierten ihres Wahlvolkes, der Zuschauer, wählbar werden.

Daß sowohl die Studiozuschauer als auch die Kandidaten ihre Auftritte mit dem Videorecorder aufzeichnen – die einen, um sich später dabei zuzuschauen, wie sie zugeschaut – die anderen, um sich zuzuschauen, wie andere ihnen zugeschaut haben – ist unausweichlich: es ist ein Akt der Dokumentation einer sozialen Relevanz, die darin besteht, (1) für viele andere, (2) in Medien und (3) medial abrufbar sichtbar oder zumindest einmal sichtbar gewesen zu sein.

Der Zuschauer wiederholt und verfestigt das kollektiv gebilligte Öffentlichkeitsmuster und eine Grundüberzeugung seiner Gesellschaft. Für ihn als Zuschauer-Schauspieler gilt, wie für die prominenten Schausteller aus Politik, Sport und (Unterhaltungs-)Kultur: wer nicht in den Medien ist, existiert nicht oder lediglich in einer Schattenwelt.

Praktisch und symbolisch zugleich schließt sich diese Überzeugungsgemeinschaft in einem spezifischen, einheitsstiftenden Ritual der Sendung ›Wetten, daß?‹ zusammen: ein Prominenter übernimmt jeweils die Wette eines oder einer Gruppe jener Alltagsmenschen, die als Kandidaten auftreten. Es versteht sich, daß er sich – der Verdopplungsmechanik folgend – seinerseits verpflichtet, sollte er seine Wette verloren haben, etwas Spektakulär-Mildtätiges, Menschenfreundliches oder schlicht Beachtenswertes aufzuführen, das als Bildkonserve und Dokumentation in einer Folgesendung eingespielt wird: auch im Falle seiner Niederlage bleibt er uns so in angenehmer Erinnerung. Daß Prominente ihrerseits – für kurze Zeit – ›spielerisch‹ in die Rolle des ›Mannes auf der Straße‹ zurückschlüpfen, ist dabei nichts Überraschendes: es paßt ins Bild, sinnfällig in der Gestalt des saarländischen Minister-

präsidenten, der – Harun al Raschid als Kumpel – zunächst unerkannt, in eine Knappenuniform gekleidet, in einer Bergmannskapelle mitspielt, bevor sein Geheimnis auf der Bühne gelüftet wird und er in der Polstergruppe seines Standes Platz nimmt.
Wer – einer überkommenen soziologischen Denkgewohnheit folgend – vermutet, durch derartige Inszenierungen werde der ›real existierende‹ Unterschied zwischen ›denen da oben‹ und ›denen da unten‹ bewußt kaschiert (was immer der Ausdruck »bewußt« im Zusammenhang mit Unterhaltungsproduktionen bedeuten soll), läßt sich die Einsicht entgehen, daß hier nicht mehr viel kaschiert werden muß: Herr und Knecht, Prominente und ihre Bewunderer, sind sich in ihren Grundüberzeugungen und wahrscheinlich auch Qualitäten so nahe, daß das Problem nicht darin besteht, daß es bestehende Unterschiede zu verbergen gilt, sondern darin, daß es diese Unterschiede im Bereich der Selbstinszenierung und Außendarstellung kaum mehr gibt.
Die Rudi-Carrell-Show lebt von diesem Sachverhalt: hier wählt das Publikum aus dem Kreis von fünf Kandidaten denjenigen, der am besten ein sogenanntes ›Original‹ (Mireille Matthieu – vgl. Edith Piaf –, Howard Carpendale etc.) doubelt. In der Form des Zitierens von Zitaten[26], des Doubelns von Doubletten, geht es weniger um die Frage, wer welchem – kaum mehr auffindbaren – Original am ehesten entspricht, sondern um die Wiederholung, Bestätigung und möglicherweise Verfestigung von Darstellungsmustern, die als ihrerseits kollektiv gebilligte Darstellungsformen die Voraussetzung dafür sind, daß aus Schauspielern Präsidenten und aus Präsidenten oder Kanzlern manchmal (aber selten) leidliche Schauspieler werden können.
Auf der Darstellungsebene verwischen sich die Konturen zwischen der Akzeptanz der Darstellung eines Prominenten (durch ein Double) und dem Prominenten als Darsteller, zwischen der Prinzessin und der Tenniskönigin. So z. B. in der Überschrift »Die Prinzessin spielte mit der Tenniskönigin«.[27] Das Bild unter der Schlagzeile zeigt die verlegen lächelnde Prinzessin ›Di‹(ana) neben der selbstsicheren Steffi Graf, die – als Pointe des Arrangements – der Prinzessin im Anschluß an das Spiel ihren Tennisschläger

27 Vgl. hierzu u. a. Baudrillard, Jean (1978), Kool Killer oder der Aufstand der Zeichen, Berlin.
28 Bonner Generalanzeiger vom 11. Juni 1988.

schenkt, immerhin dann doch nicht ganz so, wie man ein Adidas-Schweißband ins Publikum wirft.
Wenn es weder um die Wahl derer geht, die Außergewöhnliches vorführen – die Inflation der außergewöhnlichen Wettkönige läßt eine solche Wahl sinnlos erscheinen – noch um die Wahl ›unverwechselbarer Originalität‹ angesichts der Ubiquität von Doubletten, was macht dann den gesellschaftlichen Reiz der Wahlen in Unterhaltungssendungen aus? – Daß das Wählen an sich, das Entscheiden über andere, in entlasteten, verantwortungsfreien Spielsituationen genossen werden kann, weil es Freiheits- und Verfügbarkeitsräume zu öffnen scheint, ist nur ein Teil einer Erklärung. Offen bleibt darin die Frage, was es denn sei, *worüber* entschieden wird und ob diesem ›Worüber‹ überhaupt noch irgendeine Bedeutung zukommt.

v. Aller Geschmack geht vom Volke aus

Die von mir bisher wenig behandelten Sendungen vom Typus des Meinungsratespiels (»Pro und Contra«, »Wie würden Sie entscheiden?«) stellen jenen ›inhaltlichen‹ Punkt, um den es nun zum Schluß gehen soll, am deutlichsten heraus. – Mehr als nur Spurenelemente davon finden sich jedoch in den Kurzinterviews ›zur Person‹ oder zu ›persönlichen Interessen‹ auch in den anderen Unterhaltungssendungen.
Während die Sendung ›Wie würden Sie entscheiden?‹ zwar die Fiktionalität der Entscheidung und des Entscheidungshintergrundes im Konjunktiv ihres Titels anklingen läßt, und immerhin dem Publikum als Entscheidungsträger – formal als Begründungen verkleidete – Meinungen abverlangt, nimmt »Pro und Contra«, wenn auch in abgewandelter Form, ein bereits erwähntes Muster wieder auf: Prominente (Politiker, Journalisten, Moderatoren, Experten) treten als Protagonisten zweier gegensätzlicher, aber durchaus volkstümlicher und bekannter Meinungen auf – als Bannerträger bekannter Stereotypen und ihrer Anhänger. Da es im Verlauf der Sendung darauf ankommt, Teile der Anhängerschaft des Gegners im Publikum zu sich herüberzuziehen, scheint zunächst alles auf einen Wettkampf der Argumente hinauszulaufen. Andererseits haben Argumente für Stereotypen gewöhnlich selbst deren Qualität, d. h., sie zergliedern die thematische Stereotype in

Untergruppen von Stereotypen. Die Überzeugungskraft der Redner speist sich daher kaum aus den Argumenten, sondern aus Rhetorik und ›impression management‹ der Protagonisten: aus der situativ zu leistenden Darstellungskunst.
Das Repertoire der Stilmittel für eine historisch jeweils erfolgreiche Aufführungspraxis hat sich seit seiner Analyse und Propagierung in der antiken Rhetorik Tertullians nur wenig verändert, wohl aber treten zu bestimmten Zeiten unterschiedliche Darstellungsebenen in den Vordergrund. Waren es eine Zeitlang ›geschliffene Rede‹, die Aufeinanderfolge pointiert formulierter Argumente, das Pathos der öffentlich inszenierten, eigenen Rechtschaffenheit oder einer kollektiven Moral, so läßt sich seit einiger Zeit kaum mehr jenes Gefühligkeits-Make-up übersehen, das von Redewendungen wie »das hat mich irgendwie unheimlich angerührt, bewegt, getroffen, entsetzt, sprachlos (!) gemacht«, rhetorisch begleitet wird. Während noch unlängst Gefühlsdarstellungen durch eine entsprechend stilisierte Gestik und Mimik abgeleistet werden mußten, reicht gegenwärtig schon eine rein sprachliche Markierung des jeweils zu zitierenden Gefühls der eigenen ›Trauer‹, ›Angst‹ und der nicht abzutötenden ›Betroffenheit‹.
Damit vollzieht sich gegenwärtig – gleitend – bei den prominenten Protagonisten für und von Stereotypen der Übergang vom reinen Meinungs- zum Gesinnungs- und Gefühlsmannequin. Mögen die Meinungen noch so verschieden sein, ein Teil ihrer Verfechter findet dennoch zum *gemeinsamen Geschmack* an der Darstellung und am öffentlich inszenierten Nachfühlen von Gefühlen.
Schütz hatte in seinem Aufsatz über den »gut informierten Bürger« noch konstatiert, daß »sozial gebilligtes Wissen [...] seine Kraft und Anerkennung aus der Autorität der Personen bezieht, die es vertreten und mitteilen (Eltern, Gelehrte, Weise, Priester etc.«[28]) und das hierzu korrespondierend in öffentlich-politischer Diskussion »nur *der* als Experte oder gut informierter Bürger *geachtet* (Hervorh. H.-G. S.) (wird), der als solcher anerkannt ist.«[29] In diesem Zusammenhang konnte er das sozial gebilligte

29 Schütz, Alfred (1972), Der gut informierte Bürger, in: Schütz, A., Gesammelte Aufsätze II, a.a.O., S. 100.

30 Ebenda.

Wissen als »Ursprung der öffentlichen Meinung« und ebenso als »Quelle des Prestiges«[30] bestimmen. Zugleich beschrieb er, daß die zunehmende Beachtung und Wirkung der Meinungsumfragen (USA 1946!) eine neue Tendenz erkennen ließen, die jene alten Strukturen unterlief. Denn schließlich treffen in Meinungsumfragen nicht Experten oder gut informierte Bürger politische Vorentscheidungen, indem sie Akzeptanzrichtungen suggerieren, sondern die ›Männer auf der Straße‹: die, die sich nicht exponieren, treffen die Vorentscheidungen über ihre Exponenten, und vice versa entleihen sich die sogenannten Meinungsführer ihre Meinungen bei den Meinungsgeführten. – Schütz (1946!): Die Meinung des Mannes auf der Straße, »welche die öffentliche Meinung ist, wie man sie heutzutage versteht, wird mehr und mehr auf Kosten der informierten Meinung sozial gebilligt und drängt sich deshalb dem besser informierten Mitglied der Gemeinschaft als auferlegte Relevanz auf.«[31]

Das monatlich wiederholte nationale Quiz »Wie würden Sie wählen, wenn heute Bundestagswahlen wären?« ist daher strukturell mehr als nur die Aufzeichnung einer Meinungstendenz. Es erweckt implizit den Anschein, als werde ständig gewählt: die Meinungsumfrage leiht sich Qualitäten der Wahl, und umgekehrt erscheint die dann endlich stattfindende, von den Umfrageinstituten begleitete Wahl als vorläufig letztes Glied in einer fortzusetzenden Meinungsumfrage: das eine konsequenzenlos wie das andere.

Da die politischen Wahlen von den Unterhaltungswahlen und ihren Mustern nicht nur begleitet, sondern, was die Darstellungsmittel der öffentlichen Personeninszenierung angeht, teilweise mitgeformt und zusätzlich auch noch – nicht nur an Wahlabenden – von Unterhaltungssendungen und Shows gerahmt werden, nähern sich die sonntäglich-politischen Wahlen und ihre kleinen Geschwister, die Wahlen in Unterhaltungssendungen, so einander an, daß sie zu einer Familie, zu einer Gesamtfigur verschmelzen: Wählen als *eine* von vielen unterhaltsamen Aktivitäten im Großbereich des Freizeitverhaltens.

Damit verschieben sich tendenziell auch – nicht alle, aber doch einige – Inhalte des sozial gebilligten Wissens. Der Wunsch nach Informationen über Ereignisse, Pläne und Handlungen wird

31 Ebenda.

32 Ebenda, S. 101.

überlagert durch den Wunsch nach Informationen über die *Meinungen* anderer. Nicht die Ereignisse interessieren, sondern die Meinungen über Ereignisse und nicht einmal die Meinungen selbst, sondern die öffentliche Darstellung einer Meinung mit der Echtheitsmarke des dargestellten, sie legitimierenden Gefühls. Es reicht daher für die öffentlichen Darsteller nicht mehr aus, ganz oben auf der Meinungswelle zu surfen. Es kommt auch darauf an, die Praktiken der Gefühlsinszenierung zu beherrschen.
Die öffentliche, wiederholte, immer aufs neue zu inszenierende Darstellung von Gefühlen aber war und ist von jeher die Aufgabe von Schauspielern, die sich damit – das ist die besondere ästhetische Qualität ihres Berufes – nicht ausschließlich, aber vorwiegend dem *Geschmacksurteil* ihres Publikums unterwerfen.
Damit schließt sich meine Argumentation: Die in den Wahlen der Unterhaltungssendung abgegebenen Entscheidungen haben nahezu ausschließlich den Charakter von Geschmacksurteilen angenommen. Dieses Wahlverhalten wird, ebenso wie die darauf bezogenen Darstellungs- und Inszenierungspraktiken, in großen Teilen auf den Bereich der politischen Wahl übertragen. Die strukturelle Ähnlichkeit des Handlungsmusters bei Prominenten und ihrem Publikum – das Einander-Wählen, Zuschauen, Beobachten und Imitieren – wird ergänzt um ein beide Gruppen verbindendes, von beiden gebilligtes Entscheidungskriterium: um den Geschmack an der öffentlichen Darstellung, um die gegenseitige Überprüfung und Abstimmung der Geschmäcker in den Medien. Diesseits der ökonomischen und politischen Strukturen und Ereignisse etabliert sich ein Öffentlichkeitsbereich, der die traditionelle Bühnenwelt öffentlicher Repräsentation den Genres und Darstellungsformen einer Medienästhetik unterwirft.
In der Reziprozität des Habitus der öffentlichen Schausteller einerseits und des Mannes auf der Straße andererseits, erlebt sich der in Show und Meinungsumfrage als Entscheidungsträger inszenierte Zuschauer *punktuell* als Geschmackssouverän und damit – punktuell genießend und punktuell für seine sonstige Unauffälligkeit entschädigt – als Gleicher unter Gleichen. Es scheint so zu sein, daß nicht »Gefühle und Leidenschaften«[32] an sich, wie Schütz annahm, das öffentlich-politische Publikum heute leiten, sondern der medial gestützte *Geschmack an der Darstellung von*

33 Ebenda, S. 87f.

Gefühlen und Leidenschaften und damit ein bisher unbeachteter Sektor des sozial gebilligten Wissens: das Geschmackswissen. Die von Sennett (1983) beschriebene Veränderung der Bühnenwelt des politisch-öffentlichen Lebens und seiner Darstellungspraktiken hat nach der Legitimation, Darstellung und Bewertung von *Taten* und der Legitimation durch die dargestellte *Authentizität des Gefühls* nun zu einem neuen Entscheidungskriterium für die Bewertung öffentlichen Handelns und seiner Darstellung gefunden: zu dem des Geschmacks und seiner Genres. – Auf ihre spezifische Weise unterstützen so medial-produzierte und überformte Genres die gesellschaftliche Arbeit nicht nur bei der Konstruktion von Welt- und Gesellschaftsbildern, sondern auch bei kollektiver Selbstdarstellung, Selbstbeobachtung und Selbstgenuß!

Funktional bleiben diese Konstruktionen – allen Veränderungen zum Trotz – im überlieferten Rahmen der gesellschaftlichen Wissens- und Bilderproduktion, die Xenophanes von Kolophon (570-474/470) so charakterisiert haben soll: wenn Rinder Götterbilder schaffen könnten, dann würden sie Bilder schaffen, die Rindern ähnlich sehen. – Wenn also der ›Mann auf der Straße‹, d. h. wir alle in seiner Rolle, gesellschaftliche Leitbilder schaffen wollen, wie werden die schon aussehen?

Geborgtes Charisma – Populistische Inszenierungen

Im Sprachgebrauch der modernen Medien werden sie beinahe wie Geschwister behandelt: der Charismatiker und der Populist. Sobald ein neues Gesicht sich erkennbar aus der Menge der bereits bekannten Politiker- und Abgeordnetenphysiognomien abhebt, spürt man bei seinem Träger möglichen Zügen von Charisma nach. Charismatiker sein, heißt gegenwärtig offenbar, wählbar (bzw. prognostisch bereits gewählt) zu sein.
Daraus ergibt sich eine verborgene, bisweilen pikante, oft auch unheimliche Allianz zwischen den sogenannten ›Persönlichkeiten‹ des öffentlichen Lebens und ihrem Publikum. Dieses wiederum, in der Mehrzahl dazu bestimmt, auf Dauer fest im nicht-öffentlichen Leben zu stehen, verbringt große Teile seines (vermeintlich) politischen Handelns damit, den Schaustellern der Öffentlichkeit bei deren Auftritten zu- oder auch abzuwinken. Während das Publikum bei den gesellschaftlich ›Herausgehobenen‹ (Herauszuhebenden oder sich selbst um Heraushebung Bemühenden) nach charismatischem Glanz oder dem Flair des Außergewöhnlichen sucht, eifern jene darum, sich mit dem herauszuputzen, was man von und an ihnen erwartet.
Dem Außergewöhnlichen pflegt man, wenn nicht den Charakter des Einmaligen, so doch den des Seltenen zuzuordnen. Dieser Einmaligkeit steht die pure Vielzahl derer, die sich als im ›öffentlichen Leben‹ befindlich ansehen, jedoch allzudeutlich entgegen. Da ihnen Rarität und Unnachahmlichkeit versagt sind, bleibt den vielen ›Öffentlichen‹, sofern ihnen nicht vorrangig an ihren Pflichten oder Aufgaben, sondern an ihrem Bekanntheitsgrad (An-Sehen) gelegen ist, nichts anderes übrig, als sich *diesseits* des Besonderen angestrengt von den anderen vielen abzuheben.
Für derartige Abhebungsprozeduren halten die menschlichen Gesellschaften von je her – in den jeweiligen historischen und kulturellen Variationen – entsprechende Kostüme, Techniken, Kulissen und ›vortypisierte‹ Situationen bereit. Eben diese Repertoires werden insbesondere im öffentlich-zeremoniellen Handeln oft gespeist von Beigaben, die von einer Aura des Charismatischen

umgeben zu sein scheinen, weil sie einmal von Charismatikern ›genutzt‹ wurden oder mit ihnen verbunden waren. Es sind zumeist ritualisierte Handlungsfiguren, die durch Überlieferung in das gesellschaftliche Wissen um öffentliche Repräsentation und ihre Formen eingelassen sind: spezifische Darstellungsfiguren für Außeralltägliches und Außergewöhnliches.[1]

Anders als in streng hierarchisch gegliederten Gesellschaften, in denen die wenigen herausgehobenen gesellschaftlichen Positionen mit den dazugehörigen Arrangements, Handlungsmustern, Zeremonien und Situationen strukturell weitgehend vorgegeben und festgelegt sind, geben moderne, ›demokratisch‹ organisierte Gesellschaften – ebenso strukturell – Raum für Populismus: auf dem Flachdach der immer breiter gewordenen gesellschaftlichen ›Pyramide‹ entbrennt ein Kampf – manchmal schon um kleinste Erhebungen. Das paradoxe Zusammenspiel von ›ideologisch‹ und rechtlich postulierter Gleichheit einerseits und dem Anspruch, nur die Besten einer Gesellschaft seien als Volksvertreter wählbar andererseits, läßt da, wo es nicht von der politischen Rationalität des ›gut informierten Bürgers‹[2] kontrolliert wird, scheinbar nur noch kleine Erhebungen zu: das pragmatisch-konsensuell gebremste ›Außergewöhnliche‹.

Auch für Amtscharisma ist hier nur noch begrenzt Raum. Es bleibt einigen wenigen, aus Traditionsbeständen abgeleiteten und durch Tradition gesicherten Positionen vorbehalten.[3] Persönliches ›reines‹ Charisma aber steht (und stand schon immer) ›quer‹ zu jedweder Gesellschafts- und Staatsform: es bewährt sich in Krisenzeiten und Krisensituationen und leitet sich vermutlich aus dem ab, was Ordnung bedroht (s. u.).[4] Ganz anders der Populis-

1 Vgl. Soeffner, H.-G., Rituale des Antiritualismus – Materialien für Außeralltägliches, in diesem Band, S. 102-130.

2 Vgl. Schütz, Alfred (1972), Der gut informierte Bürger, in: Studien zur soziologischen Theorie, Gesammelte Aufsätze II, Den Haag, S. 85-101.

3 Vgl. Brosch, Joseph (1951), Charisma und Ämter in der Urkirche, Bonn, ebenso den Beitrag von Bergmann, Luckmann, Soeffner (1991): Erscheinungsformen von Charisma – Zwei Päpste, in: Zingerle et al. (Hg.) (1991).

4 Max Weber kennzeichnet das Charisma als »*die* große revolutionäre Macht in traditional gebundenen Epochen«. Diese Kennzeichnung erscheint mir sowohl strukturtheoretisch als auch in der Beschreibung der

mus: er lebt und wächst auf nahezu jedem sozialen Feld, und er gedeiht um so besser, je mehr er sich den Anschein des Charismatischen (ver-)leiht.

Als jemand, der auf sehr unterschiedlichen Festen zu tanzen gewohnt und in grundverschiedenen Situationen zu Hause ist, ist der Populist ein soziales Chamäleon. Er gleicht Grimmelshausens »Baldanders«, der »bald groß bald klein, bald reich bald arm, bald hoch bald nieder, bald lustig bald traurig, bald bös bald gut und in Summa bald so und bald anders« zu sein hat.[5] – Aber so wandlungsfähig und konturenarm Populisten im einzelnen auch sind, es lassen sich dennoch innerhalb ihrer Gruppe unterschiedliche Typen von Akteuren ausmachen, die ihrerseits auf jeweils unterschiedliche Handlungs- und Darstellungsmuster zurückgreifen: auf Ausschnitte und Teile jenes Repertoires, das die Gesellschaft für sie zur Nachahmung bereit hält.

Um zwei – einem gemeinsamen symbolischen Handlungstypus zugehörige – Darstellungsformen oder Figurationselemente soll es im folgenden gehen. Dabei ziele ich auf die (Re-)Konstruktion von Idealtypen, allerdings nicht (primär) im Bereich ›personaler Typen‹. Vielmehr geht es nur um ›typische‹, rituell-zeremonielle Darstellungsmittel, denen einige Akteure offensichtlich große Bedeutung für öffentliches ›politisches Handeln‹ und die damit verbundene Aufführungspraxis zuschreiben: in der Hoffnung, dabei aus der Schmuckschatulle oder zumindest aus wertvollen Dekorationsbeständen der Gesellschaft jene Insignien herausgegriffen zu haben, die das Triviale zum Besonderen erhöhen, und ihm das Prädikat ›wertvoll‹ verleihen.

›gesellschaftlichen Motivlage‹ für Handeln (»aus Not oder Begeisterung geboren«) unterbestimmt. Vgl. Wirtschaft und Gesellschaft ([5]1976), S. 142, 10,5.

5 Grimmelshausen, H. J. Chr. von (o. J.), Der abenteuerliche Simplicissimus, Sechstes Buch, 9. Kapitel.

Zwei Szenen

I.

Seit 72 Jahren versammeln sich Veteranen alljährlich auf dem Soldatenfriedhof von Verdun, zum Gedenken an die Gefallenen des 1. Weltkrieges. Nach dem 2. Weltkrieg wurde dieser Friedhof für Franzosen und Deutsche zu einem Ort, an dem nun nicht nur die Veteranen, sondern auch die Staatsoberhäupter und politischen Repräsentanten beider Völker die Erinnerung an die Opfer beider Kriege mit Gesten der Versöhnung und später auch der Freundschaft verknüpften. Die militärischen Zeremonien von Kranzniederlegung, Flaggensenken, Défilée militärischer Formationen am ›Grab des unbekannten Soldaten‹ wurden ergänzt um politische Erklärungen und Aufrufe: Gleichmaß, Wiederholung und Dauer der Zeremonie gestalteten allmählich den Soldatenfriedhof von Verdun zu einem rituell besetzten Raum, zum herausgehobenen Ort für Gedenkfiguren und Deklamationen, für Mahnungen und Gelübde.

Das Grabmal des unbekannten Soldaten als symbolische Ausgestaltung einer kollektiven Empfindung, dieses als Sinnbild technisch perfektionierter Massenvernichtungskriege verstandene Erinnerungszeichen wird in der öffentlichen Meinung zum Ort des Kultus am einfachen, ›unbekannten‹, als Individuum nicht (mehr) kenntlichen Soldaten. Dabei anonymisiert der Kultus nicht nur das (die) Opfer, sondern auch die Täter: Täter sind nicht einmal mehr Ares oder Mars, sondern ›der‹ Krieg. Die symbolische Überhöhung des ›unbekannten Soldaten‹ und die ihm durch Kranzniederlegungen rituell dargebotene Verehrung suggerieren, in jenem Grab könne jeder von uns liegen. Aber es gibt bezeichnenderweise kein Grabmal des ›unbekannten Zivilisten‹. Kinder und Frauen bleiben ausgegrenzt.

Zudem bewirkt die Anonymisierung des Opfers, daß aus dem ›jeder von uns‹ unter der Hand ein ›keiner von uns‹ wird. Die dargestellte und wohl auch bisweilen empfundene Trauer ist personell richtungslos. Die ›Mahnung‹ ergeht an alle und damit tendenziell an niemanden unmittelbar und persönlich: Rituell ausgestaltete Affektinszenierung in kollektiven Gedenkfeiern ist zugleich Affektdomestizierung. Der geehrte ›unbekannte Soldat‹,

das gesichtslose (Un)Wesen, kann völkerübergreifend zum gemeinsamen Nenner und Kollektivsymbol werden, weil es in vollkommener Weise das Grauen des Krieges anspricht, es zugleich aber entpersönlicht und aus der nachvollziehbaren Erfahrung wegrückt; weil es im Symbol des Anonymen und der darauf antwortenden rituellen Handlung die Katastrophe harmonisiert, vor der es zu warnen vorgibt; weil es den ehemaligen Feinden eine (anonymisierte) Gemeinsamkeit zuschreibt, die eben deswegen konfliktlos ist, weil sie keinen Sitz in den *personalen* (den eben nicht anonymen) Beziehungen der Menschen hat.
Losgelöst von der Selbstüberhöhung und der ebenfalls in diesem Ritus angelegten Selbstheilung der überlebenden Veteranen vom Leiden am Krieg vollzog sich die politische und ökonomische Annäherung der beiden sogenannten ›Erbfeinde‹ Frankreich und Deutschland. Was von den ›Europäern der ersten Stunde‹ begonnen wurde (Schumann, Monet), erhielt ein politisches Fundament durch De Gaulle und Adenauer. Wechselnde politische Leitfiguren festigten – trotz hin und wieder auftretender ›Irritationen‹ im Verhältnis beider Länder – das neue Bündnis: Die grundsätzliche Arbeit war getan, ein dauerhaftes Fundament für die Zusammenarbeit beider Staaten gelegt, das Verhältnis zwischen beiden Völkern, wie Umfragen belegten, erstaunlich konfliktfrei und von – zumindest gegenseitig beteuertem – Wohlwollen geprägt.
In eben dieser Situation kam es zwischen dem französischen Staatspräsidenten François Mitterand und dem deutschen Bundeskanzler Helmut Kohl nach vielen gemeinsamen ›Gipfeln‹, persönlichen Treffen und gegenseitigen Freundschaftsbeteuerungen zu jener zeremoniell arrangierten Begegnung auf dem Friedhof von Verdun, von der nun die Rede sein soll. Es war eine rituell herausragende Szene. Die Medien dokumentierten sie in Bildern, die seitdem zu unterschiedlichen Anlässen als Erinnerungsmarken immer wieder ›zitiert‹ und neu gedruckt wurden.
Was in diesen Bildern ›festgehalten‹ wurde, erschien oft im (untertitelten) Text als »Händchenhalten« der beiden Staatsmänner. Die Presse beider Völker (nicht nur der Canard Enchainé und die TITANIC, sondern auch die ›seriöse‹ Presse) mokierte sich über diese Geste. Die Leser amüsierten sich: und dies angesichts von Bildern, aufgenommen auf dem traditionsbeladenen Soldatenfriedhof von Verdun, Bildern, die einen von den Flaggen beider Länder bedeckten Sarg zeigen.

Dieser steht zwischen zwei Kränzen, die soeben von den Repräsentanten der ehemals verfeindeten Völker niedergelegt wurden. In gebührender Entfernung von Sarg und Kränzen hat sich in mehreren Reihen, gradlinig ausgerichtet, eine stattliche Anzahl von weiteren Abgesandten beider Völker versammelt, die Militärs militärisch-zeremoniell grüßend, die männlichen Zivilisten barhäuptig, den Hut in der Hand haltend.
Diese symbolisch verdichtete, mit Bedeutungsakzenten beinahe überladene Szene signalisiert die (zumindest im Ritual) überwundene, bildlich zu Grabe getragene Feindschaft der beiden Völker; zugleich die Trauer um die gemeinsamen Opfer und die aus (trotz) Krieg und Tod gewachsene ›Freundschaft‹ von Franzosen und Deutschen. Es ist eine jener Szenen, in denen sich sonst anschaulich die Kraft des Symbolischen zeigt: die Entfaltung und gleichzeitige Harmonisierung von Widersprüchen, die Überschreitung der Grenze vom Alltäglichen zum Außeralltäglichen, die Beanspruchung der Sinne aller Beteiligten und die Ausklammerung des Argumentes – die Vereinigung der Sinne zu kollektiver Wahrnehmung und Reaktion.[6]
Zwischen der Formation der Repräsentanten und Veteranen beider Völker und dem Sarg, jenem sehr viel näher als dieser, sind – durch den freien Raum herausgehoben – jene beiden postiert, deren absichtsvoll gestaltete Pose den übrigen bedeutungsschweren Rahmen vergessen macht. Es ist eine – trotz der Bekanntheit ihrer Elemente – in der Ausführung kaum mehr zu kopierende Ausdrucksgestalt, unstimmig trotz aller Planung, mit einer kräftigen Beimischung ungeplanter Komik, aber auch einem Hauch unfreiwilliger Unschuld trotz des erkennbar taktischen Kalküls auf mediale Wirkung.
Da stehen sie nun, jeder für sich eingeschlossen in den unverwechselbaren persönlichen Habitus, den sie sich verliehen und über die Medien verstärkt haben. Ernst und gefaßt, den Blick am Bundeskanzler vorbei auf etwas (für den Betrachter des Photos Unsichtbares) anscheinend Bedeutungsvolles richtend, der französische Staatspräsident. Der rechte Arm zeigt senkrecht am Körper herab. Die Hand ballt sich zur Faust. Der linke Arm ist gestreckt und im

6 Soeffner, Hans-Georg (1991), Zur Soziologie des Symbols und des Rituals, in: Wegenast/Oelkers (Hg.), Das Symbol. Brücke des Verstehens, Bern.

spitzen Winkel vom Körper weggeführt. Die linke Hand verschwindet fast in der deutlich größeren Hand Helmut Kohls. Dessen Finger umklammern die des Partners. Sie haben die ›Freundeshand‹ fest im Griff. Der zu den großen Fingern gehörende rechte Arm Kohls ist wie der Mitterands im spitzen Winkel, dabei allerdings leicht eingeknickt, vom Körper abgestreckt. Aber während Kohls rechte Schulter sich leicht senkt, wird Mitterands linke Schulter – der Macht der Konstellation nicht zusammenstimmender Proportionen folgend – leicht nach oben gehoben.

Den bebrillten Blick hat der körperlich unübersehbar größere und massige Bundeskanzler auf den Staatspräsidenten gerichtet: der Kopf ist dabei zur Seite und leicht nach unten weisend dem kleineren Mitterand zugewandt. Den Gesichtsausdruck Kohls prägt eine eigentümliche Mischung aus Lächeln, Schmunzeln und zufriedenem (angedeuteten) Grinsen. Der linke Arm weist gestreckt am Körper herab. Die Hand formt eine leicht geöffnete Faust.

Den Gleichklang der Kleidung – dunkler Wintermantel, darunter dunkler Anzug, begleitet vom gewohnten weißen Hemd mit der gestreiften Krawatte (große Streifen bei Mitterand, kleine bei Kohl, vgl. die Körpergröße) – stört es nur ein wenig, daß der deutsche Kanzler gemäßigt breitbeinig dasteht, während der französische Präsident, obwohl auch seine Füße einen Fußbreit Abstand voneinander halten, wegen der zu langen, daher nach innen knickenden Hosen ein bißchen X-beinig wirkt.

Störung, Disharmonie und Komik entspringen, abgesehen von dem deutlich alles überlagernden Größenunterschied der beiden Akteure, im wesentlichen der Komposition einander nicht entsprechender, sondern einander eher abstoßender Elemente: Der angesichts von Sarg und Kränzen den Partner zufrieden anlächelnde Kanzler ›paßt‹ ebensowenig zum ernst dreinschauenden, den Blick des lächelnden Deutschen meidenden Präsidenten wie der freundschaftliche Händedruck zu der geballten Präsidenten- und der angedeuteten Kanzler-Faust der beiden freien und daher unkontrollierten Hände. Ist diese Komposition an sich schon unstimmig genug, so steigert sich ihre Unstimmigkeit noch einmal schmerzlich durch das zentrale Element und Leitmotiv des Gesamtarrangements: das Händehalten.

Daß zwei Staatsmänner *nebeneinander* stehen und einander an den Händen halten, statt sich ›freundschaftlich‹, einander *gegenüber*stehend, die Hände zu schütteln oder zu reichen, ist ungewöhnlich genug. Eine solche Geste wird, wenn überhaupt, in seltenen – ebenfalls nicht komikfreien Fällen – durch einen Dritten organisiert. Ich erinnere mich an Lübkes einprägsames, aber zum Glück nicht prägendes Ineinanderfügen der Präsidentenhände von Johnson und DeGaulle. Sonst findet man in unserem Kulturkreis das Händehalten bei Brautleuten, alten und jungen Liebespaaren, zwischen Eltern und Kindern, bei Kindern untereinander – insbesondere wenn sie von Lehrern oder Kindergärtnerinnen ›aufgestellt‹ worden sind –, und bei Freundinnen. Seltener steht man dabei still, häufiger geht oder spaziert man gemeinsam irgendwohin. Die Arme werden nicht abgespreizt, sondern die Körper sind – der Nähe, die sich im Händehalten ausdrückt, entsprechend – nahe beieinander. Sie werden durch Arme und Hände einander näher gebracht. Außerhalb solcher Paarbeziehungen hält man sich, nun durchaus Distanz und Nähe zugleich schaffend, ›kollektiv‹ an den Händen: bei ›Menschenketten‹, Demonstrationen, auf Kirchentagen etc. – im Rahmen eines Gemeinschaftsrituals.

Für Kohl und Mitterand gilt genaugenommen weder der eine noch der andere Symbol- und Handlungszusammenhang. Sicher, es handelt sich um eine ›Demonstration‹; aber auch um eine Paarbeziehung zwischen Männern? Natürlich soll etwas Kollektives dargestellt und auch repräsentativ für zwei Kollektive ausgedrückt werden; aber es ist doch wohl keine zweigliedrige Menschenkette oder zweiköpfige Gemeinschaft gemeint? Freundschaft und Nähe sollen signalisiert werden, aber zeigt man dies durch demonstrative Distanz im Abspreizen der Arme? Durch Händehalten auf der einen und geballte Fäuste auf der anderen Seite?

Wer auch immer sich dieses besondere deutsch-französische Arrangement ausgedacht hat, er hat zwar bei seinem Griff in die Requisitenkiste öffentlich-ritueller Darstellungsmittel einige durchaus gängige Elemente und Muster gewählt, bei der Komposition aber nicht danach gefragt, ob diese auch zusammenpassen. So entsteht eine Ansammlung von (scheinbaren) Widersprüchen, eine Dissonanz, die in der harmlosesten Deutung unfreiwillige Komik suggeriert. ›Objektiv‹ (d. h. hier: für jedermann sichtbar dargeboten und erkennbar) kommt geradezu das Gegenteil dessen zum Ausdruck, was man hatte vorzeigen wollen: Es herrscht Distanz, wo Nähe suggeriert wird. Demonstrativer Händedruck und gleichzeitig – eher verdeckt – geballte Fäuste unterlegen den strahlenden Akkord der Freundschaft mit befremdlichen Nebentönen. Das zufriedene Lächeln (oder Schmunzeln) auf dem Gesicht des einen Darstellers verdeutlicht, daß der Ernst des Rituals und des Symbolzusammenhangs (Sarg, Kränze, Flaggen) vergessen oder die Zeremonie als Showspiel verstanden wird. Die Vermeidung des Blickkontaktes und der Ernst des Partners wiederum lassen erkennen, daß der Franzose die Eigengesetzlichkeit der Rituale und Symbole kennt, in denen er sich hier bewegt, daß er aber gerade deswegen das ›Interaktionsangebot‹, gemeinsam mit dem Partner angesichts des Sarges (und der dahinter filmenden Kameraleute) zufrieden zu schmunzeln, nicht annehmen kann.[7] Kurz: Man muß die Rituale beherrschen, wenn man nicht von ihnen beherrscht werden will; man muß ihre Bedeutung kennen, wenn man mit ihrer Hilfe etwas bedeuten will. Ob man will oder nicht – die Bedeutung der Rituale und Symbole bedient sich derer, die sich ihrer wahllos bedienen zu können glauben. Entweder man ist ein sehr guter Schauspieler oder ein perfekter Mitspieler. Zwischenlösungen gibt es hier nicht.

II.

November 1989. Im ehemals deutschen, nun polnischen Kreisau kommt es, nach langen Diskussionen über den ›richtigen Ort‹, zu einer als Versöhnungstreffen angekündigten Begegnung zwischen dem polnischen Ministerpräsidenten Tadeusz Mazowiecki und dem deutschen Bundeskanzler Helmut Kohl. Nach der Versöhnung im Westen soll, so heißt es, die Versöhnung im Osten ihren

7 Was das Photo nicht zeigt, was aber nahezu alle öffentlichen Auftritte und Selbstinszenierungen Mitterands prägt, setzt sich auch in der hier interpretierten Szene durch: das Bestreben des französischen Präsidenten, dem Amt *und* dem damit verbundenen Charisma gerecht zu werden, oder, wie es in Frankreich heißt, »noch gaullistischer als DeGaulle zu sein«. Mit Kohl und Mitterand treffen hier also ein Populist und ein Amtscharismatiker aufeinander. Die schon bestehende Dissonanz wird um einen weiteren Mißton bereichert.

sichtbaren Ausdruck finden.[8] Auch hier werden die politischen Verhandlungen von zeremonieähnlichen Arrangements und Sondertreffen begleitet: zugeschnitten auf Medien und mediale Verbreitung.

Der Ort, an dem die beiden Politiker sich treffen, Kreisau im ehemaligen Schlesien, steht – auch – für den Widerstand gegen Hitler: »Kreisauer Kreis«. Man befindet sich also in einem zwar oft umstrittenen Gebiet, aber scheinbar auf neutralisiertem Boden. Eben dieser Neutralisierungsnote, der – wie man offensichtlich glaubt – passenden Ton- und Stimmungslage, die das Alte vergessen und das Neue möglich macht, entspricht der erste Eindruck des Bildes. Es zeigt die Umarmung der beiden Männer unter der Statue der Heiligen Hedwig, die, im Hintergrund auf einem Podest stehend, mit mildfreundlichem Gesichtsausdruck – stellvertretend für andere als symbolische Kulisse ausgewählt – der Umarmung ihre sakral überhöhte Zustimmung zu erteilen scheint.

Dieter Bauer, Sven Simon und Sepp Spiegl, erfolgreiche Pressephotographen und Dokumentaristen, zeichnen verantwortlich für diese Photographie. Sie ist Bestandteil einer Serie, in der Vorbereitung und Ablauf des zeremoniellen Versöhnungsarrangements ›festgehalten‹ wurden. Drei Bilder aus dieser Serie, das im folgenden beschriebene ist das mittlere Bild, veröffentlichte der ›Stern‹.[9] Auf allen dreien sind den beiden Politikern die Beine ›abgeschnitten‹. Je nach Blickwinkel des Photographen fiel die Amputation größer oder kleiner aus. Nur einer der drei Figuren auf dem Bild geschah nichts: Der Heiligen Hedwig. Sie steht zwar im Hintergrund, bleibt aber unversehrt. Eben diese Unversehrtheit des ›personifizierten‹ Symbols, der symbolischen Dritten, war dem Pho-

8 Auch bei der Beschreibung dieser Szene verzichte ich bewußt auf eine ausführliche Charakterisierung der historischen und politischen ›Einbettung‹ des Kreisauer Treffens. Auch hier geht es vorrangig um die im Bild sichtbar festgehaltenen Gesten und Ausdruckselemente: *Sie* und *ihre* Traditionen sollen mit der Beschreibung zur Sprache gebracht, die Struktur ihrer Komposition analysiert und dementsprechend *ihre* Bedeutung ausgelegt werden. Kurz: es geht um innere Struktur, bildinterne Bedeutungsverweisungen und historisch-symbolische Anspielungen des (Bild-)Dokumentes, nicht um die Entfaltung einer besonderen, bildexternen Handlungssituation und ihres ›Kontextes‹.

9 Stern, Heft Nr. 11, im 43. Jahr, 8.-14. März 1990, S. 34 und 35.

tographen offenbar wichtig. Die Beschreibung folgt dem Blick des Photographen, beginnt also mit ihr.

Die Heilige Hedwig, eine der bedeutenden Heiligengestalten für das ehemalige Schlesien, ist unterschiedlich dargestellt worden: »Im Nonnenkleide mit Herzogskrone und Herzogsmantel als Stifterin ⟨..⟩ (des Klosters) Trebnitz; oft auch betend vor einem Kruzifix ⟨....⟩, oder auch wie sie Armen dient und Kranke pflegt oder barfuß mit Schuhen in der Hand ...«[10] Bei der auf der Photographie abgebildeten handelt es sich um eine der bekanntesten Darstellungen: um die Heilige Hedwig »als Herzogin mit Kirchenmodell«[11], als Landesmutter, Kirchenstifterin und Religionsbewahrerin.

Daß eine Heiligenfigur eine Versöhnungszeremonie symbolisch ›schützen‹ oder ›unterstützen‹ soll, ist nicht ungewöhnlich. Polen (einschließlich Schlesien) ist ein katholisches Land. Die beiden, an der Zeremonie beteiligten Politiker, bekennen sich zur katholischen Konfession. Die zum Schutz beschworene Heilige wirkte in dem Land, auf dessen Boden die Versöhnungsgeste vollzogen wird: so weit, so stimmig – bis hierhin.

Aber die Heilige Hedwig ist – in Schlesien – nicht irgendeine Heilige. Sie war Herzogin von Schlesien und Polen, Gemahlin Herzog Heinrichs I., dem sie (1186) schon im Alter von 12 Jahren ›anvermählt‹ wurde. Sie gebar nicht nur sechs Kinder – ihre drei Söhne regierten als Herzöge Schlesien und die umliegenden Herzogtümer. Sie lebte nicht nur, wie die Heiligenvita erzählt, nach der Geburt ihrer Kinder 30 Jahre lang enthaltsam, von ihrem Mann standhaft in dieser Enthaltsamkeit begleitet, sondern, Franz von Sales Doyé hebt dies eindringlich hervor: »Bemerkenswert sind (auch) ihre Bemühungen um die Kultivierung und Germanisierung Schlesiens«.[12]

Historischer Hintergrund dieser Bemühungen war der Griff des deutschen Stauferkaisers Friedrich I. nach der Macht im Osten. Polnische Thronstreitigkeiten gaben ihm die Möglichkeit, zwei schlesische Herzogtümer aus dem Königreich Polen herauszubre-

10 Franz von Sales Doyé, Heilige und Selige der Römisch-Katholischen Kirche. Deren Erkennungszeichen, Patronate und lebensgeschichtliche Bemerkungen. Zwei Bände. Erster Band, Leipzig 1629, S. 488.

11 Ebenda; vgl. dazu auch die Kleidung: Herzogskrone und Herzogsgewand.

12 Ebenda.

chen (1163). Die Ansiedlung deutscher Kolonisten begann bereits unter den beiden noch polnischen Herzögen Boleslaw (Herzogtum Breslau) und Mieszko (Herzogtum Ratibor). Deren Nachfolger, Hedwigs Mann Heinrich (I.), intensivierte diese Bemühungen – unterstützt von seiner Frau. Kurz: die Heilige Hedwig steht sowohl für ein ›heiliges Leben‹ als auch für die Eingliederung des ursprünglich polnischen Gebietes Schlesien in das Heilige Römische Reich Deutscher Nation. Das Versöhnungszeremoniell soll symbolisch das Ende der Feindschaft und die Unantastbarkeit der polnischen Westgrenze veranschaulichen. Die für das Versöhnungstreffen gewählte Darstellung der Heiligen Hedwig aber zeigt eben jene heilige Herzogin des Heiligen Römischen Reiches Deutscher Nation, durch deren entschiedene Mitwirkung die polnische Westgrenze angetastet und nach Osten verschoben wurde.

Wer immer für das Arrangement der Versöhnungszeremonie diese spezifische Darstellung der Heiligen Hedwig gewählt hat, er brachte, und dabei ist es für die Interpretation völlig gleichgültig, ob er dies subjektiv bewußt (-arglistig) oder unbewußt, gar unwissend tat, den jenseits aller subjektiven Intentionen liegenden, tatsächlich wirksamen historischen Bedeutungsrahmen ans Licht, der die ›schlesische Frage‹ und ihre im symbolischen Arrangement als offen unterstellte Antwort prägt.

Unterhalb der Statue der Heiligen Hedwig stehen, in dunkle Mäntel gekleidet, eine leicht nach rechts schwingende, glockenförmige Silhouette bildend und einander umarmend, der polnische Ministerpräsident und der deutsche Kanzler. Der gebeugte Rücken des rechts stehenden Deutschen, den die eigene Körpergröße dazu zwingt, sich stärker herabzubeugen, als dies von seinem Gegenüber gefordert ist, ›schmiegt‹ sich, scheinbar der Bewegung des Faltenwurfes im Gewand der Heiligen Hedwig folgend, beinahe der Heiligenstatue an. Der bebrillte Kopf des Kanzlers mit dem sorgsam gescheitelten Haar verdeckt beinahe vollständig – nur der Haaransatz am Hinterkopf ist sichtbar – den Kopf des polnischen Partners.

Kohls Kopf ruht mit aufgestütztem Kinn auf der Schulter seines polnischen Kollegen. Die Lippen sind fest geschlossen, Backenmuskulatur und Falten zwischen Kinn und Halsansatz stark ausgeprägt. Der Hals selbst wird durch die Neigung des Kopfes verdeckt. Beide Männer umarmen sich. Dabei liegen linker Arm und

Hand des körperlich größeren Deutschen leicht angewinkelt auf dem ebenfalls leicht angewinkelten Arm Mazowieckis. Die leicht geöffnete Hand des Kanzlers, der kleine Finger ist ein wenig abgespreizt, findet unterhalb der Schulter, auf dem Rücken Mazowieckis ihren Platz. Der beim Anwinkeln des Armes leicht zurückgerutschte Mantelärmel gibt Armbanduhr und Manschettenansatz des weißen Hemdes frei. Mazowieckis – ebenfalls leicht angewinkelter – rechter Arm ist etwas stärker gestreckt als der Kohls. Dennoch erreichen die gestreckten Finger seiner vollständig geöffneten Hand (Ehering am Ringfinger) den Rücken des Kanzlers nicht. Unterhalb der Achselhöhle, knapp hinter ihr, bleiben sie an der linken oberen Körperseite des Kanzlers liegen.
Selbst wenn Mazowiecki den Arm vollständig ausstrecken würde, der Rücken des Kanzlers bliebe für ihn unerreichbar: Die oben (an Kopf und Schultern) aneinanderdrängenden und umklammernden Körper streben unterhalb dieser Umklammerung auseinander. Die Füße der beiden stehen offenbar so weit voneinander entfernt, daß jeder weitere Kontakt der Körper unmöglich ist. Dem größeren Kohl zwingt dies den schon erwähnten gebogenen Rücken auf.
Geschlossenheit und Offenheit, Nähe und Distanz, gleichzeitig stattfindende Gesten des Kontakts und der Kontaktvermeidung kennzeichnen die ›Gestalt‹ dieser Umarmung: die dargestellte Einheit signalisiert gleichzeitig Differenz und Widerspruch. Dieses äußere Formprinzip bestimmt die gesamte Bedeutungsstruktur des Bildes: Die Widersprüche sind nicht – wie signalisiert werden soll – ›aufgehoben‹; sie überlagern die Versöhnung. Das in der Umarmungsgeste als vorbildlich gelöst dargestellte Problem ist noch offen. Die einzelnen Elemente dieser Versöhnungsgeste liegen miteinander im Streit. Insofern befindet sich die als Schutzpatronin beschworene Heilige Hedwig objektiv in ›Einklang‹ mit dem Ausdrucksgehalt des restlichen Bildes. Sie wiederholt und bestätigt symbolisch, was die in sich gespaltene Geste ausdrückt: das Weiterbestehen von Spannungen, die in der Geste als überwunden dargestellt werden sollten.
Es gelingt der gewählten zeremoniellen Form nicht, die ›außerhalb‹ ihres Geltungs- und Machtbereiches liegenden Widersprüche zu domestizieren. Die gewählten symbolischen Elemente passen (sich) nicht in den vorgesehenen Rahmen (ein). Die einzelnen

Rituale verselbständigen sich gegenüber dem geplanten zeremoniellen Ritus. Sie bilden eine eigenständige Gestalt aus, in der objektiv gezeigt wird, was subjektiv verborgen werden sollte: Hier geht es *zugleich* um ›Versöhnung gegenüber Mißtrauen‹, und um ›Mißtrauen gegenüber Versöhnung‹.

Nicht beabsichtigte Folgen und nicht befolgte Absichten

In beiden Fällen, beim Treffen zwischen Mitterand und Kohl am Grab des unbekannten Soldaten ebenso wie beim Kreisauer Treffen zwischen Mazowiecki und Kohl, ist die Absicht der Arrangeure unverkennbar, einen politischen Zustand oder eine politische Absicht sichtbar in eine Zeremonie einzukleiden. Zeremonien sind durch Tradition, gleichförmige Wiederholung und daher geregelte Wiedererkennbarkeit abgesicherte, feierliche Handlungen. Sie bieten einen festen Rahmen für symbolische und rituelle Einzelelemente, die in vorgegebener Form aufeinander bezogen sind.[13]

Zwar sind auch Zeremonien als symbolische Formen in sich strukturell ambivalent. Aber sie stellen die von ihnen selbst signalisierten Widersprüche, darin ist man sich von Freud über Cassirer bis Eco einig, als ›aufgehoben‹ dar: Sie geben sich als die einzig mögliche Lösung derjenigen Widersprüche, die von ihnen selbst als außerhalb des Symbolischen unlösbar suggeriert werden.[14]

Bis ein kollektiv gestaltetes und besonders herausgehobenes Ereignis in einer durch Tradition abgesicherten Form abgebildet werden kann, braucht es Zeit. Diese ist mit Wiederholung, Beseitigen von Unstimmigkeiten, Reinigen und Einschleifen einer symbolischen Form gefüllt, die ihrerseits mit der Wiederholung in gesellschaftliches Wissen und kollektivem Habitus eingearbeitet wird. Kurz: Zeremonien kann man nicht einfach neu erfinden oder aus rituellen Ersatzteilen klittern.

13 Vgl. Hahn, Alois (1977), Kultische und säkulare Riten und Zeremonien in soziologischer Sicht, in: Anthropologie des Kults, Freiburg, S. 51-81.

14 Soeffner, Hans-Georg (1991), Zur Soziologie des Symbols und des Rituals, in: Wegenast/Oelkers (Hg.) Das Symbol. Brücke des Verstehens, Bern.

Genau dies geschieht jedoch beim Verdun-Arrangement des Mitterand-Kohl-Treffens. Die Medien, für die das Spektakel arrangiert wurde, dürften dazu verführt haben, daß eben jene Stilmittel eingesetzt wurden, derer sich die Massenmedien selbst im ›Showgeschäft‹ bedienen: Bildcollagen und Kulissenmontagen. Aber was für Shows, das medienalltägliche Abfeiern des vorgeblich immer wieder Neuen, Besonderen, richtig ist, verfehlt seinen Zweck im Rahmen von Zeremonien. Diese sollen das Besondere als das wiederholbare *Außeralltägliche*, aber dennoch Alte und Bewährte hervorheben: Wer Showkulissen in Zeremonien schiebt, wird selbst zum Geschobenen.
Sicher, Rituale und Symbole sind immer wieder ›zitiert‹ und in bis dahin ungewohnte Zusammenhänge eingefügt worden, das Handeln aber ist etwas anderes als Texte. In diesen erzeugen jeweils veränderte Zitatreihungen neue, aus der internen Systemik der Zeichen lebende Bedeutungs- und Argumentationsgestalten (modisch: ›Diskurse‹).[15] Das Handeln dagegen verläuft auf der irreversiblen Zeitlinie des Geschehens. Texte sind jederzeit wieder abrufbares, erneuerbares Futter: ein Tischleindeckdich der Interpreten. Handeln dagegen verschwindet ›als Datum‹[16] im eigenen Vollzug. Was bleibt, sind Handlungsergebnisse[17] – oder, sofern das Handeln aufgezeichnet wurde –, Handlungsprotokolle (z. B. auch Photographien). Das Handeln folgt der ›praktischen‹, die Text- und Interpretationslinie dagegen der ›reflexiven‹ Vernunft: das Handeln der Notwendigkeit (der Entscheidung), das Interpretieren der Möglichkeit (des sich nicht unmittelbar Entscheiden-Müssens). Das Handeln dokumentiert den Kurs, Text und Interpretation (als Einheit) den ›Diskurs‹. Erst das Gegeneinander-Ausspielen von Spuren des ›Kurses‹ in Handlungsprotokollen

15 Vgl. hierzu beispielhaft: Derrida, Jacques [1967, 1976], Die Schrift und die Differenz, Frankfurt; Lyotard, J.-F. (1983), Le Différend, Paris. Zum Verhältnis von ›Diskurstheorie‹ und Soziologie vgl. Giesen, Bernhard (1990), Entzauberte Soziologie, Vortrag auf dem Soziologentag in Frankfurt 1990.

16 Vgl. Bergmann, Jörg (1985), Flüchtigkeit und methodische Fixierung sozialer Wirklichkeit, in: Bonß, W./Hartmann, H. (Hg.), Entzauberte Wissenschaft, Soziale Welt. Sonderband 3, S. 299 ff.

17 Vgl. den von Luckmann hervorgehobenen Unterschied zwischen ›Handeln‹ und ›Handlung‹. Schütz, Alfred/Luckmann, Thomas (1984), Strukturen der Lebenswelt, Band 2, Frankfurt, S. 84 ff.

einerseits und diskursiver Interpretation eben jener Protokolle andererseits fördert jene Selektionsprozesse und eben auch die Unstimmigkeiten zutage, die in der Einheit der Handlung (als nachträglich überschaubarer und zusammengefaßter Abfolge) zumindest nicht sichtbar sind.
Gleiches gilt für Beschreibung und Interpretation des hier beschriebenen, als Zeremonie prätendierten Handlungs- und Kulissenarrangements: Die Unstimmigkeit der symbolischen Grundgestalt produziert auf der formalen Ebene eben jene Leere, Gehaltlosigkeit und Beliebigkeit, die sich auch in einem ihrer Teile, in der dargestellten Handlung, einer Ritualcollage, ausdrückt. Der Verschnitt in sich unstimmiger Bedeutsamkeitssignale bewirkt – zumal dann, wenn er in einen ›feierlichen‹ Rahmen gesteckt wird – Komik. Komiker ihrerseits erweisen sich durch den gekonnten Einsatz der Stilmittel für Unstimmigkeit als Künstler, Bedeutsamkeiten klitternde Populisten dagegen als Dilettanten.
Die der Historie nachhinkende Feier einer lange vorher schon vollzogenen Entspannung und Normalisierung zwischen zwei Völkern – der Ausdruck ›Freundschaft‹ ist, wie die Geste selbst es verdeutlicht, denn doch zu schwergewichtig – verbreitet den gleichen morbiden Charme wie die kirchliche Trauung (weißes Brautkleid, Myrthenkranz etc. eingeschlossen) eines seit Jahrzehnten zusammenlebenden Paares, das sich an die Zeit des Fensterlns kaum mehr erinnern kann. Die Mitterand/Kohl-Photographie bringt eben diesen Charme objektiv zum Ausdruck: Die Unstimmigkeit der Form repräsentiert die Unstimmigkeit der Handlung.
Anders verhält es sich bei dem Mazowiecki/Kohl-Bild: Form und Ausdruck sind nicht lediglich unstimmig durch die Klitterung von Versatzstücken. Sie sind vielmehr geprägt durch *einen* konstitutiven, (noch) nicht aufgelösten Widerspruch, der die gesamte Photographie durchzieht. Um das schon benutzte Bild noch einmal aufzunehmen: Hier handelt es sich eher um ein Paar, das sich Zuneigung und Treue versichert, der eigenen Versicherung aber aufgrund der langen Erfahrungen, die man miteinander schon gemacht hat, mißtraut.
Hier wird nicht wahllos geklittert. Man versucht statt dessen, das bisher Unvereinbare zu verbinden. Die in der Hedwig-Statue angelegte Ambivalenz – Herzogin von Schlesien *und* Polen – wird durch die Insignien der Statue symbolisch aufgehoben. Sie ver-

deutlichen zugleich die Perspektive, unter der allein eine solche Aufhebung zuvor als möglich verstanden wurde. Es ist nur *eine* Perspektive: die deutsche. Die Photographie als ganze dagegen dokumentiert in ihrer Ausdrucksgestalt zwei bisher noch nicht (oder nur teilweise) zusammengeführte Perspektiven, und die ihnen entspringenden, gegeneinander arbeitenden gestischen Darstellungen.

Auch hier also bringt die Darstellungsform gegenüber den subjektiven Beteuerungen (oder gar Sichtweisen?) der Darsteller das objektiv gegebene, gesamte historische Bedeutungspotential der symbolischen Gestalt zur Geltung.[18] Diese ›objektive‹ Bedeutung verbirgt sich nicht ›*hinter*‹ der Darstellung: im Gegenteil, sie zeigt das, was sie ist, ganz unverfälscht *in* der Darstellung.

Charisma – Leihhaus ohne Hüter?

Die Nachzeichnung der Widersprüche in den soeben analysierten populistischen Inszenierungen könnte den Eindruck entstehen lassen, als sei hier lediglich eine ›Panne passiert‹ bzw. als seien den Akteuren in der Aufführungspraxis einige Fehler unterlaufen, die durch eine geschicktere Regie und fähigere Darsteller hätten vermieden werden können: so, als könnte allein mit sorgfältiger Planung und gekonnter Darstellung bestimmten Zeremonien eine charismatische Ausstrahlung verliehen werden. Genau dies ist nicht der Fall. Populismus und Charisma sind unvereinbar. Bei *allen* populistischen Inszenierungen lassen sich, sofern sie darauf abzielen, sich in eine charismatische Aura zu hüllen, ›Fehler‹ finden.

18 Diesen Unterschied zwischen subjektiv intendiertem Handlungszweck bzw. subjektiver Intention einerseits und objektiv erreichtem, durch Interpretation der ›reflexiven‹ Vernunft (s. o.) freigelegtem Handlungsziel andererseits, übersehen ›rational choice‹-Theoretiker grundsätzlich, leider auch die nachdenklicheren unter ihnen. Vgl. hierzu etwa Esser, Hartmut (1990), »Habits«, »Frames« und »Rational Choice«: Die Reichweite von Theorien der rationalen Wahl (am Beispiel der Erklärung des Befragtenverhaltens), in: Zeitschrift für Soziologie, Jg. 19, Heft 4, S. 231 ff.

Diese Fehler entspringen nicht dem Zufall, sondern der strukturellen Unvereinbarkeit von Populismus und Charisma. Die bisher durchgeführte Analyse beansprucht dementsprechend auch nicht, zu einem ›repräsentativen‹ Ergebnis im Hinblick auf das gesamte Arsenal der Typen und Repertoires populistischen Verhaltens zu führen, wohl aber im Hinblick auf die grundsätzliche Differenz zwischen Populismus und Charisma.

So bunt und vielfältig das Phänomen des Populismus auch ist, auf dem farbigen Flickenteppich der unterschiedlichen Attraktionen, in die sich gesellschaftliche Beliebtheit einzukleiden pflegt, lassen sich dennoch unterschiedliche Grundmuster ausmachen. Da gibt es (1) fast in allen ›westlichen‹ Parlamenten die ›simple folks‹ – einfache ›aufrechte‹ Menschen, die ›Besten von uns‹ so wie sie im Alltag ›ihren Mann‹ oder ihre Frau stehen: den wackeren Gewerkschaftler, den braven Beamten, den biederen Bauernvertreter, die ›grundanständige‹ und zugleich bodenständige ›Lokalgröße‹, den ›altgedienten Parteisoldaten‹. Sie alle können sicher sein, daß ›wir‹ ihnen zustimmen, so wie ›wir‹ uns, den buntscheckig vielen, zustimmen würden. Wir gönnen ihnen ihren Erfolg, nicht so sehr wegen ihrer Leistung, die, so wissen wir, viele andere auch bringen könnten, sondern weil sie, wenn sie etwa Minister werden, anzuzeigen scheinen, daß jeder von uns – sofern er wie sie im sozialen Lotto gewänne – an ihre Stelle treten könnte.

Da sind (2) die (An-)Biedermänner, die einen vom Bierzelt zur Messehalle, von dort aus zur Talk- oder Samstagabendshow, dann zum Länderspiel und zur ›Festsitzung‹ der Kölner und/oder Mainzer Karnevalsvereine eilend; die anderen – zusätzlich zu diesen Beschäftigungen – am Geschmack des Guinnessbuches orientierte Leistungen produzierend (im Neoprenanzug durch den Rhein schwimmen, Dauerjoggen, Fallschirmspringen, Bergsteigen etc.), oder aber in der vorgeblich komischen Variante des gleichen Geschmacks zwanghaft ›Bonmots‹ heraussprudelnd, für Photoreporter während der ›privaten‹ Ferien samt Stuhl rückwärts ins Wasser fallend und – nun schon institutionalisiert – Reden ›wider den tierischen Ernst‹ in einer Weise haltend, die blankes Entsetzen weckt angesichts dieses tierischen Frohsinns.

Schließlich gibt es (3) noch jene, denen man so etwas wie ›dämonischen‹ Populismus zuschreiben könnte: Sie verstehen es, sichtbar die Macht populistischer Zustimmung in persönliche Macht umzuformen und so entweder mit Hilfe der ›öffentlichen Meinung‹ jene zu verfolgen, die sowohl sie selbst als auch jene öffentliche Meinung zu ihren Gegnern ernannt haben (McCarthy), oder sich als ›großer Kommunikator‹ (Reagan) an die Spitze der öffentlichen Meinung zu setzen. Dabei wird die Mehrheitsmeinung nicht mehr *über* etwas eingeholt, sondern sie selbst hat längst schon alles, was ihr ›gegenüber‹ sein könnte, eingeholt. So reißt sie sich ohne ein kontrollierendes Gegenüber selbst mit – wohin auch immer. Gewöhnlich wird auch diesem Typus von Populismus Charisma zugeschrieben: fälschlicherweise, denn so wird das Treibende nicht mehr vom Getriebenen unterschieden.

Zugleich läßt sich gerade an dieser letzten Gruppe eine Bestimmungsgröße erkennen, an die sowohl Charisma als auch Populismus gebunden sind: *die (öffentliche) Meinung*, in der Durkheim jenes primär soziale Phänomen sah, das als »Quelle der Autorität verstanden werden kann«, wobei sogar zu fragen wäre, »ob nicht die Autorität die Tochter der Meinung ist.«[19] Auch Max Weber bestimmt Charisma nicht nur als eine »als außeralltäglich (...) geltende Qualität einer Persönlichkeit«, sondern er bindet diese ›Qualität‹ zusätzlich an das Zusammenspiel von »Bewährung« und »Anerkennung durch die Beherrschten«.[20] Beide, Durkheim und Weber, machen deutlich, wie mißverständlich, einseitig und daher höchst problematisch es ist, wenn man – wie üblich – Charisma ausschließlich und quasi substanziell als ›Qualität‹ mißdeutet. – Praktisches Handeln allgemein ebenso wie ›Inszenierungen‹ der Charismatiker (und Populisten), sind Beziehungsgrößen. Sie sind gebunden an Erwartungen und Anerkennung anderer, sei es der Interaktionspartner allgemein oder der Beherrschten bzw. der Gefolgsleute. Ein absolutes Maß außerhalb dieses Zusammenspiels von Handlung, Bewährung, Erwartung und Anerkennung

19 Durkheim, Emile (1912/1981), Die elementaren Formen des religiösen Lebens, Frankfurt, S. 287. An dieser Stelle diskutiert Durkheim auch die Bindung der Wissenschaft an eben jene öffentliche Meinung, die zu bekämpfen und zu kontrollieren er für eine zentrale wissenschaftliche Aufgabe hält.

20 Weber, Max (1972), Wirtschaft und Gesellschaft, Tübingen, S. 140.

gibt es nicht,[21] *Charisma – und ebenso Populismus – sind interaktiv hergestellte Sozialprodukte.*[22]

Aber während beim ›reinen‹ Charisma im Zusammenwirken von charismatischem Führer und Gefolgschaft, von Bewährung und Anerkennung, Außeralltäglichkeit und das Aufbrechen des Neuen gegenüber den Routinen des Gewohnten erlebt (oder imaginiert) wird, bestätigt der Populismus (der Populist) das Gewohnte in zwar aufdringlich colorierten, aber bekannten Bildern. Während der ›persönliche‹ Charismatiker und seine Gefolgschaft die Passivität des ›weiter wie bisher‹ in Aktivität mit Richtung auf Neues (oder in den Glauben an Aktivität an sich als das – auch in der Zerstörung des Alten – Neue) umkehren und während der Amtscharismatiker die ›auf Dauer gestellte‹ Sicherung – jener außergewöhnlichen, nun bewährten Aktivitäten anstrebt, bewegt sich der Populist als Gefolgsmann bereits bestehender oder vermuteter Meinungen zusammen mit den anderen Gefolgsleuten dieser Meinungen auf den Marktplätzen des Alltags.

Ganz besonders zieht es ihn – und seine Mitläufer – zu den Rummelplätzen. Dort versammelt sich das Alltägliche in außeralltäglicher Buntheit, und das Gewohnte in außergewöhnlicher Häufung. Der Alltag verkleidet sich in das kleine Fest – und versammelt dabei das gesamte Personal des alltäglich-öffentlichen Lebens. Hier bewährt sich und erhält derjenige Anerkennung, der so ist, wie alle sein wollen und wohl auch sein könnten: Populismus zielt auf das Weiterfahren des gesellschaftlichen Karrens in immer wieder benutzten, unmerklich, aber unaufhaltsam tiefer werdenden Spuren. – Gesellschaftlich hergestelltes Charisma dagegen markiert die Strukturstelle für das Neue.

Der reine Charismatiker als ›Neuerer‹ ist ebenso wie der Amtscharismatiker als Bewahrer und Fortsetzer des Neuen ein Spezialist für das Außeralltäglich-Bedeutsame und damit oft genug auch für das (bis zum Überdruß) Ernsthafte, der Populist dagegen ein Generalist, geübt in der Kleinkunst, im Umgang mit den vielfäl-

21 Über das, was ihr »Wohlergehen«, das von Max Weber genannte Maß (a.a.O., ebda.), sein bzw. was als solches anerkannt werden soll, entscheiden die »Beherrschten« zum großen Teil selbst.

22 Der hier verwendete, erweiterte Interaktionsbegriff schließt sowohl ›unmittelbare‹ (face-to-face) als auch (medial) vermittelte Interaktion ein.

tigen alltäglichen Mustern und Routinen. Charismatiker tun sich schwer oder scheitern an alltäglichen Routinen, populistische Generalisten dagegen stolpern durch das Außeralltäglich-Bedeutsame und bewegen sich darin wie in ihnen fremden Kulissen. Charismatiker überspitzen (für ihre Feinde und für ›Außenbeobachter‹) den Ernst, bis er in Lächerlichkeit umschlägt. Die meisten Populisten erzeugen schon Lächerlichkeit, bevor es ernst werden kann. – Nicht zufällig bevorzugen sie die leichten Genres, Show und Rummel. Hier sind sie (aber wir nicht vor ihnen) sicher.

Der Charismatiker und seine Gefolgschaft konzentrieren sich in ihrem Wunsch nach Außergewöhnlichkeit und Bedeutsamkeit auf Weniges, aber Herausragendes, das ihnen das ›Wesentliche‹ sein soll. Nur wenige ›ausgewählte‹, dafür aber überzeichnete Darstellungsmittel zentrieren die Aufmerksamkeit auf das ›Faszinosum‹ und machen das Alltägliche vergessen. Dieses begrenzte, immer wieder ›neu‹ wirkende, aber in z. T. Jahrtausende alten Motiv- und Symbolreihen tradierte Repertoire läßt sich ohne große Mühen zusammenstellen. Es wirkt eben nicht durch Fülle, sondern durch Sparsamkeit der Elemente und Überzeichnung des Ausdrucks. Es konstituiert ein Bild mit harten Konturen und einem herausgehobenen Zentrum. Für ›Nebensächliches‹ bleibt kein Raum. Kennzeichen des Populismus dagegen ist seine zusammengeflickte Vielfalt. Sein Medium ist die Zerstreuung, und die Medien nutzen ihn zur Zerstreuung. Der Charismatiker hat eine Gefolgschaft – der Populist ein Publikum.

›Zerstreutheit‹, Unschärfe und Konturlosigkeit charakterisieren den Populismus ebenso, wie der auf sie antwortende Drang der populistischen Darsteller zu Zeremonie und Ritual: Letzterer erwächst zwangsläufig aus der Furcht, eine Gestalt zu verlieren, die man eigentlich gar nicht hat. Zudem soll die durch Massenkonsum und flüchtigen Gebrauch geprägte Produktpalette des Handelns und der Handelnden in rituell-zeremoniellen Formen Halt und Bedeutsamkeit finden. So wird das Unvereinbare zusammengefügt. Es wirkt, als wolle man im Aachener Dom einen Big Mac auf ehrwürdig altem, goldenem Tablett als Hostie präsentieren. Und es erscheint als Normalfall populistischer Bemühungen, dem Bedeutungslosen ›Würde‹ und Unverwechselbarkeit zu verleihen, jene Form, die im Couleurwesen ihren exemplarischen Ausdruck findet: »formal eine Kastenkonvention, material plebe-

jisch.«[23] Sie ist letztlich die Form, die den Habitus des gegenwärtigen deutschen Kanzlers in sichtbaren Gegensatz zu seinem französischen und polnischen Partner setzt.
Die knappe und pointierte Herausarbeitung der charismatischen ›Gestalt‹ vollzieht sich in der Wiederholung immer gleicher Zeremonien und Rituale aus einem begrenzten Repertoire: der Sparsamkeit im Umgang mit den Darstellungsmitteln steht die Verschwendung bei der Wiederholung der im wesentlichen immer gleichen Inszenierungen gegenüber. In der Wiederholung wird die Zeit ›symbolisch‹ zum Stillstand gebracht und mit ihr die Gemeinschaftsüberzeugung auf Dauer gestellt, allerdings auf eine Dauer, deren Zeitmodus die Gegenwart des ›Erlebens‹ ist. – Er prägt Öffentlichkeit und Wiederholung der Inszenierung. Sein Signum ist der Augenblick, manifestiert in (angeblich) ›magischem‹ Blick und ›magischer‹ Berührung des Auserwählten. In eben diesen spezifischen ›Zugriffsweisen‹ durchbricht der Charismatiker jenen Distanzraum, den Gemeinschaftsritual und Zeremoniell als ersten auratischen Ring um ihn ziehen.
Insgesamt formt sich die Gefolgschaft des Charismatikers in gemeinschaftlicher Überzeugung und Inszenierung selbst zu eben jener Aura, die sie an ihm wahrzunehmen meint. Das Faszinosum der im Zentrum stehenden charismatischen Gestalt geht über in eine innerweltlich verankerte Form des Numinosen:[24] Eine Überzeugungs- und Glaubensgemeinschaft heiligt (und erschrickt vor) sich selbst, indem sie sich ein unverwechselbares Zentrum schafft und erhält. In Hingabe und Verehrung, Furcht und Zittern, Treue und Gefolgschaft verlangen sich der ›reine‹ Charismatiker und seine Gefolgschaft *gegenseitig* Bewährung und Anerkennung ab. In Illusion und Erfolg, Wahn und Scheitern gehen beide einen gemeinsamen Weg. Dementsprechend gibt es hier auch keine ›geteilte‹, sondern nur eine gemeinsame Verantwortung.
Trotz immer wieder versuchter Anleihen aus dem Formenhaushalt charismatischer Inszenierungen hat der Populismus – abgese-

23 Allert, Tilmann (1990), It never rains in southern California. Polen im Herbst, in: Merkur, Heft 495, S. 391. Allert weist hier – M. Weber zitierend – auf die historische Fortschreibung eines Habitus hin, der inzwischen seine coulorierte Kaste verlassen hat und dadurch noch aufdringlicher wirkt, als er es früher ohnehin schon tat.

24 Vgl. Otto, Rudolf (1963), Das Heilige. München, insbesondere S. 5-55.

hen von der Tatsache, daß auch er ein interaktiv hervorgebrachtes Sozialprodukt ist – weder im Erscheinungsbild noch im Grundmuster etwas mit charismatischen Bewegungen gemein. Populisten fürchten – zu Recht – daß Popularität sich durch Wiederholung des Gleichen abnutzt. So eilen sie von Premiere zu Premiere. Wo der Charismatiker Form einschleift, schleift der Populist Formlosigkeit plan. Er ist der Gegenwart verfallen: Aktualität ist sein Markenzeichen, an ihr messen sich auch sein Marktwert – und sein ›Verfallsdatum‹. Denn Aktivität ist eine Gegenwartsform, die nicht auf Dauer gestellt werden kann. Als sichtbar sich abnutzende Gegenwart macht sie den Zeitfluß besonders deutlich. Charisma ›veralltäglicht‹ sich (Max Weber), wenn das Außerordentliche, Neue im Laufe der Zeit (d. h. im Laufe seiner immer wieder stattfindenden Vergegenwärtigung) seinen Glanz verliert. Die Popularität des Populisten dagegen verfliegt, wenn ihm nichts Neues mehr einfällt.

Für den Charismatiker ist die rituelle Distanz zur Gefolgschaft konstitutiv, die Berührung Einzelner das Außergewöhnliche – der seltene Lohn für Gefolgsleute. Der Populist kann nicht genug Hände greifen und schütteln. Er liebt das Bad in eben jener Menge, der er entstieg. Wo er versucht, sich mit einer zeremoniellen Aura und Distanz zu umgeben, läuft er grundsätzlich Gefahr, als das erkannt zu werden, was er ist – als einer aus der Menge, eben nichts Besonderes: Populismus ist u. a. das Kennzeichen von Gesellschaften ohne personale und ideelle Zentren und/oder von Gesellschaften, in denen Institutionen politischer und wirtschaftlicher Entscheidungen einerseits und medialer Darstellung von Politik andererseits arbeitsteilig organisiert und unterschiedlichen Zielen und Adressaten verpflichtet sind. Er signalisiert den Wunsch nach Bewahrung jenes alle Interessengegensätze übergreifenden Konsenses, der – wie alle ahnen – längst verloren gegangen ist.

Die Sehnsucht nach charismatischer Herrschaft dagegen verlangt nicht nach Aufrechterhaltung oder Sicherung des Bekannten. Sie zielt auf Erneuerung durch Zerstörung des Bestehenden. Ihr geht es um das Aufbrechen von gesellschaftlichen Klassifikationsgittern und Normen.[25] Sie macht weder vor ›Schichtgrenzen‹ noch

25 Wie schon oft, so habe ich auch in diesem Aufsatz Thomas Luckmann zu danken. Im vorliegenden Fall hat er mich zur Präzisierung und

vor Familienbindungen halt, ersetzt Verwandtschaft durch Gefolgschaft, Tradition durch Unmittelbarkeit. Charismatische Bewegungen verstehen sich – zu allen Zeiten – als jeweils neuen Aufbruch aus ›Erstarrung‹ und als unerträglich empfundener gesellschaftlicher Verfestigung. Objektiv gesehen propagiert charismatische Herrschaft nicht lediglich den Bruch mit der Geschichte. Sie tritt vielmehr, kultur- und geschichtsübergreifend, neben anderen Herrschaftsformen als elementare kollektive Handlungs- und Deutungsmacht bei der gesellschaftlichen Konstruktion von Ordnung(en) auf: Im scheinbar dicht geknüpften Netz der historischen Bedingungen, der ›Ursachen‹ und Folgen, der zwar nicht vorhersehbaren, aber dennoch rekonstruierbar ›bewirkten‹ Entwicklungen – ist sie die Strukturstelle für etwas ›Neues‹, auch wenn dieses sich in das Gewand der ›Re-Formation‹ kleidet.
Im symptomatischen Streben der Populisten und ihres Publikums nach der de facto nicht mehr auffindbaren ›Mitte‹ (linke Mitte, rechte Mitte, liberale Mitte, fortschrittliche Mitte etc.) klammern sich die unterschiedlichen Interessengruppen und Mehrheiten (die, jeweils gemessen am Rest der Gesellschaft, allesamt Minderheiten sind) an die Fiktion von einem gemeinschaftlichen Nenner. Nicht die ökonomischen und politischen Funktionssysteme und die an sie anschließenden Interessen sollen die ›Zusammengehörigkeit‹ der Mitglieder jener pluralistischen Gesellschaft legitimieren, sondern eine Idee, in der die unterschiedlichen Lebensstile sich wiederfinden. Jeder Einzelne soll hier die Chance haben, sich im Zentrum der Gesellschaft zu entdecken.
Die gegenwärtig vorherrschende Idee vom autonomen, sich ›selbst verwirklichenden‹ Individuum und die an sie angeheftete Rede von der ›Individualisierung der Lebenslagen und Lebensstile‹ gewährleistet diese Chance – allerdings, ohne daß dem Einzelnen eine andere Zentrierung möglich wäre, als die auf sich selbst. So ist der Populist – der Tendenz nach wohl immer, gegenwärtig aber ziemlich vollendet – das in den vielen anderen mit sich selbst multiplizierte Individuum als Jedermann.
Charismatische Herrschaft setzt einer Gesellschaft ein unverwechselbares Zentrum. Sie wirkt nicht nur strukturverändernd, sondern prägt auch eine eigene Struktur aus. Populismus dagegen

schärferen Herausarbeitung der strukturellen Differenz zwischen ›Charisma‹ und ›Populismus‹ angehalten.

verweist auf jenen Typus von Gesellschaft, der in bestimmten historischen Situationen unterschiedlichen Funktionsverbänden, Interessengruppen, Ethnien und Religionsgemeinschaften eine spezifische Organisationsform gibt. Sie besteht aus der engen Verflechtung von Wirtschaftsform und staatlicher Verwaltung einerseits bei gleichzeitiger Lockerung der traditionalen Bindungen von Individuen an den Staat andererseits. Hier bewährt sich der Populismus als das Verbindende in der Bindungslosigkeit.

Bewährung, gemessen an Aktualität und einem neugierigen Publikum statt an Außergewöhnlichkeit und an hohen Erwartungen einer Gefolgschaft, bringt manchmal das Sensationelle, meist das Gefällige hervor, eben das, was ein *Publikum* sich wünscht. So gründet die Bewährung des Populisten in seinem Unterhaltungs-, Darstellungs- und Unanstößigkeitswert, in der – ein wenig neu eingekleideten – Bestätigung des Bekannten als des Anerkannten. Im Populisten als ihrem kleinsten gemeinschaftlichen Vielfachen stellt eine Gesellschaft das heraus, was ihren einzelnen Mitgliedern auferlegt ist: Anpassungsfähigkeit an eine vermutete Meinung anderer bzw. an das, von dem man glaubt, daß andere es für normal halten.

Insofern fühlt sich der Populist ebensowenig wie sein Publikum verantwortlich für die öffentliche Meinung, deren (angepaßter) Teil beide sind. Beide empfinden sich ihr gegenüber nicht als Macher, sondern als Gemachte – im Glücksfall als ›gemachte Leute‹. Aus *dieser* Sicht fällt es schwer, einen Populisten für etwas anderes verantwortlich zu machen als für die mehr oder minder akzeptierte *Darstellung* der öffentlichen Meinung. Das Gewissen, dem diese Verantwortung entsteigt, ist der Geschmack des Publikums.

Die strukturelle Differenz zwischen dem Charismatiker und dem Populisten ergibt sich aus ihrem unterschiedlichen Zugang zum Umgang mit Normalität und Alltag. Der dem Aktuellen, dem ›kleinen‹ Neuen nachjagende Populist orientiert sich wie sein Publikum am als normal Vermuteten. Er übt sich in der Bestätigung des Gewohnten, dessen befürchteter Fadheit er durch neue Gewürzmischungen zu begegnen sucht. Der Aufwand allerdings, der betrieben wird, um das Gewohnte immer wieder zu bestätigen, weist darauf hin, daß die Furcht vor dem schalen Geschmack des Gewohnten eine tiefer liegende Angst verbirgt: die Angst vor dem stets möglichen Zusammenbruch des Mundanen[26], davor, daß die alltäglichen Sicherheiten einstürzen, die Routinen nicht tragen, das bisher Verläßliche nicht weiter verläßlich sein und das Vertrauen in die Normalität abrupt zusammenbrechen könnten. Die zwanghafte Verarbeitung von (vorgeblich) Neuem nach alten Mustern weist den Populismus als *ein* – historisch spätes – Kind dieser Angst aus.

Der Wunsch nach charismatischer Herrschaft, charismatischen Führern oder Bewegungen entspringt derselben Quelle. Charisma als Faszinosum gründet ebenfalls in dem Wissen um die prinzipielle Brüchigkeit der ›uns vertrauten‹ Welt. Gewohnheiten und Routinen aber zeigen Charismatikern – den ›Führern‹ wie der Gefolgschaft – nicht an, daß es schon weitergehen werde wie bisher, sondern sind ihnen Zeichen für das Zerfallen des ›Großen‹ und ›Wichtigen‹, für die Abwendung vom Außergewöhnlichen als ›eigentlich‹ Wesentlichem, für das Verrinnen der Zeit im Alltag. So sehr Charismatiker Rituale und Zeremonien bei der Inszenierung des Außergewöhnlichen lieben, so sehr hassen sie die ›kleinen‹ Rituale der Gewohnheiten, Sitten und Bräuche. Als ›Neuerer‹ sind sie diesen gegenüber Antiritualisten:[27] Artikulatoren und Aktivisten des Neuen, Ungewohnten und der Wahrnehmungsveränderung – Verehrer der Illusion, durch den Bruch mit dem Alten könne dem befürchteten Bruch des Vertrauens in eine durch Menschen restlos beherrschbare Welt ein für allemal begegnet werden.

So gesehen verweisen und antworten Populismus und charismatische Herrschaft auf die gleiche Unsicherheitsstelle und die gleiche tiefliegende Bedrohung, die der menschlichen Art zu allen Zeiten Motiv war, soziale Ordnung hervorzubringen und in ihr Schutz zu finden. – Im Umgang mit dieser Ordnung aber verlieren sie jede Gemeinsamkeit.

26 Vgl. Schütz, A./Luckmann, Th. (1984), Strukturen der Lebenswelt, Band 2, Frankfurt, insbesondere S. 139-177.

27 Vgl. Soeffner, H.-G., Rituale des Antiritualismus – Materialien für das Außergewöhnliche, in diesem Band, S. 102-130.

Literatur

Adam, A. (1962): Die Herkunft des Wortes vom menschlichen Willen als Reittier Gottes, LuJ, 25-34.

Alciatus, Andreas (1531): Andreae Alciati Emblematvm Libellvs. Paris.

Allert, Tilmann (1990): It never rains in southern California. Polen im Herbst. In: Merkur, Heft 495/1990, 381-398.

Apel, Karl-Otto (1970): Einführung: Peirces Denkweg vom Pragmatismus zum Pragmatizismus. In: Peirce (1970), Band 2, 11-211. Jetzt in: Karl-Otto Apel: Der Denkweg von Charles S. Peirce. Eine Einführung in den amerikanischen Pragmatismus. Frankfurt 1975.

Apel, Karl-Otto (Hg.) (1976): Sprachpragmatik und Philosophie. Frankfurt.

Baczko, Bronislaw (1970): Rousseau: Einsamkeit und Gemeinschaft. Wien/Frankfurt/Zürich.

Balthasar, Hans U. (Hg.) (1961): Die großen Ordensregeln. Einsiedeln/Zürich/Köln.

Bateson, Gregory (1981): Ökologie des Geistes. Frankfurt.

Bateson, Gregory (1981 a): Eine Theorie des Spiels und der Phantasie. In: Bateson (1981), 241-261.

Baudrillard, Jean (1978): Kool Killer oder der Aufstand der Zeichen. Berlin.

Beck, Ulrich (1982): Jenseits von Stand und Klasse? In: Kreckel, R. (Hg.) (1982): Soziale Ungleichheiten. Göttingen.

Beck, Ulrich (1984): Perspektiven einer kulturellen Evolution der Arbeit. In: MitAB, 1/1984.

Beck, Ulrich (1986): Risikogesellschaft. Auf dem Weg in eine andere Moderne. Frankfurt.

Beck, Ulrich (1988): Gegengifte: die organisierte Unverantwortlichkeit. Frankfurt.

Beck, Ulrich (1991): Politik in der Risikogesellschaft. Frankfurt.

Benedict, Ruth (1946): The Chrysanthemum and the Sword. Patterns of Japanese Culture. Boston/New York.

Benedict, Ruth (1955): Urformen der Kultur. Hamburg.

Benedict, Ruth (1982): Race: Science and Politics. Rev. ed., Westport.

Berger, Peter L./Thomas Luckmann (1969): Die gesellschaftliche Konstruktion der Wirklichkeit. Eine Theorie der Wissenssoziologie. Aus dem Amerikanischen übers. von Monika Plessner. Mit einer Einleitung z. dt. Ausgabe von Helmuth Plessner. Frankfurt.

Berger, Peter L./Brigitte Berger/Hansfried Kellner (1975): Das Unbehagen in der Modernität. Frankfurt.

Berger, Peter L. (1980): Der Zwang zur Häresie: Religion in der pluralistischen Gesellschaft. Frankfurt.

Bergmann, Jörg (1981): Ethnomethodologische Konversationsanalyse. In: Peter Schröder und Hugo Steger (Hg.) (1981): Dialogforschung (=Jahrbuch 1980 des Instituts für Deutsche Sprache). Düsseldorf, 9-51.
Bergmann, Jörg (1985): Flüchtigkeit und methodische Fixierung sozialer Wirklichkeit. In: Bonß/Hartmann (Hg.) (1985): Entzauberte Wissenschaft. Göttingen, 299-320.
Bergmann, Jörg (1987): Klatsch. Zur Sozialform der diskreten Indiskretion. Berlin.
Bergmann, Jörg/Thomas Luckmann/Hans-Georg Soeffner (1991): Erscheinungsformen von Charisma – Zwei Päpste. In: Arnold Zingerle et al. (Hg.) (1991): Charisma – Theorie, Politik, Religion. Stuttgart.
Bierce, Ambrose (1986): Des Teufels Wörterbuch (1881-1906). Zürich.
Boccaccio, Giovanni (1492): Der Decamerone. Zürich 1957.
Boff, Leonardo (1972): Die Kirche als Sakrament im Horizont der Welterfahrung. Versuch einer Legitimation und einer struktur-funktionalistischen Grundlegung der Kirche im Anschluß an das II. Vatikanische Konzil. Paderborn.
Bohler, J. (1921): Klosterleben im deutschen Mittelalter.
Bornkamm, E. (1979): Martin Luther in der Mitte seines Lebens. Göttingen.
Bourdieu, Pierre (1979): Entwurf einer Theorie der Praxis auf der ethnologischen Grundlage der kabylischen Gesellschaft. Frankfurt.
Brecht, Bertolt (1926/1939): Marxistische Studien. In: Bertolt Brecht: Gesammelte Werke in 20 Bänden. Band 20. Schriften zur Politik und Gesellschaft. Frankfurt 1967, 45-123.
Brecht, Bertolt (1967): Die Dreigroschenoper. In: Gesammelte Werke in 20 Bänden, Bd. 2, Stücke 2. Frankfurt.
Brosch, Joseph (1951): Charisma und Ämter in der Urkirche. Bonn.
Buck, Günther (1981): Von der Texthermeneutik zur Handlungshermeneutik. In: Fuhrmann/Jauß/Pannenberg (1981), 525-535.
Bühler, Karl (1934): Sprachtheorie. Die Darstellungsfunktion der Sprache. 2. Auflage. Mit einem Vorwort von Friedrich Kainz. Stuttgart 1965.
Bultmann, Rudolf (1954): Zum Problem der Entmythologisierung. In: Rudolf Bultmann (1954): Glauben und Verstehen. Gesammelte Aufsätze. Vierter Band. Tübingen, 128-137.
Bultmann, Rudolf (1956): Adam, wo bist du? In: Bultmann, Rudolf: Gesammelte Aufsätze. Zweiter Band. Tübingen.
Cassirer, Ernst (1953): Philosophie der symbolischen Formen. 3 Bände. 2. Auflage. Darmstadt.
Castiglione, Baldassare (1528): Der Hofmann.
Cicourel, Aaron V. (1970): Methode und Messung in der Soziologie. Frankfurt.

Clausen, Lars: Fürst Pückler auf dem Höhepunkt der Krise. In: Joachim Matthes (Hg.) (1981): Lebenswelt und soziale Probleme. Verhandlungen des 20. Deutschen Soziologentages zu Bremen 1980. New York/Frankfurt, 383-396.

Crooke, W. (1961): »Kissing«. In: Hastings, J. (Hg.) (1961): Encyclopedia of Religion and Ethics. New York, 739.

Derrida, Jacques (1967): L'écriture et la différence. Paris.

Derrida, Jacques (1970): L'ordre du discours. Paris.

Deutsche Forschungsgemeinschaft (Hg.) (1986): Medienwirkungsforschung in der Bundesrepublik Deutschland. Teil I: Berichte und Empfehlungen. Teil II: Dokumentation. Katalog der Studien. Enquête der Senatskommission für Medienwirkungsforschung unter dem Vorsitz von Wilfried Schulz und der Mitarbeit von Jo Groebel. Weinheim.

Dilthey, Wilhelm (1900): Die Entstehung der Hermeneutik. In: Wilhelm Dilthey: Gesammelte Schriften. Leipzig/Berlin 1914-1936. Fortgeführt Stuttgart/Göttingen 1962 ff. Band 5, 317-331.

Dilthey, Wilhelm (1958): Entwürfe zur Kritik der historischen Vernunft. In: Gadamer/Boehm (1976), 189-220.

Douglas, Mary (1974): Ritual, Tabu und Körpersymbolik. Sozialanthropologische Studien in Industriegesellschaft und Stammeskultur. Frankfurt.

Douglas, Mary/Aaron Wildavsky (1983): Risk and Culture. An Essay on the Selection of Technological and Environmental Dangers. Berkeley/Los Angeles/London.

Durkheim, Emile (1912): Die elementaren Formen des religiösen Lebens. Frankfurt 1981.

Duster, Troy (1990): Backdoors to Eugenics. New York/London.

Eibl-Eibesfeld, Irenäus (1970): Liebe und Haß. Zur Naturgeschichte elementarer Verhaltensweisen. 12. Aufl. München 1985.

Eibl-Eibesfeld, Irenäus (1980): Grundriß der vergleichenden Verhaltensforschung. 6. Aufl. München.

Eibl-Eibesfeld, Irenäus (1984): Die Biologie des menschlichen Verhaltens. Grundriß der Humanethologie. München.

Eliade, Mircea (Hg.) (1987): The Encyclopedia of Religion. New York/London.

Erikson, Erik H. (1958): Young Man Luther. New York. Dt. Ausg.: Der junge Mann Luther. Frankfurt 1975.

Esser, Hartmut (1990): »Habits«, »Frames« und »Rational Choice« – Die Reichweite von Theorien der rationalen Wahl (am Beispiel der Erklärung des Befragtenverhaltens). In: Kölner Zeitschrift für Soziologie und Sozialpsychologie, Jg. 19, Heft 4/1990, 231-247.

Esser, Hartmut (1991): Der Doppelpaß als soziales System. In: Kölner Zeitschrift für Soziologie und Sozialpsychologie, Jg. 20, 2/1991, 152-166.

Evans-Pritchard, Edward E. (1978): Hexerei, Orakel und Magie bei den Zande. Frankfurt.
Fagerhaugh, Shizuko Y./Anselm Strauss (1977): Politics of Pain Management: Staff-Patient Interaction. Menlo Park.
Firth, Raymond (1930/31): Totemism in Polynesia, Oceania. Bd. I, No. 3 u. 4.
Fishman, Joshua A. et al. (1971): Bilingualism in the Barrio. Bloomington.
Foreville, Raymonde (1970): Lateran I-IV. Geschichte der ökumenischen Konzilien. Hg. von G. Duneige und H. Bacht. Bd. IV. Mainz.
Frank, Manfred (1977): Das individuelle Allgemeine. Textstrukturierung und Textinterpretation nach Schleiermacher. Frankfurt.
Frank, Manfred (1983): Was ist Neostrukturalismus? Frankfurt.
Friedenthal, Richard (1983): Luther, sein Leben und seine Zeit. Frankfurt.
Freud, Sigmund (1910): Über den Gegensinn der Urworte: In: Sigmund Freud: Studienausgabe. Hg. v. Alexander Mitscherlich et al. Bd. 4. Frankfurt 1970, 227-234.
Freud, Sigmund (1920): Psychologie des Unbewußten. Jenseits des Lustprinzips. Studienausgabe. Band 3. Frankfurt 1975, 213-272.
Freud, Sigmund (1974): Studienausgabe. Hg. von A. Mitscherlich et al. Band 9. Frankfurt.
Frost, Robert (1958): Complete Poems. New York.
Fuhrmann, Manfred/Hans Robert Jauß/Wolfhart Pannenberg (Hg.) (1981): Text und Applikation. Theologie, Jurisprudenz und Literaturwissenschaft im hermeneutischen Gespräch. München.
Gadamer, Hans-Georg (1972): Wahrheit und Methode. Grundzüge einer philosophischen Hermeneutik. 2. erw. Auflage. Tübingen.
Gadamer, Hans-Georg/Gottfried Boehm (Hg.) (1976): Seminar: Philosophische Hermeneutik. Frankfurt.
Gadamer, Hans-Georg/Gottfried Boehm (Hg.) (1978): Seminar: Die Hermeneutik und die Wissenschaften. Frankfurt.
Galling, Kurt (Hg.) (1957-1965): Religion in Geschichte und Gegenwart. Handwörterbuch für Theologie und Religionswissenschaft, 6 Bde. Bd. 4, 3. Völlig neu bearbeitete Aufl. Tübingen.
Geertz, Clifford (1987): Dichte Beschreibung. Beiträge zum Verstehen kultureller Systeme. Übersetzt von Brigitte Luchesi und Rolf Bindemann. Frankfurt.
Geertz, Clifford (1990): Die künstlichen Wilden. Anthropologen als Schriftsteller. Aus dem Amerikanischen von Martin Pfeiffer. München.
Gehlen, Arnold (1961): Anthropologische Forschung. Hamburg.
Gehlen, Arnold (1963): Studien zur Anthropologie und Soziologie. Neuwied und Berlin.

Gehlen, Arnold (1973): Urmensch und Spätkultur. 3. Aufl. Frankfurt/M.
Gehlen, Arnold (1978): Der Mensch. Seine Natur und seine Stellung in der Welt. 12. Aufl. Wiesbaden.
Gerhardt, Uta (1986): Verstehende Strukturanalyse: Die Konstruktion von Idealtypen als Analyseschritt bei der Auswertung qualitativer Forschungsmaterialien. In: Hans-Georg Soeffner (Hg.) (1986): Rezeption, Kommunikation, Situation. Sozialstruktur und soziale Typik. 21. Deutscher Soziologentag in Dortmund 1984. Frankfurt/New York.
Giovio, Paolo (1555): Dialogo dell'imprese militari et amorose de monsignor Paolo Giovio vescouo di Nucera. Roma.
Giesen, Bernhard (1991): Die Entdinglichung des Sozialen: eine evolutionstheoretische Perspektive auf die Postmoderne. Frankfurt.
Girtler, Roland (1984): Interaktion und Kommunikation großstädtischer Vagabunden Wiens: In: Soeffner (1984), 215-242.
Goffman, Erving (1971): Interaktionsrituale. Über Verhalten in direkter Kommunikation. Frankfurt.
Goffman, Erving (1977): Rahmen-Analyse. Ein Versuch über die Organisation von Alltagserfahrungen. Frankfurt.
Goffman, Erving (1983): Wir alle spielen Theater. Die Selbstdarstellung im Alltag. Vorwort von Ralf Dahrendorf. 4. Aufl. München.
Goody, Jack (Hg.) (1981): Literalität in traditionalen Gesellschaften. Frankfurt.
Goody, Jack/Ian Watt (1981 a): Konsequenzen der Literalität. In: Goody (1981), 45-104.
Grathoff, Richard (1978): Alltag und Lebenswelt als Gegenstand der phänomenologischen Sozialtheorie. In: Hammerich/Klein (1978), 67-85.
Grathoff, Richard (1979): Über Typik und Normalität im alltäglichen Milieu. In: Walter M. Sprondel/Richard Grathoff (Hg.) (1979): Alfred Schütz und die Idee des Alltags in den Sozialwissenschaften. Stuttgart, 89-107.
Grathoff, Richard (1989): Milieu und Lebenswelt. Frankfurt.
Grimm, Jakob u. Wilhelm (1956): Deutsches Wörterbuch. Hg. von der Deutschen Akademie der Wissenschaften zu Berlin. 15 Bde. Bearbeitet von M. Heyne, H. Seedorf, H. Teuchert. Leipzig.
Gumbrecht, Hans Ulrich (1988): »›Ihr Fenster zur Welt‹ oder Wie aus dem Medium ›Fernsehen‹ die ›Fernsehwirklichkeit‹ wurde«. In: Soeffner, H.-G. (Hg.) (1988): Kultur und Alltag. Soziale Welt, Sonderband 6, 234-250.
Gumbrecht, Hans Ulrich (1990): *Eine* Geschichte der spanischen Literatur. 2 Bde. Frankfurt.
Gumbrecht, Hans Ulrich/Karl-Ludwig Pfeiffer (Hg.) (1988): Materialität der Kommunikation. Frankfurt.
Gurwitsch, Aron (1977): Die mitmenschlichen Begegnungen in der Milieuwelt. Hg. und eingel. von A. Metraux. Berlin/New York.

Habermas, Jürgen (1970): Zur Logik der Sozialwissenschaften. Frankfurt.
Habermas, Jürgen (1973): Der Universalitätsanspruch der Hermeneutik. In: Jürgen Habermas (1973): Kultur und Kritik. Verstreute Aufsätze. Frankfurt, 264-301.
Habermas, Jürgen (1981): Theorie des kommunikativen Handelns. Bd. 1: Handlungsrationalität und gesellschaftliche Rationalisierung. Bd. 2: Zur Kritik der funktionalistischen Vernunft. Frankfurt.
Habermas, Jürgen (1985): Die neue Unübersichtlichkeit. Kleine Politische Schriften v. Frankfurt.
Hahn, Alois (1977): Kultische und säkulare Riten und Zeremonien in soziologischer Sicht. In: Hahn (1977): Anthropologie des Kults. Freiburg/Basel/Wien.
Hahn, Alois (1982): Zur Soziologie der Beichte und anderer Formen institutionalisierter Bekenntnisse: Selbstthematisierung und Zivilisationsprozeß. In: Kölner Zeitschrift für Soziologie und Sozialpsychologie 34, 408-434.
Hahn, Alois (1984): Religiöse Wurzeln des Zivilisationsprozesses. In: Braun/Hahn (Hg.) (1984): Kultur im Zeitalter der Sozialwissenschaften. Friedrich Tenbruck zum 65. Geburtstag. Berlin.
Hahn, Alois/Volker Kapp (Hg.) (1987): Selbstthematisierung und Selbstzeugnis: Bekenntnis und Geständnis. Frankfurt.
Halbwachs, Maurice (1925): Das Gedächtnis und seine sozialen Bedingungen. Frankfurt 1985.
Halbwachs, Maurice (1967): Das kollektive Gedächtnis. Frankfurt 1985.
Haller, Max/Hans-Joachim Hoffmann-Nowotny/Wolfgang Zapf (Hg.) (1989): Kultur und Gesellschaft. Verhandlungen des 24. Deutschen Soziologentages, des 11. Österreichischen Soziologentages und des 8. Kongresses der Schweizerischen Gesellschaft für Soziologie in Zürich 1989. Frankfurt/New York.
Hammerich, Kurt/Michael Klein (Hg.) (1978): Materialien zur Soziologie des Alltags (=Kölner Zeitschrift für Soziologie und Sozialpsychologie, Sonderheft 1978). Opladen.
Havelock, Eric A. (1963): Preface to Plato. Cambridge, Mass.
Hegel, Georg Wilhelm Friedrich: Werke in 20 Bänden. Auf der Grundlage der Werke von 1832-1845 neu edierte Ausgabe. Redaktion Eva Moldenhauer und Karl Markus Michel. Frankfurt 1970.
Heidegger, Martin (1927): Sein und Zeit. 9. unv. Auflage. Tübingen 1960.
Heider, Fritz (1969): Soziale Wahrnehmung und phänomenale Kausalität. In: Irle (1969), 26-56.
Heller, Agnes (1970): Alltag und Geschichte: Zur sozialistischen Gesellschaftslehre. Neuwied/Berlin.

Heller, Agnes (1978): Das Alltagsleben. Versuch einer Erklärung der individuellen Reproduktion. Frankfurt.
Henscheid, Eckhard (1980): Ein scharmanter Bauer. Frankfurt.
Hermann, Ferdinand (Hg.) (1960): Symbolik der Religionen. Band VI. Symbolik der katholischen Kirche. Stuttgart.
Hermann, Ferdinand (Hg.) (1967): Symbolik der Religionen. Band X. Kultsymbolik des Protestantismus. Stuttgart.
Hildebrandt, Hans-Hagen (1985): Ich-Fiktion im Spiegel. Bruchstücke aus der Geschichte der Subjektfiguration. Ms. (Habilitationsschrift) Essen.
Hildenbrand, Bruno (1984): Methodik und Einzelfallstudie. Studienmaterialien der Fernuniversität Hagen. Hagen.
Hitzler, Ronald (1988 a): Sinnwelten: ein Beitrag zum Verstehen von Kultur. Opladen.
Hitzler, Ronald/Anne Honer (1988): Der lebensweltliche Forschungsansatz. In: Neue Praxis, 18. Jg., 6/1988, 496-501.
Hitzler, Ronald (1991): Der banale Prometheus. Eine ›postmoderne‹ Metapher? In: Helmut Kuzmics/Ingo Mörth (Hg.) (1991), Der unendliche Prozeß der Zivilisation. Frankfurt/New York.
Hörning, Karl H. et al. (1990): Zeitpioniere: flexible Arbeitszeiten – neuer Lebensstil. Frankfurt.
Hoffmann, Hilmar (1982): Das Taubenbuch. Frankfurt.
Hoffmann-Nowotny, Hans-Joachim (1979): Migration: Ein Beitrag zu einer soziologischen Erklärung. Stuttgart.
Hoffmann-Nowotny, Hans-Joachim (1988): Ehe und Familie in der modernen Gesellschaft. In: Aus Politik und Zeitgeschichte, 13/1988, 3-13.
Honer, Anne (1989): Einige Probleme lebensweltlicher Ethnographie. In: Zeitschrift für Soziologie, 4/1989, 297-312.
Horowitz, Irving Louis (1991): Daydreams and Nightmares. University Press of Mississippi.
Husserl, Edmund (1936): Die Krisis der europäischen Wissenschaften und die transzendentale Phänomenologie. Eine Einleitung in die phänomenologische Philosophie. Hg. von Walter Biemel. 2. Auflage (=Husserliana, Edmund Husserl, Ges. Werke, Band V). Den Haag 1969.
Irle, Martin (Hg.) (1969): Texte aus der experimentellen Sozialpsychologie. Hg. und eingeleitet von Martin Irle in Zusammenarbeit mit Mario von Cranach und Hermann Vetter. Neuwied/Berlin.
Iser, Wolfgang (1972): Der implizite Leser. Kommunikationsformen des Romans von Bunyan bis Beckett. München.
James, William (1893): The Principles of Psychology. Reprint New York, 1951.
Jauß, Hans Robert (1981): Zur Abgrenzung und Bestimmung einer lite-

rarischen Hermeneutik. In: Fuhrmann/Jauß/Pannenberg (1981), 459-481.
Jandl, Ernst (1980): der gelbe hund. gedichte. Neuwied.
Jaspers, Karl (1932): Philosophie. Berlin 1948.
Jaspers, Karl (1971): Psychologie der Weltanschauungen. 6. Aufl. Berlin.
Kant, Immanuel (1785): Grundlegung zur Metaphysik der Sitten (= Immanuel Kant, Werke in 12 Bänden, hg. v. Wilhelm Weischedel, Bd. 7). Schriften zur Ethik und Religionsphilosophie 1. Darmstadt 1968, 7-121.
Kant, Immanuel: Kant's Gesammelte Schriften. Hg. von der Königlich Preußischen Akademie der Wissenschaften. Erste Abteilung. Berlin 1907.
Kellner, Hansfried/Frank Neuberger (1988): Zur Rationalität der ›Postmoderne‹ und ihrer Träger. In: Hans-Georg Soeffner (Hg.) (1988): Soziale Welt, Sonderband 6: Kultur und Alltag. Göttingen, 325-390.
Keppler, Angela (1985): Präsentation und Information. Zur politischen Berichterstattung im Fernsehen. Tübingen.
Kierkegaard, Sören (1959): Die Krankheit zum Tode. Übers. v. G. Jungbluth. Hamburg.
Kierkegaard, Sören (1959 a): Die Tagebücher. Gesammelte Werke. Ausgewählt, neugeordnet und übersetzt von H. Gerdes. Düsseldorf/Köln.
Kierkegaard, Sören (1964): Werke. 5 Bände, Bd. v: Philosophische Brokken. In neuer Übertragung und mit Kommentar von Lieselotte Richter. Reinbek bei Hamburg.
Klein, Stefan (1981): Reportagen aus dem Ruhrgebiet. Frankfurt.
Knigge, Adolph Frh. v. (1977): Über den Umgang mit Menschen. Hg. von Gerd Ueding. Unv. Aufl. Frankfurt.
Knilli, Friedrich (1976): Talk-Show: Das Kabinett des Dr. Biolek. In: Medium 6, Heft 12, 1976, 8-23.
Knoch, W. (1983): Die Einsetzung der Sakramente durch Christus. Eine Untersuchung zur Sakramententheologie der Frühscholastik von Anselm von Laon bis zu Wilhelm von Auxerre. Beiträge zur Geschichte der Philosophie und Theologie des Mittelalters. Neue Folge, Bd. 42. Münster.
Knorr-Cetina, Karin (1984): Die Fabrikation von Erkenntnis. Zur Anthropologie der Naturwissenschaften. Frankfurt.
Knorr-Cetina, Karin (1989): Spielarten des Konstruktivismus. In: Soziale Welt 1, 1989, 86-96.
König, René (1962): Die Beobachtung. In: René König (Hg.) (1962): Handbuch der empirischen Sozialforschung. Band 2. Stuttgart, 1-65.
Koselleck, Reinhart (1972): Geschichte, Historie. In: Otto Brunner/Werner Conze/Reinhart Koselleck (Hg.) (1972): Geschichtliche Grundbegriffe. Stuttgart, 593-717.

Kracauer, Siegfried (1963): Das Ornament der Masse. Essays. Frankfurt.
Kreuzer, Helmut (1982): Sachwörterbuch des Fernsehens. Göttingen.
Kuhn, Thomas S. (1976): Die Struktur wissenschaftlicher Revolutionen. Zweite revidierte und um das Postskriptum von 1969 ergänzte Auflage. Frankfurt.
Labov, William (1972): Sociolinguistic Patterns. Philadelphia.
Langer, Susanne K. (1965): Philosophie auf neuem Wege. Das Symbol im Denken, im Ritus und in der Kunst. Frankfurt.
Lau, Thomas/Andreas Voss (1988): Die Spende – eine Odyssee im religiösen Kosmos. In: Soeffner (1988), 285-297.
Lau, Thomas (1991): Die Heiligen Narren. Punk 1976-1986. Berlin.
Leach, Edmund (Hg.) (1973): Mythos und Totemismus. Beiträge zur Kritik der strukturalen Analyse. Frankfurt.
Leach, Edmund (1978): Kultur und Kommunikation. Zur Logik symbolischer Zusammenhänge. Übersetzt von Eberhard Bubser. Frankfurt.
Lefebvre, Henri (1972): Das Alltagsleben in der modernen Welt. Frankfurt.
Lefebvre, Henri (1974): Kritik des Alltagslebens. 3 Bände. München.
Lepsius, Rainer M.: Interessen, Ideen und Institutionen. Opladen 1990.
Lévi-Strauss, Claude (1962): Das Ende des Totemismus. Frankfurt 1965.
Lévi-Strauss, Claude (1967): Strukturale Anthropologie. Frankfurt.
Lévi-Strauss, Claude (1974): Traurige Tropen. Übers. von Suzanne Heintz. Köln.
Lévi-Strauss, Claude (1978): Mythologica I: Das Rohe und das Gekochte. Übersetzung von Eva Moldenhauer. Frankfurt.
Loewenich, Walther v. (1983): Martin Luther. Der Mann und das Werk. München.
Lohse, Bernhard (1962): Mönchtum und Reformation.
Luckmann, Thomas (1963): Das Problem der Religion in der modernen Gesellschaft. Freiburg.
Luckmann, Thomas (1979): Soziologie der Sprache. In: René König (Hg.) (1979), Handbuch der empirischen Sozialforschung, Band 13. Zweite, völlig neubearbeitete Auflage. Stuttgart, 1-116.
Luckmann, Thomas (1980): Lebenswelt und Gesellschaft. Paderborn.
Luckmann, Thomas (1981): Zum hermeneutischen Problem der Handlungswissenschaften. In: Fuhrmann/Jauß/Pannenberg (1981), 513-523.
Luckmann, Thomas (1985): Riten als Bewältigung lebensweltlicher Grenzen. In: Schweizerische Zeitschrift für Soziologie, 3/1985, 535-550.
Luckmann, Thomas (1986): Grundformen der gesellschaftlichen Vermittlung des Wissens: Kommunikative Gattungen. In: Neidhardt/Lepsius/Weiss (Hg.) (1986): Kultur und Gesellschaft. Sonderheft 27 der KZfSS. Opladen, 191-211.

Luckmann, Thomas (1989): Kultur und Kommunikation. In: Max Haller/Hans-Joachim Hoffmann-Nowotny/Wolfgang Zapf (Hg.) (1989): Kultur und Gesellschaft. Verhandlungen des 24. Deutschen Soziologentages, des 11. Österreichischen Soziologentages und des 8. Kongresses der Schweizerischen Gesellschaft für Soziologie in Zürich 1988. Frankfurt/New York, 33-45.

Lüning, Hildegard (o. J.): Der Papst in Mexiko. Düsseldorf.

Luhmann, Niklas (1986): Die Richtigkeit soziologischer Theorien. In: Merkur 1, 1986, 36-49.

Luhmann, Niklas (1989): Gesellschaftsstruktur und Semantik. Studien zur Wissenssoziologie der modernen Gesellschaft. Band 3. Frankfurt.

Luhmann, Niklas/Peter Fuchs (1989): Reden und Schweigen. Frankfurt.

Lukács, Georg (1963): Die Eigenart des Ästhetischen. 1. Halbband (=Georg Lukács: Werke. Band 11). Neuwied/Berlin.

Luther, Martin (1983 a): Von der Freiheit eines Christenmenschen. Stuttgart.

Luther, Martin (1983 b): Studienausgabe. Bd. 3.

Luther, Martin (1983 c): De servo arbitrio. In: Borcherdt, H. H./G. Merz (Hg.): Ausgewählte Werke. München.

Lyotard, J.-F. (1983): Le Différend. Paris.

Malinowski, Bronislaw (1944): Eine wissenschaftliche Theorie der Kultur und andere Aufsätze. Frankfurt 1975.

Malinowski, Bronislaw (1948): Magie, Wissenschaft und Religion. Und andere Schriften. Frankfurt 1973.

Malinowski, Bronislaw (1986): Ein Tagebuch im strikten Sinn des Wortes. Neuguinea 1914-1918. Mit einem Vorwort von Valetta Malinowski und einer Einleitung von Raymond Firth. Frankfurt.

Marquard, Odo (1981): Die Frage nach der Frage, auf die die Hermeneutik eine Antwort ist. In: Odo Marquard (1981), Abschied vom Prinzipiellen. Stuttgart, 117-146.

Marx, Karl/Friedrich Engels (1956 ff.): Werke. Hg. vom Institut für Marxismus-Leninismus beim ZK der SED. Berlin (DDR).

Mauss, Marcel (1950): Die Gabe. Form und Funktion des Austausches in archaischen Gesellschaften. In: Marcel Mauss, Soziologie und Anthropologie. Band 2. München 1975, 9-14.

Mauthner, Fritz (1910): Wörterbuch der Philosophie. Neue Beiträge zu einer Kritik der Sprache. Nachdruck der 1. Auflage. Zürich 1986.

Mayer, Karl-Ulrich (1990): Generationsdynamik und Innovation in der Grundlagenforschung. In: Max-Planck-Gesellschaft. Berichte und Mitteilungen 3/90.

Mead, George Herbert (1934): Geist, Identität und Gesellschaft aus der Sicht des Sozialbehaviorismus. Mit einer Einleitung von Charles W. Morris. Frankfurt 1969.

Mead, George Herbert (1969): Philosophie der Sozialität. Aufsätze zur Erkenntnisanthropologie. Hg. von Hansfried Kellner. Frankfurt.
Mead, George Herbert (1969a): Sozialpsychologie. Eingeleitet und hg. von Anselm Strauss. Neuwied/Berlin.
Merleau-Ponty, Maurice (1966): Phänomenologie der Wahrnehmung. Berlin.
Merleau-Ponty, Maurice (1973): Vorlesungen 1. Berlin/New York.
Mertens, Veronika (1983): Mi-parti als Zeichen. Zur Bedeutung von geteiltem Kleid und geteilter Gestalt in der Ständetracht in literarischen und bildnerischen Quellen sowie im Fastnachtsbrauch vom Mittelalter bis zur Gegenwart. Remscheid.
Merton, Robert K. (1957): Social Theory and Social Structure. Glencoe.
Meyer, Hubert/Klaus Wolf/Jürgen Czekalla (1983): Kriminalistisches Lehrbuch der Polizei. Hilden.
Moeller, Berndt/K. Stackmann (1981): Luder – Luther – Eleutherius. Erwägungen zu Luthers Namen. Nachrichten der Akademie der Wissenschaften in Göttingen 1. Philosophisch-Historische Klasse 7.
Montaigne, Michel de (1530): Essais. Frankfurt 1976.
Müller-Doohm, Stefan (1990): Vom Positivismusstreit zur Hermeneutikdebatte – Die Aktualität des interpretativen Paradigmas. In: Kultur-Analysen, 2. Jg. 1990, Heft 3, 292-307.
Müller-Salget, Klaus (1984): Erzählungen für das Volk. Evangelische Pfarrer als Volksschriftsteller im Deutschland des 19. Jahrhunderts. Berlin.
Musil, Robert (1952): Der Mann ohne Eigenschaften (=Gesammelte Werke. Hg. von Adolf Frisé. Bd. 1-2). Reinbek bei Hamburg 1978.
Neidhardt, Friedhelm (1985): »Einige Ideen zu einer allgemeinen Theorie sozialer Bewegungen«. In: Hradil, S. (Hg.) (1985): Sozialstrukturen im Umbruch. Karl Martin Bolte zum 60. Geburtstag. Opladen, 182-198.
Neidhardt, Friedhelm/M. R. Lepsius/J. Weiss (Hg.) (1986): Kultur und Gesellschaft. Sonderheft 27 der KZfSS. Opladen.
Nietzsche, Friedrich (1980): Werke in sechs Bänden. Hg. von Karl Schlechta. München.
Nixdorf, Heide/Heidi Müller (1983): Weiße Westen – Rote Roben. Katalog zur Sonderausstellung der staatlichen Museen Preußischer Kulturbesitz, Museum für Völkerkunde, Abt. Europa, und Museum für Deutsche Volkskunde. Berlin.
Noelle-Neumann, Elisabeth/Karl Reumann (1971): Nachrichtenwesen. In: Noelle-Neumann, E./W. Schulz (Hg.) (1971): Publizistik. Frankfurt, 187-199.
Oevermann, Ulrich (1973): Zur Analyse der Struktur von sozialen Deutungsmustern. Ms. Frankfurt.
Oevermann, Ulrich et al. (1976): Beobachtungen zur Struktur der soziali-

satorischen Interaktion. Theoretische und methodologische Fragen der Interaktionsforschung. In: Manfred Auwärter/Edit Kirsch/Klaus Schröter (Hg.) (1976): Seminar: Kommunikation, Interaktion, Identität. Frankfurt, 371-403.

Oevermann, Ulrich (1979): Sozialisationstheorie. Ansätze zu einer soziologischen Sozialisationstheorie und ihre Konsequenzen für die allgemeine soziologische Analyse. In: Günter Lüschen (Hg.): Deutsche Soziologie seit 1945. Entwicklungslinien und Praxisbezug (=Kölner Zeitschrift für Soziologie und Sozialpsychologie, Sonderheft 1979). Opladen, 143-168.

Oevermann, Ulrich (1979 a): Exemplarische Analyse eines Ausschnitts aus einem Protokoll einer Fernsehsendung ›Dalli Dalli‹. Ms. Frankfurt.

Oevermann, Ulrich et al. (1979 b): Die Methodologie einer ›objektiven Hermeneutik‹ und ihre allgemeine forschungslogische Bedeutung in den Sozialwissenschaften. In: Soeffner (1979), 352-433.

Oevermann, Ulrich (1983): Versozialwissenschaftlichung der Identitätsformation und Verweigerung von Lebenspraxis: Eine aktuelle Variante der Dialektik der Aufklärung. Ms. Frankfurt.

Otto, Rudolf (1963): Das Heilige. München.

Paulsen, Friedrich (1919): Geschichte des gelehrten Unterrichts auf den deutschen Schulen und Universitäten vom Ausgang des Mittelalters bis zur Gegenwart. 2 Bände. Herausgegeben von Rudolf Lehmann. 3., erw. Auflage. Berlin.

Peirce, Charles S. (1970): Schriften. Band 2. Vom Pragmatismus zum Pragmatizismus. Hg. von Karl-Otto Apel. Frankfurt.

Platon (1977/1978): Sämtliche Werke. In der Übersetzung von Friedrich Schleiermacher, mit der Stephanus-Numerierung. Hg. von Walter F. Otto, Ernesto Grassi, Gert Plamböck. Band 1. Hamburg.

Plessner, Helmuth (1929): Die Stufen des Organischen und der Mensch. 3. Aufl. Berlin/New York 1975.

Plessner, Helmuth (1959): Die verspätete Nation. Über die politische Verführbarkeit bürgerlichen Geistes (= Gesammelte Schriften VI). Frankfurt 1982.

Plessner, Helmuth (1970): Philosophische Anthropologie. Lachen und Weinen. Das Lächeln. Anthropologie der Sinne. Hg. von Günter Dux. Frankfurt.

Plutarch (1947): Kinderzucht. Griechisch-deutsche Ausgabe. Erlangen.

Pope, Alexander (1734): An Essay on Man. Edited with an Introduction by Frank Brady. Indianapolis 1965.

Popper, Karl (1963): Conjectures and Refutations. The Growth of Scientific Knowledge. London.

Popper, Karl (1972): Objektive Erkenntnis. Ein evolutionärer Entwurf. 2. Auflage. Hamburg 1974.

Pseudo-Augustin (1632): Hypomnesticon contra Pelagianos et Caelestianos 3, 11, 20. MPL 45.
Radcliffe-Brown, Alfred Reginald (1952): Structure and Funktion in Primitive Society. London.
Reichertz, Jo (1986): Probleme qualitativer Sozialforschung. Zur Entstehungsgeschichte der Objektiven Hermeneutik. Frankfurt/New York.
Reichertz, Jo (1991): Zur Produktion von Aufklärung. Stuttgart.
Ricœur, Paul (1972): Der Text als Modell. Hermeneutisches Verstehen. In: W. L. Bühl (Hg.): Verstehende Soziologie. München 1972, 252-283.
Sales Doyé, Franz v. (1929): Heilige und Selige der römisch-katholischen Kirche. Leipzig.
Schätzler, C. v. (1860): Die Lehre von der Wirksamkeit der Sakramente – Ex opere operato – in ihrer Entwicklung innerhalb der Scholastik und ihrer Bedeutung für die christliche Heilslehre. München.
Scheler, Max (1923): Wesen und Formen der Sympathie. Die deutsche Philosophie der Gegenwart. Hg. mit einem Anhang von Manfred S. Frings. 6. durchgesehene Auflage von ›Phänomenologie und Theorie des Sympathiegefühls‹, Deutsche Philosophie der Gegenwart. 2. durchgesehene Auflage. Bern u. a. 1973.
Scheler, Max (1926): Die Wissensformen und die Gesellschaft. Probleme einer Soziologie des Wissens. Erkenntnis und Arbeit. Eine Studie über Wert und Grenzen des pragmatischen Prinzips in der Erkenntnis der Welt. Universität und Volkshochschule Leipzig.
Scheler, Max (1947): Die Stellung des Menschen im Kosmos. München.
Scheler, Max (1957), »Vorbilder und Führer«. In: Scheler, Max, Schriften aus dem Nachlaß. Bd. 1: Zur Ethik und Erkenntnislehre. 2. Aufl. Bern.
Schiller, Friedrich von (1787): Was heißt und zu welchem Ende studiert man Universalgeschichte? Eine akademische Antrittsrede. In: Schillers Werke. Nationalausgabe. Begründet von Julius Petersen. Hg. im Auftrag der Nationalen Forschungs- und Gedenkstätten der klassischen deutschen Literatur in Weimar (Goethe- und Schiller-Archiv) und des Schiller-Nationalmuseums in Marbach von Lieselotte Blumenthal und Benno von Wiese. Siebzehnter Band. Historische Schriften. Erster Teil. Hg. von Karl-Heinz Hahn. Weimar 1970, 359-376.
Schmaus, Michael et al. (Hg.) (1989): Handbuch der Dogmengeschichte. Sakramente – Eschatologie. Faszikel 1 a: Die Lehre von den Sakramenten im allgemeinen von der Schrift bis zur Scholastik. Bd. IV. Freiburg/Basel/Wien.
Schroer, Norbert (1990): Die Vernehmungsvorbesprechung. Zur strukturanalytisch-wissenssoziologischen Rekonstruktion des Handlungstyps »Polizeiliches Vernehmen Beschuldigter«. Hagen.
Schütz, Alfred (1932): Der sinnhafte Aufbau der sozialen Welt. Frankfurt 1974.

Schütz, Alfred (1971/1972): Gesammelte Aufsätze. 3 Bände. Den Haag.
Schütz, Alfred (1985): Briefwechsel 1939-1959. Hg. von Richard Grathoff. München 1985.
Schütz, Alfred/Thomas Luckmann (1979/1984): Strukturen der Lebenswelt. Band 1 1979, Band 2 1984. Frankfurt.
Schulz, Walter (1972): Philosophie in der veränderten Welt. Pfullingen.
Scott, Marvin B./Standfort M. Lyman (1976): Praktische Erklärungen. In: Manfred Auwärter/Edit Kirsch/Klaus Schröter (Hg.) (1976): Seminar: Kommunikation, Interaktion, Identität. Frankfurt, 73-114.
Searle, John R. (1969): Speech Acts. Cambridge 1969. Dt. Ausg. Sprechakte. Frankfurt 1983.
Sennett, Richard (1983): Verfall und Ende des öffentlichen Lebens. Die Tyrannei der Intimität. Frankfurt.
Sennett, Richard (1991): Civitas. Die Großstadt und die Kultur des Unterschieds. Aus dem Amerikanischen von Reinhard Kaiser. Frankfurt.
Simmel, Georg (1977): Philosophie des Geldes. 7. Auflage, unveränderter Nachdruck der 1958 erschienenen 6. Auflage. Berlin.
Soeffner, Hans-Georg (1974): Der geplante Mythos. Untersuchungen zur Struktur und Wirkungsgeschichte der Utopie. Hamburg.
Soeffner, Hans-Georg (Hg.) (1979): Interpretative Verfahren in den Sozial- und Textwissenschaften. Stuttgart.
Soeffner, Hans-Georg (1979 a): Interaktion und Interpretation. Überlegungen zu Prämissen des Interpretierens in Sozial- und Literaturwissenschaft. In: Soeffner (1979), 328-351.
Soeffner, Hans-Georg (Hg.) (1982): Beiträge zu einer empirischen Sprachsoziologie. Tübingen.
Soeffner, Hans-Georg (1983): ›Typus und Individualität‹ oder ›Typen der Individualität‹? Entdeckungsreisen in das Land, in dem man zu Hause ist. In: Horst Wenzel (Hg.) (1983): Typus und Individualität im Mittelalter. München, 11-44.
Soeffner, Hans-Georg (Hg.) (1984): Beiträge zu einer Soziologie der Interaktion. Frankfurt.
Soeffner, Hans-Georg (Hg.) (1986): Sozialstruktur und soziale Typik. Frankfurt/New York.
Soeffner, Hans-Georg (Hg.) (1988): Kultur und Alltag. Soziale Welt, Sonderband 6, Göttingen.
Soeffner, Hans-Georg (1989): Auslegung des Alltags – Der Alltag der Auslegung: Zur wissenssoziologischen Konzeption einer sozialwissenschaftlichen Hermeneutik. Frankfurt.
Soeffner, Hans-Georg (1991): Zur Soziologie des Symbols und des Rituals, in: Wegenast/Oelkers (Hg.) (1991): Das Symbol. Brücke des Verstehens, Bern.
Srubar, Ilja (1981): Max Scheler: Eine wissenssoziologische Alternative.

In: Nico Stehr/Volker Meja (Hg.) (1981): Wissenssoziologie (= KfZSS, Sonderheft 1981). Opladen, 343-359.

Srubar, Ilja (1988): Kosmion. Die Genese der pragmatischen Lebensweltheorie von Alfred Schütz und ihr anthropologischer Hintergrund. Frankfurt.

Starobinski, Jean (1971): Jean-Jacques Rousseau. La transparence et l'obstacle: suivi de 7 essais sur Rousseau. Paris.

Stegmüller, Wolfgang (1969): Hauptströmungen der Gegenwartsphilosophie. Eine kritische Einführung. 4. erweiterte Auflage. Stuttgart.

Strauss, Anselm (1968): Spiegel und Masken. Die Suche nach Identität. Frankfurt.

Strauss, Anselm (1976): Images of the American Cities. San Francisco.

Strauss, Anselm (1978): Negotiations. Varieties, Contexts, Processes and Social Order. San Francisco.

Strauss, Anselm (1984): Qualitative Analysis in Social Research: Grounded Theory Methodology. Studienmaterial der Fernuniversität Hagen. Hagen.

Strauss, Anselm et al. (1985): Social Organization of Medical Work. Chicago/London.

Strauss, Anselm (1991): Creative sociological Awareness. Collective Images and symbolic Representations. Brunswick/London.

Szondi, Peter (1975): Einführung in die literarische Hermeneutik. Hg. von Jean Bollack und Helen Stierlin. Frankfurt.

Tarski, Alfred (1956): Logic, Semantics, Mathematics. Oxford.

Thomas, William Isaac/Florian Znaniecki (1918): The Polish Peasant in Europe and America. Boston.

Thompson, Edward P. (1967): Time, Work-Discipline and Industrial Capitalism. In: Past and Present 38, 56-97.

Volkart, Edmund Howell (Hg.) (1951): Soical Behaviour and Personality. Contributions of W. I. Thomas to Theory and Social Research. New York.

Voß, Andreas (1991): Betteln und Spenden – eine soziologische Studie über Rituale freiwilliger Armenunterstützung, ihre historischen und aktuellen Formen sowie ihrer sozialen Leistungen. Hagen.

Watzlawick, Paul/Janet H. Beavin/Don D. Jackson (1969): Menschliche Kommunikation. Bern u. a.

Weber, Max (1917): Der Sinn der ›Wertfreiheit‹ der soziologischen und ökonomischen Wissenschaften. In: Max Weber: Gesammelte Aufsätze zur Wissenschaftslehre. Hg. von Johannes Winckelmann. 4. erneut durchgesehene Auflage. Tübingen 1973, 489-540.

Weber, Max (1919): Politik als Beruf. In: Weber (1971), 505-560.

Weber, Max (1971): Gesammelte Politische Schriften. Hg. von Johannes Winckelmann. 3. erneut vermehrte Auflage. Tübingen.

Weber, Max (1972): Wirtschaft und Gesellschaft. Grundriß der verstehen-

den Soziologie, 5. revidierte Auflage. Hg. von Johannes Winckelmann. Tübingen.
Weber, Max (1972 a): Gesammelte Aufsätze zur Religionssoziologie 1. Tübingen.
Wenzel, Horst (Hg.) (1983): Typus und Individualität im Mittelalter. München.
Wenzel, Horst (1985): Exemplarisches Rittertum und Individualitätsgeschichte. Zur Doppelstruktur der ›Geschichten und Taten Wilwolts von Schaumburg (1446-1519)‹. In: C. Gerhard et al. (Hg.) (1985): Geschichtsbewußtsein in der deutschen Literatur des Mittelalters. Tübinger Colloquium 1983. Tübingen.
Weymann, Ansgar (Hg.) (1989): Handlungsspielräume: Untersuchungen zur Individualisierung und Institutionalisierung von Lebensläufen in der Moderne. Stuttgart.
Whitehead, Alfred N. (1938): Verstehen. In: Gadamer/Boehm (1978), 63-82.
Woll-Schumacher, Irene (1972): Gesellschaftsstruktur und Rolle der Frau. Das Beispiel der Irokesen. Berlin.
Wundt, Wilhelm (1921): Völkerpsychologie. Eine Untersuchung der Entwicklungsgesetze von Sprache, Mythos und Sitte. Stuttgart.
Wuttke, Adolf (1900): Der deutsche Volksglaube. Berlin.
Zapf, Wolfgang (1987): Individualisierung und Sicherheit: Untersuchung zur Lebensqualität in der Bundesrepublik Deutschland. München.
Zweig, Stefan (1945): Legenden. Frankfurt 1972.

Nachweise

Luther – Der Weg von der Kollektivität des Glaubens zu einem lutherisch-protestantischen Individualitätstypus. In: Hans-Georg Brose und Bruno Hildenbrand (Hg.), Vom Ende des Individuums zur Individualität ohne Ende. Opladen: Leske + Buderich 1988, 107-149.

Stil und Stilisierung. Punk oder die Überhöhung des Alltags. In: Hans Ulrich Gumbrecht und K. Ludwig Pfeiffer (Hg.), Stil. Geschichten und Funktionen eines kulturwissenschaftlichen Diskurselements. Frankfurt am Main: Suhrkamp 1986, 317-341.

Rituale des Antiritualismus – Materialien für Außeralltägliches. In: Hans Ulrich Gumbrecht und K. Ludwig Pfeiffer (Hg.), Materialität der Kommunikation. Frankfurt am Main: Suhrkamp 1989, 519-546.

Der fliegende Maulwurf (Der taubenzüchtende Bergmann im Ruhrgebiet) – Totemistische Verzauberung der Realität und technologische Entzauberung der Sehnsucht. In: Hans Ulrich Gumbrecht und K. Ludwig Pfeiffer (Hg.), Paradoxien, Dissonanzen, Zusammenbrüche. Situationen offener Epistemologie. Frankfurt am Main: Suhrkamp 1990.

Die Inszenierung von Gesellschaft – Wählen als Freizeitgestaltung. In: Max Haller, Hans-Joachim Hoffmann-Nowotny und Wolfgang Zapf (Hg.), Kultur und Gesellschaft. Verhandlungen des 24. Deutschen Soziologentags, des 11. Österreichischen Soziologentags und des 8. Kongresses der Schweizerischen Gesellschaft für Soziologie in Zürich 1988. Frankfurt am Main/New York: Campus 1989, 329-346.

Geborgtes Charisma – Populistische Inszenierungen. Originalbeitrag.

205/1/8.90

suhrkamp taschenbücher wissenschaft
Soziologie, Theorie der Gesellschaft

Foucault: Sexualität und Wahrheit 1. Der Wille zum Wissen. stw 716
– Sexualität und Wahrheit 2. Der Gebrauch der Lüste. stw 717
– Sexualität und Wahrheit 3. Die Sorge um sich. stw 718
– Überwachen und Strafen. stw 184
– Wahnsinn und Gesellschaft. stw 39
Gerhardt/Schütze (Hg.): Frauensituation. stw 726
Geulen: Das vergesellschaftete Subjekt. stw 586
Geulen (Hg.): Perspektivenübernahme und soziales Handeln. stw 348
Giddens: Die Klassenstruktur fortgeschrittener Gesellschaften. stw 452
Goffman: Das Individuum im öffentlichen Austausch. stw 396
– Interaktionsrituale. stw 594
– Rahmen-Analyse. stw 329
– Stigma. stw 140
Goudsblom: Soziologie auf der Waagschale. stw 223
Granet: Die chinesische Zivilisation. stw 518
Greiffenhagen: Das Dilemma des Konservatismus in Deutschland. stw 634
Groethuysen: Die Entstehung der bürgerlichen Welt- und Lebensanschauung in Frankreich. 2 Bde. stw 256
Habermas: Theorie und Praxis. stw 243
– Zur Logik der Sozialwissenschaft. stw 517
– Zur Rekonstruktion des Historischen Materialismus. stw 154
– *siehe auch Edelstein/Habermas*
– *siehe auch Honneth/Joas*
– *siehe auch McCarthy*
Haferkamp/Schmid (Hg.): Sinn, Kommunikation und soziale Differenzierung. Beiträge zu Luhmanns Theorie sozialer Systeme. stw 667
Haferkamp (Hg.): Sozialstruktur und Kultur. stw 793
Hahn/Kapp (Hg.): Selbstthematisierung und Selbstzeugnis: Bekenntnis und Geständnis. stw 643
Halbwachs: Das Gedächtnis und seine sozialen Bedingungen. stw 538
Hausen/Nowotny (Hg.): Wie männlich ist die Wissenschaft? stw 590
Hirschman: Engagement und Enttäuschung. stw 729
– Leidenschaften und Interessen. stw 670
Höffe: Strategien der Humanität. stw 540
– *siehe auch Oser/Fatke/Höffe*
Honig: Verhäuslichte Gewalt. stw 857
Honneth: Kritik der Macht. stw 738
– Die zerrissene Welt des Sozialen. stw 849
Honneth/Jaeggi (Hg.): Theorien des Historischen Materialismus 1. stw 182

205/2/8.90

205/3/8.90

suhrkamp taschenbücher wissenschaft
Soziologie, Theorie der Gesellschaft

Mead: Geist, Identität und Gesellschaft. stw 28
– Gesammelte Aufsätze. Bd. 1. stw 678
– Gesammelte Aufsätze. Bd. 2. stw 679
– *siehe auch Joas*

Meja/Stehr (Hg.): Der Streit um die Wissenssoziologie. stw 361

Mommsen: Max Weber. Gesellschaft, Politik und Geschichte. stw 53

Moore: Ungerechtigkeit. stw 692

Münch: Dialektik der Kommunikationsgesellschaft. stw 880
– Theorie des Handelns. stw 704

Niemitz (Hg.): Erbe und Umwelt. stw 646

Oakes: Die Grenzen kulturwissenschaftlicher Begriffsbildung. stw 859

Oser: Moralisches Urteil in Gruppen. stw 335

Oser/Fatke/Höffe (Hg.): Transformation und Entwicklung. Grundlagen der Moralerziehung. stw 498

Otto/Sünker (Hg.): Soziale Arbeit und Faschismus. stw 762

Parsons: Gesellschaften. stw 106
– *siehe auch Schluchter (Hg.): Verhalten*
– *siehe auch Schütz/Parsons*

Rammstedt: Deutsche Soziologie 1933-1945. stw 581

Rodinson: Islam und Kapitalismus. stw 584

Rosenbaum: Formen der Familie. stw 374

Rosenbaum (Hg.): Familie und Gesellschaftsstruktur. stw 244

Roth: Politische Herrschaft und persönliche Freiheit. stw 680

Schluchter: Aspekte bürokratischer Herrschaft. stw 492
– Rationalismus der Weltbeherrschung. stw 322

Schluchter (Hg.): Max Webers Sicht des antiken Christentums. stw 548
– Max Webers Sicht des Islam. stw 638
– Max Webers Sicht des okzidentalen Christentums. stw 730
– Max Webers Studie über das antike Judentum. stw 340
– Max Webers Studie über Hinduismus und Buddhismus. stw 473
– Max Webers Studie über Konfuzianismus und Taoismus. stw 402
– Verhalten, Handeln und System. Talcott Parsons' Beitrag zur Entwicklung der Sozialwissenschaften. stw 310

Schöfthaler/Goldschmidt (Hg.): Soziale Struktur und Vernunft. stw 365

Schröter: »Wo zwei zusammenkommen in rechter Ehe ...« stw 860

Schütz: Das Problem der Relevanz. stw 371
– Der sinnhafte Aufbau der sozialen Welt. stw 92
– Theorie der Lebensformen. stw 350

205/4/8.90

205/5/8.90